GÜNTER HERRMANN

Johan Nikolaus Hert und die deutsche Statutenlehre

NEUE KÖLNER RECHTSWISSENSCHAFTLICHE ABHANDLUNGEN

HERAUSGEGEBEN VON

DER RECHTSWISSENSCHAFTLICHEN FAKULTÄT DER UNIVERSITÄT ZU KÖLN

HEFT 25

Berlin 1963

WALTER DE GRUYTER & CO.

vormals G. J. Göschen'sche Verlagshandlung · J. Guttentag, Verlagsbuchhandlung
Georg Reimer · Karl J. Trübner · Veit & Comp.

Johan Nikolaus Hert
und die deutsche Statutenlehre

Von

Dr. Günter Herrmann

Köln

Berlin 1963

WALTER DE GRUYTER & CO.

vormals G. J. Göschen'sche Verlagshandlung · J. Guttentag, Verlagsbuchhandlung
Georg Reimer · Karl J. Trübner · Veit & Comp.

Archiv-Nr. 2 708 63 2

Satz und Druck: Saladruck, Berlin 65

INHALTSÜBERSICHT

Anhang

LITERATURVERZEICHNIS

I. Quellen

Argentraeus, Bertrandus	Commentarii in patrias Britonum leges seu consuetudines generales antiquissimi ducatus Britanniae, 7. Aufl., Paris 1661 (siehe auch Meili).
Baldus de Ubaldis	Commentarius (ad legem cunctos populos), 1580 (siehe auch Meili).
Bartolus de Saxoferrato	In primam Codicis partem Commentaria, Augsburg 1588 (siehe auch Meili).
Berlichius, Matthias	Conclusiones practicabiles secundum constitutiones Saxonicas, Leipzig 1614 ff.
Brunnemann, Joann	Commentarius ad Pandectas, Frankfurt/Oder 1731.
—	De Processu Consistoriali apud Protestantes: Decisionum centuriae, Frankfurt/Oder 1688 (zit. Brunnemann Dec. cent.).
Burgundus, Nikolaus	Tractatus controversiarum ad consuetudines Flandriae aliarumque gentium, Lugduni Batavorum 1634.
Carpzov, Benedict	Definitiones forenses ad constitutiones electorales Saxonicas in partibus IV, Frankfurt/Main 1644 (zit. Carpzov Def. for.).
—	Opus responsorum iuris electoralium, Leipzig 1657 (zit. Carpzov Resp.).
Christinaeus, Paul	Practicarum quaestionum rerumque in supremis Belgarum curiis actarum et observatarum Decisiones, vol. I, Antwerpen 1626 (zit. Christijnen Dec.).
Cocceius, Henricus	Dissertatio de fundata in territorio et plurium locorum concurrente potestate (1684) in: Exercitationum curiosarum vol. I, 1722, S. 680 ff.
Colerus, Matthias	Tractatus de processibus exsecutivis, Jena 1602.
Corpus iuris civilis	siehe Mommsen und Krüger.
Cothmann, Ernst	Responsa iuris et consultationes, in quibus quam plures controversi iuris quaestiones ... explicantur, Frankfurt 1597.
Crusius, Jacob Andreas	Ius statutarium Reipublicae Mindensis, Minden 1674.
Dumoulin, Charles	siehe Meili.

Faber, Anton — Codex Fabrianus definitionum forensium et rerum in sacro Sabaudiae Senatu tractatarum, Lugduni 1649.

Franchis, Vincentio de — Decisiones sacri regii consilii Neapolitani, pars 4, Köln 1609.

Gaill, Andreas — Practicarum observationum libri duo, Köln 1668.

Gentilis, Albericus — Hispanicae advocationis libri duo, 1661 (Repro-Nachdruck siehe Scott).

Goris, Lambertus — Adversariorum iuris subcisivorum ad lucem consuetudinis ducatus Gelriae et comitatus Zutphaniae libri singulares, Arnheim 1635.

Grotius, Hugo — De iure belli ac pacis libri duo, Amsterdam 1646 (Repro-Nachdruck siehe Scott).

Heeser, Johann — Loci communes juris practici de bonorum, et imprimis adquaestuum conjugalium communione, eorumque divisione, Köln 1709.

Hert, Johan Nikolaus — Commentationes atque opuscula de selectis et rarioribus ex iurisprudentia universali, publica, feudali et romana nec non historia Germanica argumentis, I. Band, 1700 (2. Aufl. 1716; 3. Aufl. 1737) Frankfurt/Main; insbesondere „Dissertatio de collisione legum" (zit. Hert mit Angabe der sectio und des Paragraphen)
II. Band, 1713 (2. Aufl. 1737) Frankfurt/Main.

— Responsa, consilia et deductiones, gesammelt und herausgegeben von Johannes Jeremias Hert, Frankfurt/Main 1729.
I. Band (zit. Hert Resp.)
II. Band (zit. Hert Dec.)

Hommel, Carl Ferdinand — Rhapsodia quaestionum in foro quotidie obvenientium neque tamen legibus decisarum, editio tertia, 1769.

Huber, Ulrich — Praelectionum juris civilis tomi tres, Band I, 1725.

Lauterbach, Wolfgang Adam — Dissertatio de societate bonorum coniugali (1661) in: Dissertationes academicae, Band 3, 4. Aufl., 1728.

— Compendium de divisione Rerum, 1717.

Mauritius, Ericus — Consiliorum Chiloniensium specimen sive responsa de Jure . . ., Chiloni (Kiel) 1679.

Mean, Carolus de — Ad ius civile Leodiensium observationum et rerum judicatarum partes V, Lüttich 1652 ff.

Mevius, David — Commentarii in Jus Lubecense libri quinque, Frankfurt 1664.

— Jurisdictionis summi tribunalis Regii, quod est Wismariae . . . per Decisiones (der Jahre 1653 bis 1670), Editio tertia, Frankfurt/Stralsund 1681 (zit. Mevius dec.).

Mylerus, Joann Nicolaus	De principibus et statibus Imperii Rom. German., Stuttgart 1669.
Mynsinger von Frundeck, Joachim	Singularium observationum iudicii imperialis camerae centuriae IV, Lyon 1599.
Observationes selectae ad rem litterariam spectantium, tom. IV, Halle/Magdeburg 1701.	
Pacianus, Fulvius	Tractatus de probationibus, cui competat onus probandi, Frankfurt 1595.
Peck, Peter	Tractatus de testamentis conjugum, Köln 1599.
Pufendorf, Samuel	De iure naturae et gentium, 1672/1688 (Repro-Nachdruck siehe Scott).
Reinking, Theodor	Tractatus de regimine seculari et ecclesiastico, Basel 1632.
Riccius, Christian Gottlieb	Zuverlässiger Entwurf von Stadtrechten oder Statutis vornehmlich der Landstädte, Frankfurt und Leipzig 1740.
Rodenburg, Christian	Tractatus de iure coniugum, cum tractatione praeliminari de iure, quod oritur ex statutorum vel consuetudinum discrepantium conflictu, Utrecht 1653.
Sachsenspiegel	siehe Eckhardt.
Sande, Friedrich van der	Commentarius in Gelriae et Zutphaniae consuetudines feudales, Arnheim 1637 (2. Aufl.); auch in: Opera omnia, Köln 1698.
Sande, Johann van der	Decisiones Frisicae sive rerum in suprema Frisiorum curia iudicatarum libri V, 1638 (2. Aufl.).
—	Ad titulum Digestorum ‚De diversis Regulis‘ iuris antiqui commentarius, in: Opera omnia, Köln 1698.
Schurpf, Hieronymus	Consiliorum seu responsorum iuris centuria prima, Frankfurt/Main 1612.
Stokmann, Peter	Decisiones curiae Brabantinae (1670) in: Opera omnia, Brüssel 1686.
Stryk, Samuel	Disputatio de iure principis extra territorium (1676) in: Opera omnia, herausgegeben von Johann Samuel Stryk, Frankfurt und Leipzig 1743.
—	Tractatus de successione ab intestato, 1687.
Surdus, Johann Petrus	Responsa seu consilia in 4 vol., Frankfurt 1599.
Tessaurus, Antonius	Novae decisiones sacri senatus Pedemontani, 1595.
Valla, Nicolaus	De rebus dubiis et quaestionibus in iure controversis tractatus XX, 1596.
Voet, Johann	Commentarius ad Pandectas, 1716.
Voet, Paul	Tractatus de statutis eorumque concursu, Leodii 1700.

Wesel, Abraham a — Commentarius ad Novellas constitutas Ultraiectinas, 1666.

— Tractatus de connubiali bonorum societate et pactis dotalibus, Amsterdam 1674.

Wesenbec, Matthaeus — Commentaria in pandectas iuris civilis, Köln 1650.

Ziegler, Caspar — Dicastice sive de iudicum officio et delictis, tractatus moralis, in quo tota iudicis conscientia excutitur, Wittenberg 1672.

II. Schrifttum (nach 1800)

Allgemeine Deutsche Biographie, 12. Band, Leipzig 1880.

Bar, L. von — Theorie und Praxis des Internationalen Privatrechtes, Hannover 1889 (zit. v. Bar, IPR).

— Begriff und Aufgabe des Internationalen Privatrechtes in: Enzyklopädie Holtzendorf-Kohler II. S. 8 ff., 1914 (zit. v. Bar, Enzyklopädie).

Batiffol, Henri — Traité élémentaire du droit international privé, 3. Aufl., Paris 1959 (zit. Batiffol).

Brunner, Heinrich — Deutsche Rechtsgeschichte, I. Band, 2. Aufl. 1906.

Catellani, E. L. — Storia del diritto internazionale privato e de'suoi recenti progressi, Band I (2. Aufl.) 1895, Band II (2. Aufl.) 1902.

Conrad, Hermann — Deutsche Rechtsgeschichte, Band I, Karlsruhe 1954.

Döhring, Erich — Geschichte der deutschen Rechtspflege seit 1500; 1953.

Dölle, Hans — Juristische Entdeckungen, Ein Festvortrag, Tübingen 1958.

Dumoulin, Franz-Joseph — Philippe de Renusson und das französische International-Privatrecht des 17. Jahrhunderts, Diss. Köln 1958.

Eckart, Richard Graf Du Moulin — Geschichte der deutschen Universitäten, Stuttgart 1929.

Eckhardt — Das Landrecht des Sachsenspiegels, Göttingen 1955.

Enneccerus, Ludwig — Recht der Schuldverhältnisse, 14. Bearbeitung von Heinrich Lehmann, Tübingen 1954.

Fehr, Hans — Deutsche Rechtsgeschichte, Berlin 1952 (5. Aufl.).

Gamillscheg, Franz — Der Einfluß Dumoulins auf die Entwicklung des Kollisionsrechtes, Tübingen 1955 (zit. Gamillscheg).

Gierke, Otto — Deutsches Privatrecht, 1895 (Nachdruck 1936).

Gutzwiller, Max — Le développement historique du droit international privé, in: Recueil des Cours de l'Académie de droit international, 29 (1930) Seiten 287 ff. (zit. Gutzwiller).

—	Der Einfluß Savignys auf die Entwicklung des Internationalen Privatrechtes, Freiburg 1923 (zit. Gutzwiller, Der Einfluß).
—	Internationales Privatrecht, aus: Stammlers Enzyklopädie, 1930, Seiten 1521 ff. (zit. Gutzwiller IPR oder Enzyklopädie).
—	Festschrift, Ius et Lex, Festgabe zum 70. Geburtstag Max Gutzwillers, Basel 1959.
Hazard, Paul	Die Krise des europäischen Geistes. La Crise de la Conscience Européenne. 1680—1715. Aus dem Französischen übertragen von Harriet Wegener, Hamburg 1939.
Horn, Ewald	Die Disputationen und Promotionen an den deutschen Universitäten vornehmlich seit dem 16. Jahrhundert, in: Beihefte zum Centralblatt für Bibliothekswesen XI, Leipzig 1893.
Jugler, Johann Friedrich	Beiträge zur Juristischen Biographie, Band V, Leipzig 1779.
Kahn, Franz	Abhandlungen aus dem internationalen Privatrecht, JhJb 39 (1898).
Kamp, Josephus Lodewijk Johannes van de	Bartolus de Saxoferrato, Amsterdam 1936.
Kaspers, Heinrich	Vom Sachsenspiegel zum Code Napoléon, Köln 1961.
Kegel, Gerhard	Internationales Privatrecht, München und Berlin 1960 (zit. Kegel).
—	siehe Soergel.
—	Der Gegenstand des Internationalen Privatrechts, in: Festschrift für Leo Raape zu seinem siebzigsten Geburtstag, Hamburg 1948.
Koch, C. F.	Allgemeines Landrecht für die Preußischen Staaten. Kommentar in Anmerkungen, I. Teil. 1. Band, 3. Aufl., Berlin 1856.
Koschaker, Paul	Europa und das Römische Recht, 1947.
Kollewijn, R. D.	Geschiedenis van de nederlandse wetenschap van het internationaal privaatrecht tot 1880, Amsterdam 1937 (zit. Kollewijn).
Krüger, Paul	Corpus iuris civilis, 2. Band: Codex Justinianus, 6. Aufl., Berlin 1895.
Lainé, Armand	Introduction au droit international privé, contenant une étude historique et critique de la théorie des status, 2 Bände, Paris 1888 und 1892 (zit. Lainé I, II).
Landsberg	siehe Stintzing.

Meijers, Eduard-Maurits — L'histoire des principes fondamentaux du droit international privé à partir du moyen âge spécialement dans l'Europe occidentale, in: Recueil des Cours de l'Académie de Droit international, 49 (1934) Seiten 543 ff. (zit. Meijers).

Meili, Friedrich — Geschichte und System des Internationalen Privatrechts. Ein Grundriß. 1892 (zit. Meili, Grundriß).

— Das internationale Civil- und Handelsrecht auf Grund der Theorie, Gesetzgebung und Praxis, Zürich 1902 (zit. Meili, Handbuch).

— Die theoretischen Abhandlungen des Bartolus und Baldus über das internationale Privat- und Strafrecht, in: BöhmsZ 4 (1894) Seiten 258 ff.

— Argentraeus und Molinaeus und ihre Bedeutung im internationalen Privat- und Strafrecht, in: BöhmsZ 5 (1895) Seiten 363 ff., 452 ff., 554 ff.

— Ein Specimen aus der holländischen Schule des internationalen Privatrechts (Ulrich Huber 1636—1694) in: BöhmsZ 8 (1898) Seiten 189 ff.

Mitteis, Heinrich — Vom Lebenswert der Rechtsgeschichte, Weimar 1947.

Mommsen, Theodor
Krüger, Paul — Corpus iuris civilis, Band I: Institutiones et Digesta, Berlin 1911.

Neumeyer, Karl — Die gemeinrechtliche Entwicklung des internationalen Privat- und Strafrechtes bis Bartolus, Band I, München 1901.

Niederer, Werner — Einführung in die allgemeinen Lehren des internationalen Privatrechtes, Zürich 1954.

Raape, Leo — Internationales Privatrecht, Berlin und Frankfurt/Main 1955 (4. Aufl.), zit. Raape.

Savigny, Friedrich Carl von — System des heutigen Römischen Rechtes, Band VIII, Berlin 1849 (fotomechanischer Nachdruck Darmstadt 1956), zit. Savigny.

Schaeffner, Wilhelm — Entwicklung des internationalen Privatrechtes, Frankfurt/Main 1841 (zit. Schaeffner).

Schätzel, Walter — Hugo Grotius, De iure belli ac pacis, 1950.

Schnitzer — Handbuch des Internationalen Privatrechtes, Band I, Basel 1950.

Scott, James Brown — The Classics of International Law, 1936.

Soergel, Hs. Th. — Bürgerliches Gesetzbuch, IV. Band: Einführungsgesetz (Artikel 7—31 kommentiert von Gerh. Kegel), 8. Aufl., Stuttgart und Köln 1955 (zit. Soergel-Kegel).

Sohm-Mitteis-Wenger — Institutionen, Geschichte und System des römischen Privatrechts, 17. Aufl., 1949.

Stintzing, Roderich von Landsberg, Ernst	Geschichte der Deutschen Rechtswissenschaft (18. Band der Geschichte der Wissenschaften in Deutschland). 1. Abteilung: München und Leipzig 1880 (zit. Stintzing I). 2. Abteilung: dto. 1884 (zit. Stintzing-Landsberg II). 3. Abteilung 1. Halbband, Text und Noten, dto. 1898 (zit. Landsberg III.1). 3. Abteilung 2. Halbband, dto. 1910 (zit. Landsberg III.2).
Thieme, Hans	Das Naturrecht und die europäische Privatrechtsgeschichte, Basel 1954 (2. Aufl.).
Wächter, Carl Georg von	Über die Collision der Privatrechtsgesetze verschiedener Staaten, in: Archiv für civilistische Praxis 24. Band, 1841, Seiten 230 ff., und 25. Band, 1842, Seiten 1 ff., 161 ff., 361 ff.
Wieacker, Franz	Privatrechtsgeschichte der Neuzeit, Göttingen 1952 (zit. Wieacker).
Wolf, Erik	Quellenbuch der deutschen Rechtswissenschaft, Frankfurt/Main 1950.
—	Große Rechtsdenker der deutschen Geistesgeschichte, Tübingen 1939.
Wolff, Martin	Das internationale Privatrecht Deutschlands, 3. Aufl., Berlin 1954 (zit. Wolff).
Zeumer, Karl	Quellensammlung zur Geschichte der deutschen Reichsverfassung in Mittelalter und Neuzeit, Leipzig 1904.

ABKÜRZUNGSVERZEICHNIS

a.	Artikel
a. A.	am Anfang
a. a. O.	am angegebenen Ort
AcP	Archiv für die civilistische Praxis
a. E.	am Ende
ALR	Allgemeines Landrecht für die Preußischen Staaten
a. M.	andere Meinung
Anm.	Anmerkung
Art.	Artikel
Aufl.	Auflage
Bd.	Band

BGB	Bürgerliches Gesetzbuch
BGBl.	Bundesgesetzblatt
c. = cap.	Kapitel
C.	Codex Justinianus
cent.	centuria
Comm.	Commentarius
concl.	conclusio
const.	constitutio
consult.	consultatio
D.	Digesten
Dd.	Dominidoctores
dec.	decisio
def.	definitio
ders.	derselbe
d. h.	das heißt
Diss.	Dissertatio
E	exemplum (insbesondere zur Bezeichnung der Fälle Herts: E 1 = Hert IV § 11 usw.)
ed.	edited
EGBGB	Einführungsgesetz zum Bürgerlichen Gesetzbuch
Einl.	Einleitung
Epist.	Epistola
etc.	et cetera
f.	folgende Seite
ff.	folgende Seiten
for.	forensis, -es
geb.	geboren
gest.	gestorben
Grdr.	Grundriß
h. M.	herrschende Meinung
insbes.	insbesondere
IPR	Internationalprivatrecht
Jh.	Jahrhundert
JhJb.	Jhering Jahrbuch
JZ	Juristenzeitung
l.	lex
l. = lib.	liber
l. c.	loco citato

Ldr.	Landrecht (Sachsenspiegel)
m. a. W.	mit anderen Worten
n. = Nr.	Nummer
NJW	Neue Juristische Wochenschrift
obs.	observatio
o. J.	ohne Jahresangabe
p.	pars
p.	pagina
pass.	passim
pr.	principium
resp.	responsum (auch: respondeo)
qu.	quaestio
s.	siehe
S.	Seite
sc.	scilicet
sect.	sectio
sog.	sogenannt
StGB	Strafgesetzbuch
StPO	Strafprozeßordnung
tit.	Titel
tom.	Band
tr. = tract.	tractatio, tractatus
u. a.	und andere; unter anderem
u. ä.	und ähnlich
usw.	und so weiter
Verf.	Verfasser dieser Arbeit
vgl.	vergleiche
VO	Verordnung
vol.	volumen (Band)
z. B.	zum Beispiel
zit.	Zitat oder zitiert
ZPO	Zivilprozeßordnung
z. T.	zum Teil

EINLEITUNG

„De collisu legum anceps, difficilis et late diffusa est disputatio, quam nescio, an quisquam explicare totam aggressus fuerit" — so beginnt die „Dissertatio de collisione legum" des Gießener Professors Johan Nikolaus Hert aus dem Jahre 1688. Dieser Abhandlung, einem Hauptzeugnis der deutschen Statutenlehre, ist bisher keine eingehende rechtshistorische Würdigung zuteil geworden; sie soll mit dieser Arbeit versucht werden.

Hert kann man besser verstehen und beurteilen, wenn man in die Betrachtung seine Umwelt und seine kollisionsrechtlichen Vorgänger einbezieht. Deshalb werden in einem Vorkapitel die außerdeutschen „Schulen" — Italien, Frankreich und die Niederlande — skizziert*. Der Hauptteil bleibt den deutschen Statutisten vorbehalten, denn sie verdienen bei einer Würdigung Herts naturgemäß ein besonderes Augenmerk. Dabei war es notwendig, die Quellen zunächst einmal zeitlich zu ordnen; denn es fehlt bisher eine zusammenhängende Darstellung der deutschen Statutenlehre[1] — ganz davon zu schweigen, daß über sie keine den Arbeiten Lainés, Meijers' und Kollewijns vergleichbare Abhandlung vorhanden ist. So wuchs hier aus dem Quellenmaterial und aus biographischen Notizen ein Überblick über die deutsche Statutenlehre[2], der zwar noch nicht eine Monographie in der als ideal anzustrebenden Ausführlichkeit sein kann, der aber vielleicht doch schon über den konkreten Zweck hinaus — Verständnis Herts — allgemein eine nähere Kenntnis des Denkens und Werkes der deutschen Vorfahren unserer Disziplin zu vermitteln vermag.

Da Hert nicht am Beginn der deutschen Statutenlehre stand, sondern in deren Zenit, erschien es korrekt, ihn auch in der Darstellung nicht an den Anfang zu setzen, sondern am chronologisch richtigen Ort in den Fluß der Entwicklung des deutschen Kollisionsrechtes einzubetten. Das ist auch zweckmäßig; denn so werden die Ausführungen Herts verständlicher, da er allenthalben auf seine Vorgänger Bezug nimmt.

---

* Jeweils unter besonderer Berücksichtigung der für Hert und die anderen Deutschen fruchtbar gewordenen Autoren und Texte.

[1] Gamillscheg (162 Anm. 1) und Wächter (AcP 24, 235) haben ebenfalls eine historische Darstellung vermißt. — Die verhältnismäßig ausführlichen Berichte über die Statutenlehre bei Wächter und Savigny waren nicht historische Betrachtungen, sondern Vorbereitung und Mittel im Kampf gegen die Statutenlehre (darüber siehe unten Seite 170 ff.).

[2] Insbesondere für die Zeit bis 1700.

Vorkapitel

DIE DREI AUSSERDEUTSCHEN SCHULEN VOR 1700

I. Italien

Die Anfänge der Statutenlehre, die bis ins 19. Jahrhundert hinein das Bild des Kollisionsrechtes bestimmte, finden wir in Italien[3].

Im *frühen Mittelalter* war in Mittel- und Westeuropa das Privatrecht regelmäßig „Stammesrecht". Modern kollisionsrechtlich gesehen kamen deshalb als „Anknüpfungspunkte" nur die Personen als Angehörige eines Stammes in Frage. So mußte sich ein Salier, der in Mailand ein Grundstück veräußerte, nicht nach dem lombardischen (Orts-)Recht, sondern nach dem salischen Stammesrecht richten[4]. Oder: Heirateten eine bayerische Frau und ein Schwabe, so wurde die Entscheidung allein zwischen dem bayerischen und dem schwäbischen Recht gesucht; zugunsten eines anderen, etwa des mit der Heirat durch den Ort der Eheschließung verknüpften Rechtes konnte sie damals nicht fallen. In diesem auf „persönliche Rechte" bezogenen Denken wurzeln noch der von Carolus de Tocco aufgestellte Satz: „statutum non ligat nisi subditos"[5] und die berühmte Glosse des Accursius (1182—1260) zu C. 1. 1. 1., nach der ein Bologneser auch auswärts nur nach dem Recht von Bologna verurteilt werden durfte[6].

Im *hohen Mittelalter* entwickelte sich das Privatrecht sukzessiv zum gebietbezogenen Territorialrecht. Eine Rechtsnorm galt nunmehr für ein bestimmtes Stadt- oder Landes*gebiet.* Für das Kollisionsrecht kamen dadurch räumliche Beziehungen als „Anknüpfungspunkte" hinzu: die

---

[3] Über die italienische Lehre vgl. besonders Catellani, a. a. O. I. 266 ff.; Neumeyer, Die gemeinrechtliche Entwicklung, pass.; Lainé I. 49 ff. und 93 ff.; Gutzwiller 296 ff.; Meijers 567 ff., 592 ff.; Niederer, a. a. O. 35 ff.; Kegel 45 ff.; Raape 153 f.—

Die Zeit vor Justinian braucht hier nicht dargestellt zu werden. Soweit das Römische Recht in der Anwendung verschiedener Digestenstellen im Kollisionsrecht weiterlebte, wird davon von Fall zu Fall die Rede sein.

[4] Neumeyer, a. a. O., I. 5.

[5] Abgeleitet aus der Konfessionsklausel der lex C. 1. 1. 1.: „Cunctos populos, quos clementiae nostrae regit imperium (temperamentum), in tali religioni volumus versari, quam ...". Man argumentierte: wenn schon der Kaiser sich beschränken muß, dann „erst recht" der Statutengeber (vgl. hierzu Lainé I. 104).

[6] Vgl. Kegel 46.

Beziehung der Person zum Wohnsitz (gegenüber der bisher maßgeblichen blutmäßigen Stammeszugehörigkeit), die Beziehung des Vertragsschließenden zum Handlungsort und des Grundstückes zum Lageort.

Kollisionsrechtliche Bedeutung erlangte diese Wendung zum territorialen (Partikular-)Recht wegen des dort herrschenden starken Handels und Personenverkehrs zunächst in den oberitalienischen Städten — Venedig, Verona, Mailand, Genua, Florenz, Padua, Modena, Bologna u. a., sowie Neapel. Diese Städte, frei geworden durch den Frieden von Konstanz 1183, lebten innerhalb ihrer Mauern nach ihren eigenen Ordnungen, die nach einer Zeit gewohnheitsrechtlicher Geltung niedergeschrieben und als „statuta" verbindlich wurden — woran sich die erste Frage knüpfte: für wen verbindlich? In Anlehnung an C. 1. 1. 1. nur für die Bürger oder auch für die im Statutargebiet gelegenen Sachen und die dort vorgenommenen Handlungen?

Die überkommene Regel, die „lex fori" anzuwenden[7], erschien als ungenügend. Deshalb handelten die italienischen Rechtsgelehrten (Azo, Accursius, Aldricus u. a.) die mit den Statutenkollisionen zusammenhängenden Fragen ausführlich in der Glossierung zur lex „Cunctos populos" ab (darum „Glossatoren") und entwickelten so die Anfänge der wegen ihres Objektes sogenannten „Statutenlehre". Mit Hilfe verschiedener, allerdings meist mißverstandener Digestenstellen[8] brachten sie mehrere kollisionsrechtliche Einzelgedanken hervor. Ein rechtes Handwerkszeug, ein System für die Lösung der Tagesfragen schufen jedoch erst die sogenannten „Postglossatoren", voran Bartolus und sein Schüler Baldus, die als „principes iuris" bezeichneten[9] Stifter einer ganzen Lehre.

BARTOLUS DE SAXOFERRATO, 1314—1357[10], war Professor in Pisa und Perugia. Sein wissenschaftlicher Ruf war außerordentlich; es hieß: „nemo jurista nisi bartolista!"[11]

Bei seiner Arbeit über die Statuten und das „Corpus iuris civilis" stieß er auf die Frage der Anwendbarkeit des Statutenrechtes und formulierte in der Kommentierung zur „lex cunctos populos": 1. „Utrum statutum porrigatur[12] ad non subditos?" und 2. „Utrum effectus statuti porrigatur

[7] So noch Accursius 1228 (nach Gutzwiller, Enzyklopädie, S. 1522; Wolff, a. a. O., 13; Kegel 45).

[8] Vor allem D. 2. 1. 20; D. 5. 1. 65; D. 21. 2. 6; D. 50. 17. 34.

[9] So Meili, BöhmsZ 4, 259; schon der Niederländer Peter Peck (1529—1589) hatte sie so genannt (nach Lainé I. 397).

[10] Aus der reichen Literatur über ihn: Gutzwiller 316 ff.; Meijers 602 ff.; Lainé I. 131; Meili, Handbuch 79; Catellani, a. a. O., 327 ff.; Gamillscheg 53; van de Kamp, a. a. O., passim, insbesondere für das Leben Bartolus'; auch Wächter, AcP 24, 272 Anm. 79; Kegel 48.

[11] Nach Koschaker, Europa und das Römische Recht, 1947, S. 104.

[12] Das an dieser Stelle sonst regelmäßig zitierte „extra territorium" hat Gamillscheg (54 Anm. 2) mit zwingenden Gründen als Schreib- oder Übertragungsfehler nachgewiesen; vgl. auch Kegel 48.

extra territorium statuentium?" Zur Beantwortung dieser Fragen entwickelte er sein System, das für die folgende Zeit des Kollisionsrechts grundlegend wurde; es sei deshalb kurz referiert[13]:

I. Zur Verbindlichkeit eines Statuts für Fremde fragt Bartolus:

A. „Quid de contractibus?" Dazu führt er aus:
Für die Form gilt die lex loci contractus, n. 14; das gilt auch für Grundstücksgeschäfte.
Als Prozeßvorschriften dienen die leges iudicii, n. 15.
Inhalt und Wirkung eines Vertrages bestimmen sich nach der lex loci (et temporis) actus, n. 16. Ausnahme: Dotalverträge, die sich nach dem Recht des Manneswohnsitzes regeln, n. 17.
Nachträgliche Ereignisse (mora et neglegentia) werden nach dem Recht des Erfüllungsortes, hilfsweise nach der lex fori beurteilt, n. 18.

B. „Quid de delictis?" Bartolus entscheidet sich grundsätzlich für das Recht des Tatortes; Ausnahme: die Tat ist nach gemeinem Recht nicht strafbar und der Fremde kennt das eine besondere Strafart normierende Statut wegen kurzen Aufenthaltes am Tatort nicht, n. 20.

C. „Quid in testamentis?" Testamentsform nach Errichtungsort, n. 22; auch für Fremde und auch für auswärtige Grundstücke, es sei denn, eine Vorschrift ist speziell nur für die Bürger erlassen, n. 24. Die Testiererlaubnis eines Statuts (z. B. für den filiusfamilias) erstreckt sich dagegen nicht auf Fremde, „quia statuta non possunt legitimare personam sibi non subditam", n. 25, 26.

D. „Quid de rebus?" Wenn es weder um Verträge noch um Delikte oder letztwillige Verfügungen geht, sondern um ein rein dingliches Recht (ius descendens ex re ipsa), z. B. um die Frage des „domum altius elevare", dann gilt das Recht des Lageortes, n. 27[14].

E. Die weltlichen Statuten binden grundsätzlich die Geistlichen nicht, n. 28—31.

II. Bei der zweiten Frage — wieweit kann ein Statut „extra territorium" Wirkungen entfalten? (n. 32 ff.) — scheidet Bartolus die Statuten in „statuta prohibitoria" und „statuta permissioria". Von den ersteren müssen Formvorschriften nur innerhalb des Territoriums eingehalten werden; Sachenvorschriften jedoch sind überall zu beachten, d. h. man kann auch auswärts nicht entgegen den Statutarbestimmungen disponieren; Personalstatuten schließlich sind überall zu berücksichtigen, wenn sie „favorabilia", dagegen nur innerhalb des Statutengebietes, wenn sie „odiosa" sind (z. B. Ausschluß der ausgesteuerten Tochter von der Erbfolge, Ehegattentestierverbot). Aus dem differenzierten System der „permissoria" sei erwähnt, daß nach Bartolus die statutarische Testiererlaubnis für einen filiusfamilias außerhalb des Statutargebietes keine Wirkung hat (n. 40).

Ausführlich handelt Bartolus über das englische Erbstatut, nach dem nur der Erstgeborene erbt (n. 42). Dabei vertritt er die — später viel geschmähte — Wortinterpretation: je nach der Formulierung — „bona veniant in primo-

---

[13] Ergänzend hierzu vgl. Gamillscheg 53 ff., Lainé I, 135—165; Gutzwiller 317 ff.; Meili druckte den Text von 1574 ab in BöhmsZ 4 (1894) S. 258 ff., 340 ff., 446 ff.

[14] Interessanterweise geht Bartolus vom Verkehrsrecht aus und formuliert daher die Fälle der lex situs negativ; vgl. demgegenüber die entgegengesetzte Denkfolge bei d'Argentré und den Späteren.

genitum" oder „primogenitus succedat" — entscheide sich die Erbfolge (des in England belegenen Nachlasses Fremder); „mihi videtur quod verba statuti seu consuetudinis sunt diligenter intuenda"[15].

Soweit die Skizze der Ausführungen des Bartolus. Nicht alle Einzelheiten waren neu; Bartolus hat aber der Praxis ein erstes System als Werkzeug in die Hand gegeben, das — vor seiner Überwindung durch den Bretonen d'Argentré — von Bartolus' zahlreichen Schülern und Epigonen ausgebaut und verfeinert worden ist. Von ihnen soll hier nur Baldus besprochen werden[16].

BALDUS DE UBALDIS, 1327—1400[17], Rechtslehrer an sechs Universitäten, ging in seiner Abhandlung über die Statutenkollisionen (Kommentierung zu C. 1. 1. 1. n. 57 ff.[18]) davon aus, „quod omne statutum aut disponit de personis aut de rebus aut de actionibus". Damit übertrug er erstmals die Normendreiteilung der Digesten[19] auf die Statuten und ihre Kollisionen. Außerdem setzte er neben die Gruppen der Personal-, Sach- und Handlungsnormen solche der Form-, Prozeß- und Vollstreckungsvorschriften (n. 57).

Den Personalstatuten widmet er den meisten Raum; er unterteilt sie in Gruppen (die ihrerseits wieder mit verschiedenen Differenzierungen ausgestattet werden, z. B. permissiva und prohibitoria):

a) Statuten, die rechtliche Fähigkeiten verleihen *(habilitare inhabilem)*, n. 58—60. Beispiel: ein Statut, das dem filiusfamilias — entgegen dem gemeinen Recht — zu testieren gestattet. Baldus' Entscheidung: nur der einheimische filiusfamilias kann testieren und auch nur über die inwärtigen Sachen; das durfte er aber auch außerhalb tun (insoweit a. M. Bartolus).

b) Statuten, die rechtliche Fähigkeiten nehmen *(inhabilitare habilem)*, n. 61 ff. Beispiel: ein mündiger, aber noch minderjähriger Jüngling (adultus) darf nach einem Statut nicht testieren. Ein solches Statut gilt nur für Einheimische, für sie aber auch „extra territorium"; hiervon Ausnahme, wenn das gemeine Recht einer solchen Beschränkung widerspricht (mit dieser Begründung beschränkt Baldus die Wirkung des englischen Erbstatuts auf die innerhalb des Geltungsgebietes belegenen Sachen; n. 84—86). Aus den beiden letzten Paragraphen sei nur berichtet, daß für das Beweisführungsverfahren die „lex fori" gelten soll, für die „substantia probationis" sowie für die Form des Rechtsgeschäftes und für die „restitutio in integrum" die „lex loci contractus".

---

[15] Näheres hierzu vgl. Gamillscheg 60 f.; s. auch Kegel 48.

[16] Von den übrigen Schülern sind als wichtig zu nennen: Bartholomaeus a Saliceto (1336?—1412), Paulus de Castro (gest. 1441), Alexander Tartagnus (1423—1477); über sie vgl. Lainé I. 178 ff., 188 ff. und 190 ff. — Baldus wurde später von den Deutschen am meisten zitiert.

[17] Gamillscheg 62 ff.; Lainé I. 166 ff.; Meili, Handbuch 85 f.; Meijers 606 ff.; vgl. auch Wieacker 40 f.

[18] Abgedruckt bei Meili, BöhmsZ 4 (1894) S. 455 ff. auf Grund des Textes von 1586; dem Verf. lag außerdem eine Ausgabe von 1580 vor. — Zum folgenden vgl. ergänzend Lainé und Gamillscheg a. a. O.

[19] D. 1. 5. 1.

Soweit die Gedanken Bartolus' und Baldus', die im späten Mittelalter und zu Beginn der Neuzeit das Feld des Kollisionsrechtes beherrschten. Diese anscheinend unumschränkte Hochachtung schlug im 16. Jh. in das Gegenteil um. So schrieb Ulrich Zasius (1461—1535) am 11. Oktober 1514 an Erasmus von Rotterdam: „Es ist wohl an der Zeit, die Hauptsache in Angriff zu nehmen, die unsere Wissenschaft betrifft: nämlich den Kampf gegen Bartolus und Baldus und die übrigen aus dem Geschlecht der ungebildeten Autoren, die mit unnützem Geschrei unsere Ohren bestürmen"[20]. Diese Leidenschaften pendelten sich im 17. Jh. auch im Kollisionsrecht in eine neutrale bis wohlwollende Betrachtung der Leistungen beider ein; auch die Deutschen untermauerten ihre Meinungen gern mit einem Zitat eines der beiden Italiener, obwohl sie ihnen im System nicht folgten.

II. Frankreich

Zur gleichen Zeit wie die Italiener beschäftigten sich französische Wissenschaftler mit kollisionsrechtlichen Fragen[21]. Einen Höhepunkt der Diskussion und zugleich den Beginn einer eigenen „französischen Schule"[22] finden wir im 16. Jh. Hier trafen Dumoulin und d'Argentré aufeinander, ein Paar, das in der Antithese lebte: Dumoulin als letzter Großer der bartolinischen Lehre und des Dogmas der Universalität — d'Argentré als Schöpfer eines neuen, auf die souveräne Territorialgewalt des Einzelstaates gegründeten kollisionsrechtlichen Systems. Die viel besprochene wissenschaftliche Fehde zwischen beiden war freilich recht einseitig[23], denn d'Argentré äußerte sich zum Kollisionsrecht erst nach Dumoulins Tod[24].

CHARLES DUMOULIN (Carolus Molinaeus), 1500—1566[25], war Advokat im Pariser Parlament. Als Freund eines gemeinen Rechtes[26]

[20] Nach Quellenbuch der Deutschen Rechtswissenschaft, herausgegeben von Erik Wolf, 1950, S. 8.

[21] Über die Entwicklung in Frankreich vgl. insbesondere Lainé I. 223 ff. und 269 ff.; Batiffol 264 ff. und 16 ff.; Gutzwiller 321 ff.; Meijers 636 ff., der besonders systematisch die Einflüsse der Italiener auf die französische Schule darstellt; aus dem neueren deutschen Schrifttum sind hervorzuheben: Gamillscheg passim, insbesondere 95 ff.; F. J. Dumoulin, Diss. Köln 1958, passim; Kegel 46 f. und 49 ff.

[22] Deren Elemente Gamillscheg 95 charakterisiert.

[23] So auch Gamillscheg 66 Anm. 42.

[24] Unrichtig also z. B. Meili, BöhmsZ 5, 366: „Diesem juristischen Dreiklassensystem (d'Argentrés) trat ... Dumoulin entgegen;" ähnlich Raape (155): „Sein (Argentrés) ebenbürtiger Gegner war Dumoulin."

[25] Eine außerordentlich gründliche Würdigung hat Dumoulin in Gamillschegs Monographie gefunden; auf sie sei zur Ergänzung pauschal verwiesen; im übrigen vgl. Lainé I. 223 ff.; Batiffol 264 f.; Meili, Handbuch 92 ff.; Meijers 637, insbesondere Anm. 2; Meili, BöhmsZ 5, 367; Kegel 49.

[26] Nicht notwendig des Römischen Rechts (s. Gamillscheg 89).

und der italienischen Doktrin[27] tendierte er zum lebendigen, aufgeschlossenen und handelfördernden „Personalitätsprinzip".

In seinem berühmten „Consilium" von 1524[28] behandelt Dumoulin die Frage, ob sich die nach Pariser Recht geschaffene Gütergemeinschaft zwischen zwei Ehegatten auch auf auswärts (in Lyon) belegene Grundstücke erstrecke.

Dumoulin meint, die Gütergemeinschaft beruhe weniger auf dem Statut selbst als vielmehr auf einem dahingehenden Willen und privatrechtlichen Vertrag der Ehegatten, der bei der Heirat auch stillschweigend geschlossen werden könne und den Inhalt der „coutume" zum Inhalt einer „lex privata" mache. Ob die Ehegatten (im Einzelfall) diesen Güterstand vereinbart hätten, sei nach dem Wohnsitzrecht zu beurteilen. Verträge aber wirkten auch für auswärtige Grundstücke, und demzufolge auch die vereinbarte Gütergemeinschaft; die Ausgangsfrage sei also zu bejahen. Dieses Ergebnis und/oder die Konstruktion haben viele spätere Kollisionsrechtler übernommen[29]; hierin lebte Dumoulin in der Kollisionswissenschaft fort.

Die an C. 1. 1. 1. angeknüpften „Conclusiones de statutis et consuetudinibus localibus"[30] behandeln die Statutenkollisionen in etwas allgemeinerem Rahmen und sind deshalb für die Rechtshistorie wertvoller als das erstgenannte (Partei-)Gutachten[31].

Als Formvorschrift ist danach die „lex loci actus" anzuwenden, als prozessuale Vorschrift die „lex fori".

Während Dumoulin hierin die allgemeine Lehre zum Ausdruck bringt, ist seine Einteilung der materiellen Rechte in solche, die vom Willen der Parteien abhängen, und solche, die auf Gesetz beruhen, neu und für ihn bezeichnend[32]. Bei Grundstücksgeschäften z. B. soll der Kaufvertrag nach dem gemeinsamen Wohnortrecht der Partner beurteilt werden, die traditio jedoch nach der „lex situs". Dumoulin demonstriert seine Meinung an dem Fall eines Tübinger Bürgers, der in Italien sein Grundstück verkauft, und nimmt an, der Verkäufer habe gemäß dem ihm bekannten Tübinger (Wohnsitz-)-Statut verkaufen wollen; anhand dieses Rechtes legt Dumoulin die Willenserklärungen aus. An eine Vereinbarung der anwendbaren Rechtsordnung wird er dabei nicht gedacht haben; es ist deshalb Gamillscheg beizupflichten, der die Legende, Dumoulin habe die heutige Lehre von der kollisionsrechtlichen Parteiautonomie begründet, mit Nachdruck bekämpft[33]. Dumoulin

[27] Gamillscheg (110) nennt ihn den letzten Vertreter der bartolinischen Lehre.

[28] Ausführlich dargestellt bei Gamillscheg 42 ff.

[29] Übersicht bei Gamillscheg 205 ff., vgl. auch dort 243.

[30] Abgedruckt bei Meili, BöhmsZ 5, 554 ff. auf Grund der Ausgabe von 1604; ausführliche Besprechung bei Gamillscheg 19 ff., instruktiv die Übersicht ebenda 53; vgl. auch Lainé I. 227 ff.

[31] Vgl. Gamillscheg 108.

[32] Gamillscheg 241 nennt diese Einteilung in dispositive und zwingende Gesetzesnormen das eigentlich Neue in Dumoulins System.

[33] Gamillscheg 110 und 243; a. M. z. B. Niederer, a. a. O. 44; Batiffol 265; dazu wiederum Gamillscheg, JZ 1960, 501: „Es scheint vergeblich zu sein, dagegen ankämpfen zu wollen."

ging es hinsichtlich des Kaufvertrages allein um die Erforschung des rechtsgeschäftlichen Willens der Vertragspartner, während er Erlaubtheit und Vollzug der traditio — wie üblich — nach dem Lagerecht würdigte.

Seine Lehre vom ehelichen Güterrecht ergänzt Dumoulin hier dahin, daß ein Wohnsitzwechsel den Inhalt des einmal geschlossenen Güterrechtsvertrages nicht ändere. Außerdem verneint Dumoulin die extraterritoriale Wirkung der Güterrechtsverträge für den Fall, daß am Lageort solche Vereinbarungen schlechthin verboten sind.

Zum Ausschluß der ausgesteuerten Tochter von der Erbfolge differenziert Dumoulin: Wenn die Tochter durch das Statut selbst ausgeschlossen wird, hat das keine extraterritoriale Wirkung. Eine freiwillige Verzichtserklärung der Tochter schließt indes grundsätzlich alle Sachen von der Erbfolge aus; da aber ein Statut nichts dem gemeinen Recht Widersprechendes erlauben darf, wirkt auch der Verzicht nur innerhalb der Grenzen[34].

Die zweite Gruppe — Sachgebiete, die allein durch das Gesetz geregelt werden — scheidet Dumoulin in „realia" (Lagerecht) und „personalia" (Wohnsitzrecht mit mehreren Varianten[35]); zu der letztgenannten Gruppe zählt er auch das bekannte filius-familias-Statut.

Mit kurzen Ausführungen über die Delikte, Ersitzung und Verjährung schließt der für das Kollisionsrecht interessante Teil des Kommentars.

In Deutschland folgte man Dumoulin allein auf dem Gebiet des ehelichen Güterrechts[36]; im übrigen wird sein Beitrag zum Kollisionsrecht überschattet von dem d'Argentrés[37].

BERTRAND D'ARGENTRÉ (Bertrandus Argentraeus), 1519—1590[38], stammte aus einem bretonischen Adelshaus und wurde mit 28 Jahren oberster Richter seines Landes. Er war ein leidenschaftlicher Verfechter einer feudal-partikularistischen Staatsauffassung; für ihn bedeutete die souveräne Staatsgewalt eine Art Eigentum über das Gebiet und die Grundstücke, die es bildeten[39]: so unterschied sich d'Argentré von Dumoulin schon im grundsätzlichen Denken.

Aus d'Argentrés Kommentar zum Landrecht der Bretagne „Commentarius in patrias Britonum leges seu consuetudines ... Britanniae" von 1584[40] interessiert hier die Kommentierung des im Titel XII „De donationibus" enthaltenen Artikels 218, der lautet: „Toute personne pourueue de sens peut donner le tiers de son heritage, à aure qu'à ses hoirs, au cas qu'elle ne le fervit par fraude contre ses hoirs"[41].

---

34 Näheres s. bei Gamillscheg 32.

35 S. Gamillscheg 34 ff.

36 Hierüber s. auch Gamillscheg 226 ff.

37 Ebenso Gamillscheg 240.

38 Lainé I. 310 ff.; Gutzwiller 323 ff.; Meijers 638 ff.; Meili, Handbuch 88 f.; ders., BöhmsZ 5, 367; Batiffol 265 ff.; Gamillscheg 66 ff.; Niederer 45 ff.; Kegel 50 f.

39 Über die Territorialität bei d'Argentré vgl. auch Gamillscheg 101.

40 Dem Verf. lag die 7. Auflage von 1661 vor.

41 „Jeder (geistig Normale, Geschäftsfähige) kann ein Drittel seines nachlaßfähigen Immobiliarvermögens anderen als den (voraussichtlichen gesetzlichen)

Zu Beginn seiner zehn Glossen schildert d'Argentré, warum dieser Artikel so gefaßt worden sei, und handelt über Schenkungen und ihre Verbote, über Schenkungen von Todes wegen oder aus Arglist, über die Quotierung des Vermögens und den Zeitpunkt der Bewertung.

In Glosse 6[42] entwickelt d'Argentré bei der Frage, ob auch auswärtige Güter in das erlaubte Drittel eingerechnet werden können, seine kollisionsrechtlichen Gedanken in einer Art allgemeinem Teil — ein Novum![43] — und einer Gruppe Fallösungen.

Bei n. 1 (jeweils Glosse 6 zu Titel XII, Art. 218) geht d'Argentré mit seinen Vorgängern ins Gericht: diese „scholastici scriptores" hätten schon einiges über das Thema geschrieben, aber so verworren, daß niemand diese Mäander entwirren könne (ut nemo talibus se Maeandris possit explicare). Ohne sie alle darzustellen — „omissis omnibus omnium opinationibus" — wolle er das Problem einmal abhandeln.

Dann bringt d'Argentrè seine folgenschwere Einteilung aller Gesetze in «realia, personalia et mixta», die Lainé später «le caractère premier et fondamental de la doctrine française» nannte (II. 24).

1. „Cum *de rebus soli* ... agitur, ... et diversa diversarum possessionum loca et situs proponuntur, ... certissima usu observatio est id ius de pluribus spectari quod loci est, ut de talibus nulla cuiusquam potestas sit praeter territorii legem": wenn eine unbewegliche Sache im Spiel ist, gilt also nur die lex situs[44]. Das gelte, meint d'Argentré, für Verträge, Testamente und alle Handelsgeschäfte; die lex situs könne auch nicht durch Privatrechtsgeschäfte wegbedungen werden (n. 2). d'Argentrés Begründung — Bewahrung des für die Erhaltung des Staatsgebietes notwendigen Grundes und Bodens vor (auf fremde Gesetze gestützten) Manipulationen — ist einleuchtend und war wohl für das Kollisionsrecht zu allen Zeiten das Motiv für die Anwendung der lex situs.

Beispiele bringt d'Argentré in n. 8: Vorschriften über die Erbteilung und den Erbausschluß der Tochter, über die Art und Weise sowie die Quoten von Schenkungen (über die Artikel 218 ja handelt), Verbot von wechselseitigen

---

Erben schenken; Ausnahme: Schikane gegen die Erben." — „Heritage" bedeutete im 16. Jh. noch nicht allgemein „Nachlaß", sondern „Grund und Boden": «propriété foncière, terre, domaine» (nach Huguet, Dictionnaire de la langue française du seizième siècle, Paris 1950).

[42] Abgedruckt bei Meili, BöhmsZ 5, 371 ff. und 452 ff. auf Grund eines Textes von 1664; Auszüge bei Meili, Grundriß 25 und bei Gutzwiller 323. — Durch diese Anknüpfung ist d'Argentré der erste, der seine Ausführungen nicht im Anschluß an C. 1. 1. 1. bringt (abgesehen von Mynsinger und Gaill; s. unten S. 36 ff.); so tritt schon äußerlich d'Argentrés Abkehr vom umfassenden, universalistischen, gemeinrechtlichen Denken zutage. Freilich sollte man bei der Beurteilung seiner Gedanken mehr als bisher im Auge behalten, daß sie durch eine Spezialnorm ausgelöst wurden, die sich ausdrücklich über Immobilien verhält und dadurch von vornherein eine bestimmte Blickrichtung nahelegte.

[43] Vgl. hierzu Gamillscheg 67, insbesondere Anm. 47.

[44] Durch die Beschränkung auf dieses eine Kriterium wird die für die folgende Lehre als typisch empfundene Zweiteilung der Statuten möglich; so Gamillscheg 107.

Ehegattenlegaten oder Schenkungen zwischen Ehegatten — soweit es sich um „res soli" handelt.

2. Anders sei es mit dem *„ius personarum"*, zu dem auch die Mobilien zählten (!): dafür gelte überall Wohnsitzrecht (n. 3, 4, 16). Hierher gehören jedoch nur solche Normen, die etwas „abstracte ab omni materia reali" bestimmen. Beispiele (n. 7): Volljährigkeit, allgemeines Kontrahierungsverbot für Ehefrauen und alle fremder Gewalt Unterworfenen; hinsichtlich der Mobilien sei z. B. auch das Ehegattentestierverbot „personal" (!), n. 8.

3. Bei dieser Zweiteilung (realia et personalia) sei jedoch, meint d'Argentré, der Fall übergangen, daß eine Norm etwas über Personen und Sachen bestimme: der „casus *mixtus*" (n. 6 und 8). Hier gelte auch das Recht des Lageortes (statuta locorum de rebus pervincunt; n. 6 a. E., ebenso n. 9). Beispiel: ein „minor" darf kein Grundstück veräußern.

Durch diese Gleichstellung des Wirkungsbereiches der „mixta" mit dem der Realstatuten verliert freilich die *Drei*teilung an praktischem Wert; hier setzte denn auch der Widerspruch der Nachfolger ein (z. B. Burgundus, s. unten S. 13 f.).

Nach diesem allgemeinen Teil handelt d'Argentré noch über einige Gedanken seiner Vorgänger und bringt in den n. 23 ff. die Anwendung seines Systems; hieraus einige Fälle, die über Jahrhunderte zum obligatorischen Streitstoff der Statutisten gehörten:

a) Das englische Erbstatut hält d'Argentré (selbstverständlich) für „real" gleich „territorial" in der Wirkung; Bartolus' Wortauslegung weist er scharf zurück („explodenda Bartoli sententia"), wobei er sich schon auf eine „herrschende Meinung" berufen kann (n. 24).

b) Ausschluß der Tochter von der väterlichen Erbschaft wirkt nur territorial: „nec enim personale est, et si esset (!), universalem statum personae non afficit;" (n. 26 ff.). Anders, nämlich Wirkung auch für die auswärtigen Güter, bei ausdrücklichem, in einem Dotalvertrag erklärten Verzicht der Tochter (renuntiatio in contractu matrimonii facta patri), „quia in hoc casu exclusio fundatur in contractu et personali conventione". Ausnahme: „si statuta locorum (situs) repugnent"[45].

c) Beim Vermächtnisverbot zwischen Ehegatten hätten sich die „scholastici" meist für personal entschieden („errorem confirmant"). d'Argentré meint in der mißverständlichen Ausdrucksweise der Statutisten: wenn es um die res soli geht, ist das Statut real, wenn es um Mobilien geht, ist es personal (n. 29 ff.).

d) Mit dem Ehegüterrecht befaßt sich d'Argentré sehr ausführlich (n. 33 ff.)[46], schon weil er hier ausreichend Gelegenheit findet, sich mit der Ansicht des von ihm persönlich hochgeschätzten Dumoulin auseinanderzusetzen

---

[45] Gamillschegs weitere Beschränkung des Verzichts für den Fall, daß er „nur in allgemeinen Wendungen zum Ausdruck gekommen ist", kann ich aus dem Text nicht herauslesen (Gamillscheg 71). „Etiamsi renuntiatio simpliciter concepta sit, non expressis a quibuscunque bonis" meint m. E., daß die Grundstücke nicht einzeln genau bezeichnet werden müssen und daß ein pauschaler Erbverzicht genügt. — Die von d'Argentré verwendete Figur: ein Rechtsgeschäft erfasse auch auswärtige Güter, es sei denn, das Lagerecht widerspreche, findet sich später oft bei den Deutschen, besonders auch bei Hert.

[46] Hierüber vgl. Gamillscheg 202 ff.

(vir ingenio et eruditione incomparabili). Mit zum Teil ausgezeichneten Argumenten und mit der für ihn typischen Leidenschaft bekämpft d'Argentré die Lehre vom stillschweigend geschlossenen Güterrechtsvertrag[47]. Die güterrechtliche Regelung sei keine bei der Heirat erklärte „conventio personalis" („sola corporum coniunctio in conventione est"), sondern eine „dispositio mere statutaria", und es sei eine „falsissima illatio", in ein Statut einen persönlichen Vertrag hineinlegen zu wollen: das Statut sei real (n. 34/35). Deshalb werden nach d'Argentré die außerhalb des Statutargebietes belegenen Güter nicht gemeinsames Vermögen der Ehegatten (sc. wenn dort keine Gütergemeinschaft normiert ist!).

Soweit die Darstellung der Glosse 6 zu Art. 218 des bretonischen Landrechtes, in der d'Argentré das ganze Kollisionsrecht aus der Differenzierung der Bartolisten auf eine Dreiteilung der Statuten nach ihrem Inhalt und ihrer Anwendung zurückführt, die — nach der Zahl der Anwendungsgebiete beurteilt — eigentlich eine Zweiteilung ist (Wirkung territorial oder extraterritorial).

Schon mit der (durch den Charakter der kommentierten Norm freilich nahegelegten) Reihenfolge der Normengruppen — Realnormen, sodann Personalnormen — sowie durch die enge Definition der Personalstatuten und durch den Anknüpfungspunkt für gemischte Statuten hat d'Argentré einen unmißverständlichen Hinweis gegeben, in welcher Rangordnung er die evtl. miteinander kollidierenden materiellen Rechtsnormen und Kollisionsregeln angewendet haben will. Dem berühmten Satz der französischen Schule „toutes coutumes sont réelles" selbst, aus dem regelmäßig abgeleitet wird, d'Argentré habe die realen Statuten für die Regel, die personalen für die Ausnahme gehalten[48], ist das dagegen nicht zwingend zu entnehmen[49]. M. E. ist dieser Satz, der hineingedeutelten kollisionsrechtlichen Aussage entkleidet, nur ein Zeugnis für den Wandel des Rechtes vom persönlichen Stammesrecht zum gebietbezogenen Territorialrecht[50] und sagt nicht mehr als der sechs Jahre zuvor von Andreas Gaill geäußerte Satz „statuta sunt localia"[51].

Die beiden Großen, Dumoulin und d'Argentré, fanden in Frankreich nicht unbedeutende Nachfolger, wobei zu bemerken ist, daß man sich im zentralistischen Mutterland den Ideen des Bretonen nicht so schnell aufschloß wie im deutsch-niederländischen Raum. Jedenfalls aber hatten die Choppin, Coquille, Louet, Charondas, Brodeau, Bouvot, Ricard,

---

[47] Gamillscheg 202 ff. stellt diesen Teil ausführlich dar.

[48] So Niederer 20; Gutzwiller IPR 1524; bei Gutzwiller findet das die paradox anmutende Formulierung: «toutes les statuts sont réels à l'exception de ceux qui ne le sont pas, c'est-à-dire des statuts personnels;» (S. 324).

[49] Auf den „doppelten" Sinn hat auch Batiffol (267) hingewiesen; Gamillscheg (JZ 60, 501) stimmt ihm zu. Vgl. auch Gamillscheg 97; Fr. Dumoulin (Diss. 1958), S. 16 f.; Kegel 51.

[50] Hierzu s. oben S. 2 und unten S. 32 f.

[51] S. unten S. 38.

Challine, Denis le Brun und Renusson[52] auf die Entwicklung in Deutschland keinen nennenswerten Einfluß[53]; auf die Darstellung ihrer Gedanken sei deshalb hier verzichtet.

III. Niederlande

Zur Zeit Dumoulins lebte auch in den Niederlanden[54] die kollisionsrechtliche Diskussion auf, weil sie — wie im benachbarten Deutschland — in dieser Zeit praktisch notwendig wurde: «Des villes nombreuses dont la prospérité économique croissante et la communauté de civilisation développaient les relations mutuelles»[55].

A. Aus der Anfangszeit, die Kollewijn[56] treffend „Das Vorspiel" (het vorspeel) nennt, sind zu nennen:

NIKOLAS EVERARD VAN MIDDELBURG, 1462—1532[57], Professor in Löwen (dessen Universität seit dem Anfang des 16. Jahrhunderts vielfältigen Einfluß auf die Entwicklung der europäischen Wissenschaft ausübte[58]) und Präses des Großen Rates zu Mecheln, äußerte sich in einigen seiner „Consilia sive responsa iuris" (Löwen 1554) zu kollisionsrechtlichen Fragen.

In cons. 45 meint Everard, eine auswärts verhängte Strafe könne noch nachträglich im Inland aufgefüllt werden, wenn geschütztes Rechtsgut das eigene Territorium sei; in cons. 71 n. 9 handelt er über das Testament und in cons. 206 über die Erbfolge im allgemeinen; in cons. 78 vertritt er die allgemeine Meinung, daß die Prozeßvorschriften des Gerichtsortes gelten sollen[59].

PETER PECK, 1529—1589[60], ebenfalls Professor in Löwen und Mitglied des Großen Rates, erörterte einzelne hier interessierende Fragen in seinem „Tractatus de testamentis coniugum".

---

[52] Über sie vgl. insbesondere Lainé I. 297 ff., 388 ff., 413 ff.; Gamillscheg 123 ff. und 184 ff., sowie die — insbesondere dem Letztgenannten gewidmete — Dissertation Franz-Josef Dumoulins (Köln 1958). — Gleichzeitig mit den beiden großen Franzosen hatten Cujacius (gest. 1590) und Donellus (gest. 1591) gewirkt.

[53] Vgl. auch unten Anm. 785.

[54] Über die niederländische Lehre vgl. insbesondere die Monographie Kollewijn, Geschiedenis van de nederlandse wetenschap van het international privaatrecht tot 1880; Gamillscheg 150 ff.; Gutzwiller 325 ff.; Meijers 653 ff.; Meili, Handbuch 98 und BöhmsZ 8, 190; Niederer 50 ff.; Kegel 51 f.

[55] Batiffol 18; im gleichen Sinne Lainé I. 398 und Meili, Handbuch 95.

[56] A. a. O. 1 ff.

[57] Lainé I. 208; Stintzing I. 118 Anm. 2.

[58] Stintzing I. 339.

[59] Vgl. hierzu noch Lainé I. 396.

[60] Kollewijn 5 ff.; Gamillscheg 151; Lainé I. 396 ff.

Peck läßt das Testament auch für auswärtige Grundstücke gelten (lib. 4 cap. 28). Ein Fremder ist den Statuten des Handlungsortes unterworfen, und zwar so stark, daß ein dort geltendes Testierverbot auch den Fremden erfaßt (l. c. cap. 30), nicht dagegen privilegierte Personen einer Gesandtschaft (l. c. cap. 35). In Kapitel 36 behandelt Peck die Frage, ob bei Testamenten der Herkunfts- oder der Wohnort zu beachten sei: für die unbeweglichen Sachen gelte die lex situs (n. 1), bei „citationes faciendae" die lex domicilii, für die Form das Recht des Errichtungsortes und für die Übernahme der Titel usw. der Herkunftsort, n. 3; bei der Intestaterbfolge gelte auf Grund entsprechender Vermutung des Erblasserwillens die lex situs, n. 4.

Everard und Peck haben sich damit im großen und ganzen in den Bahnen der bartolinischen Lehre gehalten[61].

B. Den allgemeinen Aufschwung der Niederlande — Zusammenschluß in der Utrechter Union und Befreiung von der spanischen Herrschaft (1579/1581) — spürt man auch im Kollisionsrecht: es bildet sich die erste „Niederländische Schule", an der Spitze mit Burgundus und Rodenburg, die freudig d'Argentrés Lehre aufnahmen und auf die Gebiete der Niederlande transponierten, um die neugewonnene Territorialgewalt auch privatrechtlich zu schützen und gegen fremde Einflüsse und Rechtsfolgen abzusichern.

NIKOLAS BURGUNDUS (Bourgoigne), 1586—1649[62], war Rechtsanwalt in Gent, Professor in Ingolstadt und später Mitglied des Brabantischen Rates. Er stand sachlich im Banne d'Argentrés, ohne ihm gegenüber ganz unkritisch zu sein[63].

Burgundus' Hauptwerk sind die „Tractatūs controversiarum ad consuetudines Flandricas" von 1621[64], die er seinem Vorgänger Peter Peck dediziert hat.

Zu Beginn seiner Abhandlung deklariert Burgundus seine Einteilung der Statuten: „statutorum duo sunt genera, alia personalia, alia realia. Realia, quae res ipsas dirigunt, a consideratione personae abstractas, personalia, quae dumtaxat personas" (tract. I princ.). Die Realstatuten (des Lageortes) gelten innerhalb des Territoriums, die Personalstatuten (des Wohnsitzes) auch außerhalb.

d'Argentrés Zuordnung des Statuts „minor immobilia ne alienet" zu der dritten Sorte (mixta) macht Burgundus nicht mit, „quod personali non est coniunctum". Er rechnet ein solches Statut den Realstatuten zu, „waartoe ze, in het system van d'Argentré, naar hun werking gezien, ook reeds behoorden"[65]. Bei dem Beispielstatut gehe es überhaupt nicht um die Person, sondern nur um Sachen: „qualitas adiicitur ipsi rei, scilicet ut immobilia a

---

61 So auch Gamillscheg 151 für Peck.

62 Kollewijn 16 ff.; Gutzwiller 325; Gamillscheg 152 ff.; Lainé I. 401 ff.

63 Über das Verhältnis zwischen beiden handelt Kollewijn a. a. O.

64 Antwerpen; dem Verf. lag eine Ausgabe von 1634 vor; Gamillscheg referiert diese Abhandlung ausführlich (152—157).

65 Kollewijn 19.

minore legitime alienari non queant; kurz, um jede Stichelei (cavillatio) zu vermeiden: conditio minoris non est in dispositione, sed tantum in enunciatione[66]."

„Mixta" will Burgundus im Gegensatz zu d'Argentré nur solche Statuten nennen, die einmal nur territoriale Wirkung entfalten (wenn sie auf Immobilien angewendet werden), ein andermal auch extraterritoriale Wirkung (wenn sie auf Mobilien oder Personen angewendet werden): „mixtum" nenne man ein Statut nur dann, wenn es „personae rebusque in eodem territorio consistentibus ius ponit" (tract. I n. 2). Burgundus teilt also nach dem Wirkungsbereich ein und bringt folgende Beispiele: das Ehegattenschenkungsverbot oder die Erbregelungen wirken hinsichtlich der Mobilien extraterritorial, hinsichtlich der Grundstücke territorial, sie sind also „mixta". Auffallend kernig[67] dann seine Zusammenfassung in tract. I n. 3: „Statutum personale personas respicit. Reale res certi territorii. Mixtum utrasque."

Interessant ist Burgundus' Trennung der Verfügungsgeschäfte von den Verpflichtungsgeschäften[68]: „Statutum reale est, si quis ante 25 vetetur mancipare, — si idem vetetur contrahere statutum est personale. Quemadmodum enim obligatio actus est personalis, ita et mancipatio actus est realis" (tract. I n. 6)[69]. Z. B. kann eine Ehefrau, die ohne die (sc. nach ihrem Wohnsitzrecht) erforderliche Zustimmung ihres Ehemannes ein Grundstück verschenkt, nicht zur Erfüllung angehalten werden; hat sie aber übereignet, so ist die Übereignung gültig, wenn nur das Grundstück in einem Gebiet liegt, wo es keiner ehemännlichen Zustimmung bedarf (tract. I. 33 und II. 7). Hiervon ist es nur ein kleiner Schritt zu Burgundus', von der „herrschenden Meinung" im Ergebnis abweichender Auffassung, daß sich bei Verfügungsgeschäften über Immobilien auch die Form nach Lagerecht richten müsse: dort, am Lageort, sei doch ein solcher Vertrag geschlossen! Damit folgt Burgundus dem „Ewigen Edikt" vom 12. 7. 1611[70], dessen Art. 13 sagt: „Wenn am Wohnort und am Lageort verschiedene Vorschriften hinsichtlich letztwilliger Verfügungen gelten: so fordern wir: soweit es um die Qualität von Sachen geht, ob, mit welchem Alter, in welcher Form man über sie verfügen kann, muß man die Vorschriften des Lageortes berücksichtigen[71]." Demgemäß verneint Burgundus auch die Wirkung einer „habilitas" für Rechtsgeschäfte über auswärtige Grundstücke (tract. I n. 8); da er aber andererseits sagt, daß nicht etwa das Lagerecht einen nach Wohnsitzrecht Geschäftsunfähigen „habilitieren" kann[72], ist eine Verfügung über ein Grundstück bei seiner Meinung nur dann möglich,

[66] Entscheidung und Begründung kehren z. T. wortgetreu bei Hert wieder; s. unten S. 87.

[67] Burgundus' elegantes Latein lobt auch Lainé I. 401.

[68] Einfluß Dumoulins? (Vgl. oben S. 7).

[69] Diese Auffassung ist auch uns nicht unverständlich: durch den schuldrechtlichen Vertrag werden nur zwischen den Partnern des Kaufes Rechtsbande begründet, die Lage der Sache selbst wird nicht berührt (kein ius ad rem); erst im Zeitpunkt der die Lage der Sache berührenden Verfügung wird der mit der lex situs bezweckte Schutz notwendig; vgl. auch Wächter AcP 25, 383 Anm. 381.

[70] Vgl. Lainé I. 402; Kollewijn 17; Gamillscheg 155.

[71] Nach Lainé I. 400.

[72] In gleichem Sinne hatte am 2. 9. 1600 das Pariser Parlament entschieden (berichtet von Louet; s. Gamillscheg 132).

wenn die betreffende Person nach beiden Rechten (Wohnsitz- und Lagerecht) zu dem Geschäft befähigt ist.

In tract. I n. 11 ff. bringt Burgundus „zur Erleichterung des Verständnisses" einige „bei Gericht immer wiederkehrende Fragen". In der Frage des ehelichen Güterrechts löst er sich von d'Argentré und konstruiert einen stillschweigenden Vertrag wie Dumoulin. Konsequenterweise[73] verneint er aber die extraterritoriale Wirkung schon für den Fall, daß am Lageort für derartige Verfügungen besondere Formen vorgeschrieben sind (tract. n. 15 ff.). Auch in den anderen Fällen tritt immer wieder Burgundus' Bestreben zutage, keine Verfügung über ein Grundstück zuzulassen, bei der nicht alle Vorschriften des Lageortes beachtet sind. Typisch für ihn ist auch der Satz: „Bona personas non sequuntur, sed personas ad se trahunt!" All das veranlaßte wohl Meili, „Burgundus noch feudaler als d'Argentré" zu nennen[74].

Mit seinen Ausführungen, die hier nur kurz berichtet werden konnten[75], hat Burgundus die Lehre d'Argentrés — mit Ausnahme des Ehegüterrechtes — für den niederländisch-deutschen Raum erschlossen und so der weiteren Entwicklung in diesem Gebiet den Weg gewiesen. Hinsichtlich der Form und Geschäftsfähigkeit bei Grundstücksgeschäften wurde ihm freilich zunächst die Gefolgschaft versagt[76].

PAUL CHRISTIJNEN (Christinaeus), 1543—1631[77], Syndikus der Stadt Mecheln, veröffentlichte neben einem Kommentar zum Mechelner Stadtrecht (1625)[78] Entscheidungen der belgischen Obergerichte[79].

Ihm wird nachgesagt, er habe in seinen Werken, die zwei und vier Jahre nach Burgundus' Traktaten erschienen sind, nur dessen Gedanken wiedergegeben; dadurch habe er freilich zu ihrer Verbreitung beigetragen[80]. Kollewijn nennt das ihm gewidmete Kapitel schlicht: „Burgundus in het werk van Christijnen".

Ein Beispiel für diese Gefolgschaft bietet die Decisio 283 des I. Bandes, die für das Kollisionsrecht am ergiebigsten zu sein scheint[81]: Hier berichtet Christijnen zunächst, daß für Verträge und Quasikontrakte (insbesondere deren Formen) der Vertragsort das anwendbare Recht bestimme, „quia consuetudo influit in contractus" (n. 2). Bei der Frage, ob Erben für Nachlaßschulden einheitlich oder jeweils nach Bruchteilen entsprechend dem am Ort belegenen Vermögen haften, habe sich, fährt Christijnen fort, der Belgische

---

[73] S. oben S. 14.

[74] Handbuch 96 und BöhmsZ 8, 189.

[75] Weiteres z. B. bei Gamillscheg a. a. O.

[76] Spätere Kodifikationen nahmen den Gedanken wieder auf; z. B. ALR (s. unten S. 168) und Art. 11 II EGBGB. — Zu einzelnen Ausnahmen in der Wissenschaft vgl. Wächter AcP 25, 192 und 383 (für Grundstücksveräußerungen und -testamente).

[77] Kollewijn 28 ff.; Gamillscheg 157; Lainé I. 403.

[78] „Commentarius in statuta Mechliniensia", Antwerpen 1625.

[79] „Decisiones in supremis Belgarum curiis actarum et observatarum"; Antwerpen 1623; Verf. benutzte eine Ausgabe von 1626.

[80] Kollewijn 29 und ihm folgend Gamillscheg 157.

[81] Vgl. daneben noch dec. 51 und 288.

Obergerichtshof mehrmals (in den Jahren 1556—1586) für eine einheitliche Haftung nach Wohnsitzrecht entschieden. Burgundus sei da anderer Meinung gewesen, und „diese Meinung entbehre nicht der Berechtigung" (eaque sententia non videtur carere ratione) — so schließt sich Christijnen nach Erfüllung seiner Chronistenpflicht persönlich der Auffassung Burgundus' an.

HUGO GROTIUS, 1583—1645[82], stand nicht in der Front der kollisionsrechtlichen Diskussion. Er hat jedoch, besonders in seinem berühmten Werk „De iure belli ac pacis" von 1625, Gedanken geäußert[83], die sich unmittelbar auf das Kollisionsrecht bezogen oder zumindest dank eines weiteren Sachzusammenhanges und Grotius' außerordentlicher Autorität in die wissenschaftliche Diskussion einbezogen wurden[84].

Folgenreich war Grotius' Lehre vom „*temporarius subditus*": Zunächst (lib. 2 cap. 2 § 5) spricht Grotius von der Befugnis der Staatsgewalt, den Fang der wilden Tiere, Fische und Vögel zu regeln. Diese Jagdgesetzgebung binde auch den Fremden: „ratio est, quia ad gubernationem populi moraliter necessarium est, ut qui ei vel ad tempus se admiscent, quod fit intrando territorium, ii conformes se reddant eius populi institutis." Einige Kapitel später (cap. 11 § 5) handelt Grotius über versprechende und damit belastende Rechtsgeschäfte: zur Abgabe einer Willenserklärung gehöre Verstand, deshalb dürften Unmündige und Schwachsinnige nichts versprechen und genössen zum Teil die „restitutio in integrum". Alle diese positivgesetzlichen Regelungen müssen dort, wo sie gelten, (von allen) beachtet werden: „Quare etiamsi peregrinus cum cive paciscatur, tenebitur illis legibus: quia qui in loco aliquo contrahit, tamquam *subditus temporarius* legibus loci subiicitur." Anders sei es nur bei Verträgen auf hoher See, auf einem Eiland oder bei Vertragsschluß per Brief: dann gelte Naturrecht.

Diese mit höchster wissenschaftlicher Autorität ausgestattete These kehrt in den Begründungen, besonders bei den Deutschen, oft wieder.

Außerdem hat Grotius als erster Niederländer[85] die Formvorschriften als eine dritte Gruppe neben die Personal- und Realstatuten gestellt und damit die Klasse der „mixta" d'Argentrés und Burgundus' entscheidend erschüttert. Er sagt: „Actus factus secundum formam loci vim suam per omnia loca extendit" (Epist. ad fratrem 470). Die Entscheidung selbst ist die gleiche wie bei den meisten Statutisten; das sagt Grotius auch selbst, wenn er in Epist. 464 über die Testaterbfolge handelt: „Ubi de forma testamenti agitur, spectandum loci morem, in quo testamentum fit, . . . confirmata sententia est." Ein solches Testament strahlt überallhin seine Wirkung aus, und deshalb müsse es auch dann beachtet werden, wenn ein Fremder in seinem Gastland testiere.

[82] Kollewijn 31 ff.; Gamillscheg 158; allgemein über Grotius siehe Wieacker 165 ff. mit weiterer Literatur, Landsberg III. 1. 1 ff., Schätzel, a. a. O., der einer neuen Übersetzung des Hauptwerkes eine einleitende Würdigung des Lebens und Werkes Grotius' voranstellt; siehe auch Hazard, a. a. O., 317 ff.

[83] Van Vollenhoven nennt die IPR-Gedanken in Grotius' Werk „a merely accidental subject matter"; (nach Kollewijn 31).

[84] Die Naturrechtslehre Grotius' kann hier nicht dargestellt werden; soweit sie in das Kollisionsrecht des 17. Jh. hineinspielt, wird davon an Ort und Stelle die Rede sein.

[85] Kollewijn 32 und Gamillscheg 158.

Daß Grotius auch praktisch Kollisionsrechtliches ausgesagt hat, beweist die ausdrücklich aus cap. 293 des Pariser Statuts abgeleitete umfassende Äußerung über das Erbrecht (Epist. 467): „Ubi de forma sive solennitate testamenti agitur, respicitur locus conditi testamenti[86]; ubi de persona, an testari possit, ius domicilii; ubi de rebus, quae testamento relinqui possunt vel non, locus domicilii in mobilibus, in rebus soli situs loci“[87]. Bei der Frage der Intestaterbfolge konstruiert auch Grotius einen vermuteten Willen des Erblassers (lib. 2 cap. 7 § 11 n. 2)[88]: lasse sich kein deutlicher (sc. erklärter) Wille des Erblassers feststellen, so werde man annehmen können, daß es nach seinem Willen mit der Erbschaft so gehalten werden solle, wie es nach den Gesetzen und Gebräuchen des Landes üblich sei. Dies geschehe dann nicht auf Grund des Willens der Staatsgewalt, sondern lediglich, weil für den Erblasserwillen eine Vermutung in dieser Richtung bestehe.

In den Ergebnissen[89] stimmt Grotius mit den meisten Statutisten überein. Fruchtbar für die Zukunft war seine Behandlung der Formvorschriften als dritte Sachgruppe und seine These von der zeitweiligen Unterwerfung am Handlungsort; sie zwingen zwar nicht dazu, „een Grotiaanse theorie van internationaal privaatrecht te konstrueren“[90]; aber viele Kollisionsrechtler haben diese Gedanken übernommen, so daß sie die Lehre wesentlich förderten.

FRIEDRICH VAN DER SANDE, 1578(?)—1617[91], Bürgermeister von Arnheim und später Mitglied der Versammlung der Generalstaaten, hat sich in seinem „Commentarius in Gelriae et Zutphaniae consuetudines feudales“[92] nur kurz über Kollisionen im Erbrecht geäußert. Dabei vertritt er die Meinung, Gelderns Grund und Boden dürfe nur nach Gelderns Recht vererbt werden, gleich ob kraft Testamentes oder gesetzlicher Erbfolge (tract. I tit. III cap. 2 par. 4)[93].

JOHANN VAN DER SANDE, gest. 1638[94], Bruder des eben genannten Friedrich, Senator und Präsident des Friesischen Gerichtshofes, Professor zu Franeker, hat an zahlreichen Stellen kollisionsrechtliche

---

[86] Vgl. außerdem Epist. 464: ein solches Testament wirke überall (zit. nach Hert IV § 23).

[87] Zit. nach Hert IV § 23; Hert hat diesen Text an ausgezeichnetem Ort übernommen und mit einem „Optime!“ gebilligt; s. unten S. 115.

[88] Hier behandelt Grotius die Frage, ob Erbfolge nach einem Herrscher nach den von ihm selbst erlassenen Zivilgesetzen eintritt; der hier gegebene Auszug kann jedoch ohne Bedenken allgemein für jede Erbfolge verstanden werden.

[89] Weitere Beispiele bei Kollewijn 33 ff.; insbes. 34 Anm. 1.

[90] So zu Recht Kollewijn 32 und Gamillscheg 158.

[91] Kollewijn 38 f.

[92] Postmortal veröffentlicht 1625; Verf. benutzte die 2. Auflage von 1637 und „Opera omnia iuridica Joannis et Frederici a Sande“ von 1698.

[93] Vgl. Kollewijn 38 Anm. 1; auffällig ist die Parallelität zu der Regelung des Sachsenspiegels Landrecht Buch I Art. 30; s. unten S. 33.

[94] Lainé I. 403 f.

Entscheidungen und Gedanken veröffentlicht, die später ihrerseits oft Gegenstand von Erörterungen waren. Interessant sind einige der „Decisiones Frisicae sive rerum in suprema Frisiorum curia iudicatarum libri V" (2. Auflage 1638), durch die er sich als einer der bedeutendsten Kameralisten des 17. Jahrhunderts ausweist, und sein Einzelkommentar „De diversis regulis iuris antiqui" (über die Digestenstelle D. 50. 17. 9)[95].

1. Aus den „Decisiones Frisicae" — Entscheidungen des Friesischen Gerichtshofes — ist hier folgendes festzuhalten:

Der Erbgang der Immobilien soll sich nach der „lex situs", der der Mobilien nach der „lex domicilii" des Erblassers abwickeln; das ist in den Niederlanden im 17. Jahrhundert auch die überwiegende Meinung. Das Testament bedarf jedoch (Abweichung vom Ewigen Edikt und Burgundus!) nicht der Form des Lagerechtes: „Testamentum ab advena conditum servatis solennibus loci, in quo illud condidit, effectum habet etiam quoad bona alibi sita" (so der in lib. IV tit. 1 def. 14 berichtete Leitsatz einer Entscheidung aus dem Jahre 1599, der sich schon auf eine „herrschende Meinung" stützen konnte).

Für die Prozeßordnung gilt die „lex fori" nach dec. 1. 12. 5, für die Sachentscheidung gibt es jedoch verschiedene Möglichkeiten: „In definiendis enim litibus attenditur loci consuetudo, ubi vel constitutum praedium, de quo agitur, vel ubi initus est contractus aut in quem locum debitae pecuniae solutio confertur;" die Vollstreckung sei auf alle Fälle nach dem Recht des Vollstreckungsortes durchzuführen.

Zum Ehegüterrecht (dec. 2. 5. 10, Leitsatz einer Entscheidung vom 31. 3. 1612): „Communio omnium bonorum semel contracta inter coniuges ex consuetudine loci non dissolvitur domicilii mutatione." Zwei hatten in Amsterdam die Ehe geschlossen, zogen nach Friesland, ein Ehegatte starb: der Senat entschied sich für Amsterdamer Recht[96].

Zur Intestaterbfolge sei der Leitsatz lib. 4 tit. 8 def. 7 zitiert: „In successione intestati spectandum ius loci, ubi bona immobilia sunt sita, ... mobilia et actiones personales sequi personam (!) et ius loci ubi defunctus est." Im Text heißt es dann: Mobilien hängen von der Person ab und deshalb unterliegen sie Wohnsitzrecht (Verweis auf d'Argentré, Christijnen und Burgundus) — das „ubi qui defunctus est" heißt also sicher nicht „Sterbeort", wie man nach der Formulierung annehmen könnte.

Dieser Überblick mag genügen. Wenn der Friesische Gerichtshof auch nichts wesentlich Neues schuf, so gab er doch der einen oder anderen in der Wissenschaft vorgeprägten Entscheidung das Ansehen einer „res iudicata"; insbesondere hat er die Meinung Burgundus' über die Grundstücksgeschäfte entscheidend erschüttert.

---

[95] Beide Werke a Sandes sind enthalten in dem in Anm. 92 genannten Werk „Opera omnia".

[96] Interessant ist der Wortlaut des Amsterdamer Statuts: „Wenn Mann und Frau ohne Dotalverträge die Ehe schließen, dann wird das Eigentum aller Güter zusammengetan und gemeinschaftliches Eigentum beider ...". Die These, die Gütergemeinschaft beruhe auf einem stillschweigenden Vertrag, wäre durch dieses Statut nur dann nicht widerlegt, wenn man „ohne Dotalverträge" als „ohne ausdrückliche, gegenteilige Dotalverträge" liest.

2. Aus Johann a Sandes Kommentar zum Digestentitel „De div. reg. iur. ant." (D. 50. 17) sind für uns die Anmerkungen zur lex 9 interessant, die lautet: „Semper in obscuris, quod minimum est, sequimur" (Ulpianus; ähnlich D. 50. 17. 34 a. E.).

Hierin findet Johann a Sande die Anweisung zur Auslegung menschlicher Handlungen — Verträge, letztwillige Verfügungen, Delikte — und gliedert sie in vier Stufen: Erster Schritt: philologische Auslegung der Handlung (Willenserklärung); zweitens: Erforschung des mutmaßlichen Willens; drittens: Berücksichtigung der Ortssitte („conservanda est consuetudo regionis et civitatis, ubi contractum est"); Unklarheiten (z. B. über das vereinbarte Maß) würden zugunsten des Ortsüblichen beseitigt.

Unvermittelt sagt dann Joh. a Sande: „Si contractus celebratus cum solennitate requisita in loco contractus, extendit se ad omnia bona, licet in loco, ubi bona sita sunt, maior solennitas requireretur" (Verweis auf Gaill obs. 123, der noch mehrere hierfür nenne[97]). a Sande wendet sich also mit dem berühmten Deutschen und anderen (z. B. Baldus) auch persönlich gegen Burgundus' Lehre; die Anknüpfung und Beweisführung aus der kommentierten lex „semper in obscuris" bleibt dennoch gezwungen.

PETER STOKMANN, 1608—1671[98], Professor der Rechte in Löwen, Mitglied des Brabantischen Rates und dort zeitweise Kollege Burgundus', war ein weiterer Kameralist des 17. Jahrhunderts, der der Rechtswissenschaft mit seiner Entscheidungssammlung zumindest Stoff für Diskussionen lieferte.

Er veröffentlichte „Decisiones curiae Brabantiae"[99]; von ihnen sind für das Thema die Nr. 9, 50, 54 und 125 wichtig[100]:

Nach *dec. 9* gilt ein nach Ortsrecht formrichtig errichtetes Testament auch für auswärts belegene Sachen.

In *dec. 50* berichtet Stokmann, daß sich das Brabanter Obergericht bei der ehelichen Gütergemeinschaft für das Real-Territorialprinzip des Argentraeus (dort. n. 33) entschieden habe. Stokmann ist dagegen und schließt sich Dumoulins Meinung an, die auch „sein Kollege" Burgundus vertreten habe[101].

Nach *dec. 54* gilt das Brüsseler Statut, nach dem die Witwe das Recht hat, zwischen Rechtsfolgen des Ehevertrages und der (gesetzlichen) Erbfolge zu wählen, als personal gleich extraterritorial in der Wirkung; es begünstigt jedoch als exorbitant nur die Frauen, die in Brüssel geheiratet haben. Grund: nur sie haben „tacito pacto" diese Rechtsfolge vereinbart.

Gegenstand der *dec. 125* ist die umstrittene Wirkung eines Veräußerungsverbotes für Minderjährige; Stokmann schreibt: Durch Heirat werde man in den verschiedenen Gegenden in verschiedenem Umfang geschäftsfähig.

---

[97] Über Gaill s. unten S. 37 ff.

[98] Lainé I. 405; Gamillscheg 160 ff.

[99] In: Opera omnia, 1686.

[100] Decisiones 9 und 50 sind bei Meili, Grundriß 31 ff., abgedruckt.

[101] Hierüber vgl. ergänzend Gamillscheg 217 f.

Jedenfalls gelte die Geschäftsfähigkeit überall, sie befähige jedoch nicht zu Verträgen über auswärtige Grundstücke (!), n. 9; so wirkten das „englische Erbstatut", das Verbot für letztwillige Verfügungen zwischen Ehegatten und die Testiererlaubnis für filiifamilias nicht für Grundstücke, die in der Provinz lägen, weil dort gemeines Recht gelte (n. 10). Ganz offensichtlich waren also der Brabantische Rat und mit ihm Stokmann im Gegensatz zum Friesischen Obergericht recht lex-situs-freundlich. Die Mitwirkung und der Geist des Ratsmitgliedes Burgundus trugen ihre Frucht.

CHRISTIAN RODENBURG, 1618—1668[102], Professor und Richter in Utrecht, war der zweite Große der konservativen niederländischen Schule; er wurde der „Verbindungsmann" zwischen d'Argentré/Burgundus und den Deutschen des späten 17. Jahrhunderts.

Wichtig ist seine „Tractatio praeliminaris de iure, quod oritur ex statutorum vel consuetudinum discrepantium conflictu", die Rodenburg seinem „Tractatus de iure connubium" voranstellte (Utrecht 1653[103]). In diesem Werk — die kollisionsrechtliche Abhandlung ist allein 165 Seiten lang[104] — setzt sich Rodenburg naturgemäß in erster Linie mit Burgundus und auch mit d'Argentré auseinander. In vielem folgt er ihnen, in manchem ist er anderer Meinung; im ganzen gesehen ist Rodenburg weniger Territorialitätsfanatiker als die beiden Genannten.

Interessant ist schon der Titel der tractatio: Rodenburg spricht dort von einem „ius, quod oritur ex ... conflictu statutorum". Anscheinend hat er erkannt, m. E. als erster, daß sich hier ein besonderes Rechtsgebiet eröffnet, eben das Konflikts-Recht. Auf alle Fälle wurde der Name „Konfliktsrecht" durch ihn allgemein gebräuchlich[105].

Die Abhandlung selbst teilt Rodenburg — ganz ungewöhnlicherweise — in Abschnitte über Konflikte bei gleichbleibendem Wohnsitz und bei Wohnsitzwechsel, wodurch sich zahlreiche Wiederholungen ergeben.

Nach einer Aufzählung von Statuten, die nun einmal von Ort zu Ort verschieden seien (tit. I cap. 1), leitet Rodenburg (cap. 2)[106] die Einteilung der Statuten ein: „Statutum simpliciter disponit de personis, aut solummodo de rebus, aut conjunctim de utrisque"[107] (z. B. Testierverbote, Veräußerungsbeschränkungen). Der Schein, Rodenburg übernehme Burgundus' Dreiteilung einschließlich dessen „mixta", trügt. Denn Rodenburg meint, die dritte Gruppe sei nur eine Zusammensetzung aus den beiden ersten (ex complexu utriusque constructa), zählt die betreffenden Statuten zu den „realen" und sagt ganz eindeutig: „(statuta) alia personalia, alia realia, nulla mixta sint" (tit. I

---

[102] Kollewijn 52 ff.; Gamillscheg 158 ff.; Lainé I. 404 f.

[103] Lainé meint: 1643.

[104] Lainé II. 49 rügt, diese tractatio enthalte weniger, als der Titel vermuten lasse. Dabei ist doch übersehen, daß es sich eben nur um einen Prolog zu einer Güterrechtsabhandlung handelt.

[105] So Kollewijn 52.

[106] Das folgende Stück zitiert Lainé (II. 43) als Quelle für die spätere französische Lehre.

[107] Ebenso hatte Baldus begonnen; s. oben S. 5.

cap. 2): Damit ist die „mixta"-Lehre für den deutsch-niederländischen Raum im wesentlichen überwunden.

Rodenburg bildet nun eine dritte Gruppe mit den Formstatuten (tit. II cap. 3). Damit folgt er Grotius und wird zum unmittelbaren Vorbild für die späteren Niederländer und Deutschen.

Rodenburgs System sieht im ganzen betrachtet folgendermaßen aus:

1. Ein Personalstatut ist ein Statut dann, „quando universus personae status aut conditio in dispositione statuti vertitur, citra ullam rerum adiectionem, adeoque de personis agitur in abstracto, absque ulla consideratione rerum" (tit. I cap. 2). Maßgeblich ist das Wohnsitzrecht, „personae enim status et conditio cum tota regatur a legibus loci, cui illa sese per domicilium subdiderit, utique mutato domicilio mutari et necesse est personae conditionem" (tit. II altera pars cap. I). Ein Wohnsitzpersonalstatut, meint Rodenburg, sei auch wirksam hinsichtlich auswärtiger Grundstücke (tit. II cap. 1); auch befähige die nach Wohnsitzrecht gewährte Geschäftsfähigkeit zu Veräußerungen auswärtiger Grundstücke, nicht nur zu deren Verkauf, wie Burgundus irrigerweise geglaubt habe (tit. I cap. 3 n. 7).

Rodenburg befaßte sich — wohl als erster — mit der Frage, *warum* hier ein Statut regelwidrig[108] auswärts Wirkungen entfalten dürfe; er meint dazu (tit. I cap. 3 n. 4): „Die Natur der Sache und die einfache Notwendigkeit gebietet: wenn es um persönliche Eigenschaften geht, steht insoweit nur einem einzigen Richter, und zwar dem des Wohnsitzes, ein umfassendes Recht zu[109]; auch wäre es einfach unsinnig, die persönlichen Eigenschaften einer Person mit jeder Reise immer wechseln zu lassen."

Ist diese Antwort auch noch recht einfach, so weist sich Rodenburg doch schon durch die Frage „Warum?" als Vorfahre der durch ausführliche Behandlung dieses Themas später berühmt gewordenen Niederländer Voet und Huber aus.

Bei Wohnsitzwechsel, meint Rodenburg, änderte sich auch die Beurteilung der persönlichen Eigenschaften (tit. II alt. pars): so könne ein Volljähriger beim Umzug in ein anderes Gebiet durchaus wieder minderjährig werden.

2. Die Realstatuten — „si in solas nudasque res statuti dispositio dirigitur" — gelten alter Tradition gemäß nur innerhalb des Territoriums[109a]; maßgebend ist die lex situs. Dabei werden Mobilien gemeinsam als am Wohnsitz des Eigentümers belegen angesehen[110], so daß als „lex situs" die „lex domicilii" beachtet werden muß[111]. Beispiel: Ein holländisches Ehepaar setzt einander

---

[108] Die Lehre ging immer von der Gebietsbezogenheit der Statuten aus!

[109] „Unicum hoc ipsa rei natura ac necessitas invexit, ut, cum de statu ac conditione hominum quaeritur, uni solummodo judici, et quidem domicilii, universum in illa ius sit attributum."

[109a] Tit. I c. 3 n. 1 und tit. II c. 2.

[110] Das ist eine Quelle für die Fiktion der Lage von Mobilien, für die F. J. Dumoulin (Diss. Köln 1958) einen Beleg gesucht hat (dort S. 201 Anm. 2).

[111] Rodenburg vermeidet die irreführende Ausdrucksweise „das Real-Statut ist für Mobilien personal, für Immobilien real" und behandelt beide Anwendungsfälle unter einer Kategorie, nämlich als Sachstatuten. Rodenburg teilt also nach dem allgemeinen Inhalt der Norm selbst, nicht nach dem konkreten Anwendungsfall ein.

wechselseitig zu Erben ein, zieht nach Utrecht um, wo diese gegenseitige Begünstigung verboten ist; ein Ehegatte stirbt. Bei der Frage nach der Gültigkeit des Testamentes hinsichtlich der Mobilien (für Immobilien gilt ohnedies Lagerecht[111a]) kämen der Zeitpunkt der Errichtung des Testamentes, des Todes und der Annahme der Erbschaft in Frage. Rodenburg entscheidet sich für den Todeszeitpunkt[112]. Weitere Beispiele bilden die Intestaterbfolge, Schenkungsverbot zwischen Ehegatten, Verfügungsbeschränkungen über Grundstücke, Testiererlaubnis für Minderjährige (!).

3. Zu den Formstatuten, seiner dritten Gruppe, zählt Rodenburg diejenigen Statuten, „quibus lex praefigitur actui, qui a persona sit peragendus, eundem actum vel vetando vel certo etiam modo circumscribendo"[112a]. Maßgebend ist das Recht des Handlungsortes. Bei der Errichtung eines Testamentes braucht ausschließlich die Ortsform beachtet zu werden (während Burgundus bei Immobilien die Beachtung der Lagerechtsform gefordert hatte).

Die Frage des Ehegüterrechtes, das Thema der Hauptarbeit, löst Rodenburg in der üblichen Anlehnung an Dumoulins stillschweigenden Güterrechtsvertrag[113]. Maßgebend sei dann das Recht des Ortes, an dem die Eheleute zur Zeit der Heirat gewohnt hätten (Ausnahme bei widersprechendem Lagerecht), und zwar auch, wenn die Eheleute später umgezogen seien (tit. II alt. pars cap. 4 n. 3).

Soweit die Darstellung von Rodenburgs Abhandlung über das Konfliktsrecht. Rodenburgs Gedanken haben nicht nur die deutsche Lehre der zweiten Hälfte des 17. Jh. stark beeinflußt, sondern sie enthalten im Kern schon Überlegungen, die die späteren Niederländer der zweiten Schule berühmt gemacht haben: die Frage nach dem Grund der auswärtigen „Geltung" einiger Statuten und die Zweiteilung der Realstatuten nach Mobilien und Immobilien.

PAUL VOET, 1619—1667[114], Professor aus Utrecht, war Heimat- und Zeitgenosse Rodenburgs. Den überkommenen Ergebnissen der Statutenlehre fügte er als erster Gedanken hinzu, die die „comitas"-Lehre begründeten.

1661 erschien Voets Monographie „De statutis eorumque Concursu liber singularis"[115], eine der letzten großen Arbeiten vor Hert. Hier geht Voet mit dem Eifer eines Neuerers und mit dem Selbstbewußt-

---

[111a] Tit. II c. 4 n. 5.

[112] (Tit. II altera pars, cap. 4 n. 1) Hert hat diesen Fall als E 40 übernommen; s. unten S. 125.

[112a] Tit. II cap. 3.

[113] (Tit. II alt. pars cap. 3 n. 12) Hierüber insbesondere Kollewijn 67 ff.

[114] Kollewijn 78 ff.; Gamillscheg 173 ff.; Lainé II. 96 ff., 172, 387; Meijers 664 f.; Gutzwiller 326; einige geben das Todesjahr mit 1677 an, vgl. dazu Kollewijn 78 Anm. 1.

[115] Meijers 664 Anm. 1 zitiert einige wichtige Sätze; vgl. auch die Darstellung der Gedanken bei Gamillscheg a. a. O.

sein eines Gelehrten, der etwas Neues zu sagen hat[116], das Kollisionsrecht an, schreibt seine Gedanken in einem Zug durch, ohne, wie es zu seiner Zeit sonst üblich war, die Gedankenfolge immer mit Zitaten zu unterbrechen; am meisten noch zitiert Voet den Deutschen Gaill.

Wichtig sind für uns Teile der sectio IV[117]:

Zunächst (cap. 2) berichtet Voet von allerlei Einteilungen der Statuten. Üblich sei eine solche in „personalia, realia et mixta" (n. 1); die letzte Gruppe in der von d'Argentré oder Burgundus geprägten Form lehnt Voet ab. Seine Ausführungen stehen dann unter dem Grundsatz: „Statutum non sese extendit extra territorium"[118]. Sodann kündigt Voet an, er wolle die Statutengruppen einmal unter dem Blickwinkel des Sachgegenstandes betrachten, zum anderen im Hinblick auf ihre Wirkungen (duplici respectu statuta considerabo, vel ratione objecti, quod afficiunt, vel ratione quorundam effectorum obiecti; IV. II. n. 3)[119].

Nun die drei Gruppen (IV. II. n. 1), deren Einteilung sich danach richtet, worauf sich das Statut sachlich in erster Linie (potissimum) bezieht:

a) „*Realia*" (die nach Voets Meinung seit langem in der Definition keine Schwierigkeiten machten), seien zum Beispiel die Intestat- und die Testaterbfolge (!), auch das Schenkungsverbot zwischen Ehegatten (a. M. Burgundus, der es zu den „mixta" gezählt habe).

b) „*Personalia*" seien solche Statuten, die „universaliter de persona disponunt" (ebenso in IV. III. n. 2); Beispiele: Geschäftsfähigkeit, Entmündigung, Absprechen der Befähigung zum Geschäftsmann oder zum Rechtsanwalt, Erklärung zum Infamen, Verschwender usw., Testiererlaubnis für filiifamilias[120], Legitimation eines Bastards usw.

c) Schließlich, meint Voet, könne man noch eine dritte Gruppe mit den *Form*statuten bilden (IV. II. n. 3). Freilich könne man sie auch jeweils den Personal- oder den Realstatuten zuzählen, je nachdem, welcher Gruppe sie mehr verbunden seien. Seiner (wohl von Grotius und Rodenburg abgeleiteten) Sache ist sich Voet also nicht ganz sicher. Beispiele: Testamentsform (IV. II. n. 3); wenn Vertragspartner ihr gemeinsames Heimatrecht oder ein Testator die Form seines Heimatrechtes benutzt[121], soll der Akt „ex aequo et bono" Bestand haben (IX. II. n. 9).

Danach betrachtet Voet dieselben — nicht neue — drei Gruppen unter dem Gesichtspunkt: wie und wieweit entfalten sie ihre Wirkung?[121a]

---

[116] So Kollewijn 78.

[117] Cap. 2 enthält eine Art allgemeinen Teil, cap. 3 einige Anwendungsfälle, die hier jeweils in den Bericht des allgemeinen Teils eingeordnet werden.

[118] Jedenfalls: „... si de ratione iuris civilis sermo instituatur;" (IV. II n. 7), d. h. wohl: solange man in zivilrechtlichen Kategorien denkt; das Statut kann aus eigener Kraft keine auswärtigen Wirkungen entfalten.

[119] Voet plant also nicht eine zweispurige und damit möglicherweise divergierende Unterscheidung, wie Gamillscheg (173) anzunehmen scheint.

[120] Über deren Wirkung s. unten Anm. 125.

[121] Hierzu vgl. auch die Gedanken des Deutschen Ziegler; s. unten S. 53 f. und 55.

[121a] IV. II. n. 4.

a) Die *„realia"* entfalten außerhalb des Territoriums des Statutengebers keine Wirkung, binden aber inwärts auch die Fremden.

Für die Immobilien ist das klar und nichts Neues; für die Mobilien galt jedoch immer die Regel, daß sie nach dem Wohnsitzrecht des Eigentümers beurteilt werden, auch wenn sie sich vorübergehend auswärts befinden. Voet hatte hierfür schon (IV. II. n. 2) mit der folgenden, wohl von Rodenburg[122] übernommenen Fiktion vorgebaut: alle Mobilien gelten als am Wohnsitz des Eigentümers belegen, und so wirkt das dort gültige (Real-)Statut eben nicht über die Grenzen hinaus (mobilia censeantur ibi esse, secundum iuris intellectum, ubi is, cuius ea sunt, sedem atque larem (Haus und Herd) suarum fortunarum collocavit, ... adeoque nec extra territorium vires ullas exserere, statuendum sit; IV. II. n. 2).

b) Über den Wirkungsbereich der *Personal*statuten schreibt Voet zunächst (IV. II. n. 4): „Personalia, quae etiam (!) sese extendunt extra territorium, adeoque sec. DD comitari dicuntur personam, ubique locorum ut tamen respiciant subditos, non exteros." Später (IV. II. n. 6) grenzt er, um „sich ganz klar auszudrücken", den Wirkungskreis der Personalstatuten in vier Regeln ab; das schon macht die Mühe offensichtlich, die Voet aufwenden mußte, um die praktisch erwünschten Ergebnisse mit seinem Grundsatz in Einklang zu halten.

Regel I: Ein Personalstatut betrifft nur die Einheimischen (subditi territorii), nicht aber die Fremden, auch wenn sie sich im Territorium aufhalten.

Regel II: Ein Personalstatut betrifft die Person nicht auswärts, so daß sie dort eine hiesige persönliche Eigenschaft verliert (statutum personale non afficit personam extra territorium, sic ut pro tali non reputetur extra territorium, qualis erat intra). Voet leitet das aus D. 1. 16. 2 ab, wonach ein Prokonsul nur innerhalb des Landes als solcher gilt und diese Würde verliert, wenn er außer Landes geht.

Regel III: Einer (dort) nicht unterworfenen Person kann auswärts keine persönliche Eigenschaft verliehen werden.

Regel IV: In Beziehung auf inwärts gelegene Sachen begleitet ein Personalstatut die Person überallhin (statutum personale ubique locorum personam comitatur, in ordine ad bona intra territorium statuentis sita (!), ubi persona affecta domicilium habet); das Gleiche gelte für Strafen, die ausgesprochen nur für Bürger angedroht sind; auf auswärts belegene Sachen erstrecke sich ein Personalstatut dagegen in der Regel nicht, hier seien die Herren Kollegen zum Teil anderer Meinung.

Von diesen vier Regeln sind die erste und die dritte klar und stimmen mit der überkommenen Lehre überein. Die Regeln II und IV aber scheinen untereinander und auch mit dem bei n. 4 geäußerten Satz nicht zu harmonieren. Gamillscheg (173) hält deshalb Voets Stellungnahme zu den Personalstatuten für nicht ganz eindeutig[123].

Versuchen wir die Klärung: Voet geht aus von dem Grundsatz, daß ein Statut nur inwärts gilt. Das steht auch in Regel II; dabei dachte Voet offenbar an solche Personalstatuten, die, grundsätzlich ohne Bezug zu Sachen, mit

---

[122] S. oben S. 21 einschl. Anm. 110.

[123] Einer ähnlichen Meinung scheint Voet selbst gewesen zu sein; die an die vier Regeln anschließende n. 7 beginnt nämlich: „verum quod indistincte (verworren) procedat mea sententia, ex sequentibus patebit abunde."

Staats- und Amtswürden, Titeln, Adel und dergleichen in Zusammenhang stehen („... afficit personam"): wer hier Bürgermeister ist, gilt auswärts als gemeiner Mann[124]. Regel IV dagegen spricht von Personalstatuten, die potentielle Beziehungen zu Sachen haben: Geschäftsfähigkeit, Veräußerungsbefugnis, Testiererlaubnis. Ein derartiges Statut läßt Voet in der Weise gelten, daß man sich dieser Befugnisse auch auswärts bedienen kann, wenn man nur über inwärts belegene Sachen verfügt (über auswärtige ohnehin nicht). *Insoweit* begleitet das Statut die Person auch außerhalb; und damit stimmt auch der Satz bei n. 4 überein, dessen „etiam" wohl bisher nicht genügend beachtet wurde: ein Personalstatut kann „auch" einmal außerhalb angewandt werden. Ergebnis also: auch Personalstatuten *wirken* nur innerhalb des Statutargebietes: bei rein persönlichen Eigenschaften nach Regel II, bei (möglichen) Beziehungen zu Sachen nur hinsichtlich der im Territorium gelegenen Sachen[125] nach Grundsatz und Regel IV.

c) „Statuta *mixta*" entfalten bekanntlich Wirkungen teils innerhalb, teils außerhalb des Territoriums. Voet führt deshalb diesen Begriff für die *Form*statuten ein. Denn sie wirken 1. „intra", insoweit sie alle — Einheimische wie Fremde, die dort handeln — binden, und 2. „extra", insoweit sie sich auf alle irgendwo gelegenen Güter erstrecken (in quantum sese extendunt ad omnia bona ubicumque locorum iacentia). — Hier kommt Voet mit seinem Prinzip in Konflikt, daß Statuten nur innerhalb des Territoriums gelten. Das bemerkt Voet und zählt eine Reihe von Fällen auf, in denen eine Art extraterritorialer Wirkung vorkommt (IV. 2. n. 10): möglicherweise Bestrafung eines einheimischen Täters, der auswärts gehandelt habe; Bindung der Untergebenen auch hinsichtlich auswärtiger Güter; Getreideausfuhrverbot bindet auch Fremde; Wirkung eines hier geschlossenen Vertrages für auswärtige Güter, insbesondere bei Gütergemeinschaft. Wie, fragt Voet sodann, ist diese Außenwirkung zu begründen? Der Trost, daß eine extraterritoriale Wirkung dann gesichert sei, wenn sie von einem obersten Herrscher bestätigt werde, der Herr über beide in Frage kommende Territorien sei, ist auch für Voet recht gering (IV. II. n. 9). Weiter aber führt n. 17, das erste Zeugnis der comitas-Lehre: „Denique nonnumquam, dum populus vicinus vicini mores *comiter*[126] vult observare, et ne muta bene gesta turbarentur, de moribus, statuta territorium statuentis, inspecto effectu, solent egredi." Ein Entgegenkommen zwischen Nachbarterritorien kann also zu einer auswärtigen Wirkung eines Statutes führen (Verweis auf D. 49. 15. 7)[127].

Nehmen wir dazu gleich IV. III. n. 17, wo Voet von einer extraterritorialen Wirkung der Entmündigung wegen Trunksucht spricht: „Malim tamen,

[124] Vgl. hierzu auch Hert E 6 (unten S. 107).

[125] Angewandt z. B. beim filiusfamilias-Statut (IV. III. n. 12): dieses Statut sei personal, befähige jedoch nur zur Testierung über inwärtige Sachen, was freilich auch auswärts geschehen könne; Ergebnis also wie Baldus (oben S. 5).

[126] „Auf freundliche, gefällige, willige, zuvorkommende Weise", etwas „artiger" als das gewöhnliche „sine dolo et malo" (Klotz, Handwörterbuch der lateinischen Sprache, 3. Aufl., Braunschweig 1862).

[127] Dort ist die Rede von Gefangenen und ihrem Rückkehrrecht (postliminium), dessen es zwischen Verbündeten und einander freundlich Gesinnten nicht bedürfe, „ut is populus alterius populi maiestatem comiter conservaret".

id ita obtinere non tam de iure, quam quidem de humanitate, dum populus vicini decreta populi comiter observat, ut multorum evitetur confusio"[128].

Damit hat Paul Voet den Grundstein für die als „comitas-Lehre" bekannte Doktrin gelegt, die die niederländische Schule des ausgehenden 17. Jahrhunderts berühmt gemacht hat. Danach kann das Statut aus sich heraus in auswärtigem Gebiet keinerlei Wirkungen entfalten, wohl aber bei gegenseitiger Duldung durch die in Betracht kommenden Souveräne. Damit ist die Diskussion von der rein zivilistischen Statuteninterpretation der Statutisten in völkerrechtliche Bereiche getragen worden.

Bei den deutschen Kollisionsrechtlern war die Resonanz auf diese Lehre gering oder negativ[129]. In den Entscheidungen beriefen sie sich dagegen gern auf Paul Voet, dessen Ansehen durch das seines Sohnes Johann[130] noch gesteigert worden ist.

ABRAHAM A WESEL, 1635—1680[131], war Amtsgenosse Paul Voets am Hofe zu Vianen, einer kleinen südholländischen Stadt bei Utrecht. Wichtig für unser Thema sind Stücke aus dem Kommentar zum Utrechter Stadtrecht und aus dem Traktat über die Ehegütergemeinschaft, die von den Deutschen später recht oft zitiert wurden.

1. Sein „Commentarius ad novellas constitutiones Ultraiectinas multarum litium dirimendarum" von 1666 erschien fünf Jahre nach Paul Voets Arbeit und enthielt manche Kritik der Gedanken Voets[132].

Art. 1 des Utrechter Stadtrechtes betrifft das Verbot von Schenkungen zwischen Ehegatten. Der gesetzgeberische Grund: „Ne nimio amore sese spoliarent coniuges, neve coniugalis concordia pretio conciliata videretur, sed ut omnis amor honestus sola animorum conspiratione aestimaretur" (n. 1; Verweis auf D. 24. 1. 1—3). Wenn das der Grund sei, fährt Wesel fort, liege es gar nicht so fern, das Statut personal zu nennen (n. 10). Das sei jedoch ebenso falsch wie die Meinung Burgundus', der das Statut als „mixtum" klassifiziert habe (n. 11). Das Statut sei vielmehr „real", da es nicht „citra ullam rerum adjectionem" handele, was für ein Personalstatut Bedingung sei (Bezugnahme auf Mevius). Auch (!) laufe eine wechselseitige Schenkung von Todes wegen zwischen Ehegatten dem „favor legitimorum haeredum" zuwider: deshalb nur territoriale Geltung der lex situs. Dabei gälten die Mobilien als dort befindlich, wo der Eigentümer wohne[133]. Weil weiter über

---

[128] Ganz ähnlich Voet in seinem Traktat „Mobilium et immobilium natura" (insbesondere cap. XII. n. 2), in dem er 1666 auf Abraham a Wesels Angriffe seine Lehre nochmals präzisiert hat (nach Gutzwiller 326); zu dem Traktat vgl. auch Kollewijn 79.

[129] Z. B. Hert (s. unten S. 83 f.); eine Ausnahme bildet Samuel Stryk (s. unten S. 58 f.).

[130] Über ihn unten S. 30 ff.

[131] Kollewijn 99 ff.; Gamillscheg 217; Lainé I. 407.

[132] Kollewijn sieht hierin das Wertvolle der Abhandlung (a. a. O.).

[133] Hierzu s. oben S. 21.

die Mobilien stets der Richter des Wohnortes zu entscheiden habe, gelte für sie dessen Recht („h. M.") — ein versteckter Rückfall in die lex-fori-Lehre? Bei n. 19/20 wendet Wesel seine Gedanken auf das Utrechter Statut praktisch an: über hiesigen Grund und Boden können Ehegatten in der bezeichneten Weise nicht verfügen, über auswärtige Sachen aber auch Einheimische[134].

Art. 13 setzt das Mündigkeitsalter auf 25 Jahre fest: „Dat voort-aen de longmans en de Dochters mundigh sullen worden op haer vijfen-en-twintigh jaren." Hierüber handelt Wesel in seiner Kommentierung. Vor Erreichen des genannten Alters könne man geschäftsfähig werden durch „venia aetatis", die auch zu Grundstücksgeschäften befähige (n. 10), und auch durch Heirat (n. 12; diese Geschäftsfähigkeit gehe richtiger Ansicht nach durch den Tod des Ehepartners nicht wieder verloren).

Bei allem handele es sich um Personalstatuten (n. 23), die der Person „ius et qualitatem imprimunt". Burgundus' Meinung (Veräußerungsfähigkeit für Immobilien richte sich nach der lex situs) lehnt Wesel ab und schließt sich Rodenburgs entgegengesetzter Meinung an (n. 25). Bei n. 27 nimmt Wesel Gelegenheit, sich mit Paul Voet auseinanderzusetzen, der die Entmündigung eines „prodigus" auswärts nur auf Grund einer „comitas" berücksichtigen wollte. Wesel meint, die auswärtige Geltung ergebe sich schon aus der Formrichtigkeit des förmlichen Hoheitsaktes. Selbst wenn der Entmündigte überhaupt kein Verschwender gewesen sei, wirke die formrichtige Entmündigung überall „propter auctoritatem decreti praetorii (Verweis auf Carpzov)". Einer „comitas" bedürfe es jedenfalls nicht: „quod si rursus sola comitas vicini populi hanc inducat observantiam, certe nec ius, nec ex iure petitae Voetianae rationes huic rei suffragantur, adeoque doctrinae suae diffisus (mißtrauisch), altera manu repellit, quod altera traxerat" (n. 28).

Die erste Kritik an den Gedanken Paul Voets kam also aus den eigenen Reihen! Etwas Positives hatte freilich Wesel nicht entgegenzusetzen; denn es ging ja gerade um die Frage, *warum* der Hoheitsakt auswärts gelten soll[135].

2. In seinem „Tractatus de connubiali bonorum societate et pactis dotalibus" von 1674 behandelt Wesel die kollisionsrechtlichen Fragen des Ehegüterrechtes in den n. 100 ff.[136]: „iam videndum de effectu communionis bonorum in statutorum conflictu."

Ob und wie zwischen Ehegatten Gütergemeinschaft begründet werde, bestimme sich, meint Wesel, nach dem Recht des Manneswohnsitzes, an den ja die Frau geführt werde (Verweis auf D. 5. 1. 65): „Animi enim destinatione in domicilio viri contraxisse intelligitur". Dem Einwand mancher, die das Recht der Frau anwenden wollten — die Frau kenne doch das Recht, unter das sie komme, gar nicht —, setzt Wesel den lapidaren Satz entgegen: man müsse eben die Gesetze des Landes, in das man gehe, kennen! (n. 101 und 102). Bei n. 103 meint Wesel, von mehreren Wohnsitzen des Mannes sei

---

134 Das hat Hert übernommen (E 32, 33); s. unten S. 124.

135 In der letzten Anmerkung (n. 31) zu Art. 1 hat übrigens Wesel einen gewissen Schutz des guten Glaubens an die Geschäftsfähigkeit eines auswärtigen Vertragspartners vertreten: „difficile enim est cuilibet scire, quae extra suam provinciam geruntur."

136 Seine ehegüterrechtlichen Fälle und Entscheidungen hat Hert in erster Linie diesen Ausführungen Wesels entnommen; unten S. 128 ff.

derjenige maßgebend, an dem er sich häufiger und länger aufzuhalten pflege und an dem der größere Teil seiner Sachen liege (ubi frequentius ac diutius commorari solet, rerumque ac fortunarum suarum majorem partem constituit). Zum Thema „Umzug der Ehegatten" führt Wesel bei n. 104 ff. aus: Wenn ein Utrechter Ehemann mit seiner Frau in ein Gebiet umzieht, in dem es keine Gütergemeinschaft gibt, entsteht die Frage: gilt das neue Recht, „quasi extincta bonorum communione"? Mevius habe es bejaht[137], richtiger werde es verneint: „non enim ea mutatio (sc. domicilii) numeratur inter modos dissolvendae societatis." Es gelte weiter die einmal vereinbarte Gütergemeinschaft (Verweis auf Suarez, Louet, Bacquet, Joh. a Sande, Goris), es sei denn, die Ehegatten vereinbarten am neuen Wohnort zulässigerweise die Auflösung der Gemeinschaft.

Entsprechend löst Wesel den Gegenfall: wenn Ehegatten von einem Ort ohne Gütergemeinschaft dorthin umziehen, wo sie gesetzlich vorgesehen ist, wird nicht einfach durch Wohnsitzwechsel die Gütergemeinschaft begründet, wie Burgundus und Christijnen gemeint hätten; deren Ansicht sei aber von Rodenburg schon richtig widerlegt worden (n. 107).

Die n. 110 ff. gelten der Unterschiedlichkeit des Wohnsitz- und des Lagerechtes. Zwischen beiden entscheidet sich Wesel für die Einheitlichkeit der Gütergemeinschaft: wie die Ehegatten „unum corpus, una caro" würden, müßten sie auch mit ihren Sachen „unum bonorum cumulum" bilden. Also Entscheidung zugunsten Dumoulins: stillschweigende Vereinbarung für alle Sachen.

In seinen Entscheidungen lehnte sich Wesel also stark an Rodenburg an, dessen Hauptthema ja ebenfalls die Gütergemeinschaft war. Festzuhalten ist auch Wesels Kritik an Paul Voets comitas-Lehre, die sich jedoch in einer heftigen Ablehnung erschöpfte.

ULRICH HUBER, 1636—1694[138], Professor zu Franeker und drei Jahre lang „Curiae supremae Senator", war dazu berufen, die von Paul Voet entwickelten Gedanken in ein regelhaftes System weiterzubilden. Lainé lobt ihn außerordentlich: «Huber a écrit dix pages qui ont en autant de poids que dix volumes» (II. 96).

1684 erschienen von Huber „De iure Civitatis libri tres", die wir heute regelmäßig unter ihrem späteren Titel „De conflictu legum diversarum in diversis imperiis" kennen (im zweiten Teil der „Praelectiones iuris civilis", im Anschluß an die Erörterung von D. 1. 3)[139]. Schon in der Überschrift und in den einleitenden Worten gibt Huber zu erkennen, daß er nicht mehr nur über die Kollisionen von Partikularrechten (Statuten, Land- und Stadtrechten) handeln will, sondern von der Kollision zwischen den Gesetzen einzelner Völker und Reiche. Huber meint: Obgleich es in Rom derlei nicht gegeben habe, könne

[137] S. unten Anm. 665.

[138] Kollewijn 131 ff.; Meili BöhmsZ 8, 189 ff.; Gamillscheg 176 ff.; Gutzwiller 326; Lainé II. 107 und 183 ff.; Raape 4 (1955) 156; Niederer 51 ff.; Kegel 52.

[139] Über die verschiedenen Titel und Ausgaben vgl. Kollewijn 131 Anm. 1; Verf. benutzte eine Ausgabe von 1725.

man doch die Grundregeln aus dem Römischen Recht herausarbeiten, „quamquam ipsa quaestio magis ad Ius gentium (!) quam ad Ius civile pertineat".

Sub 2. bringt Huber drei *Grundregeln,* die den Weg zur Lösung völlig ebnen sollen:

I. „Leges cuiusque imperii vim habent intra terminos eiusdem Reipublicae omnesque ei subjectos obligant nec ultra (Hinweis auf D. 2. 1. 20)."

II. „Pro subiectis imperio habendi sunt omnes, qui intra terminos eiusdem reperiuntur, sive in perpetuum, sive ad tempus ibi commorentur" (Hinweis auf D. 48. 22. 7. 10)[140].

III. — die für Huber charakteristischste Regel —: „Rectores imperiorum id comiter agunt, ut iura cuiusque populi intra terminos eius exercita, teneant ubique suam vim, quatenus nihil potestati aut iuri alterius imperantis eiusque civium praeiudicetur."

Daraus werde offenbar, fährt Huber fort, daß die Lösung nicht einfach aus dem ius civile, sondern aus „commodis et tacito consensu populorum petenda est"; denn die Gesetze eines anderen Volkes könnten eben hier nicht unmittelbar (directe) gelten.

Das ist ein Stück Statutenlehre, das Geschichte gemacht hat: der Versuch, die Frage nach dem Geltungsgrund nicht im Gesetz selbst oder in zivilistischen Kategorien zu finden, sondern in einer neuen, dem völkerrechtlichen Denken verbundenen These von der „comitas".

Sub 3. entwickelt Huber den Satz „Cuncta negotia et acta ... secundum ius certi loci rite celebrata, valent". Das gelte uneingeschränkt (und auch für auswärtige Grundstücke!), es sei denn, es entstehe durch Beachtung der Ortsform einem auswärtigen Herrscher ein „notabile incommodum". Das erläutert Huber anhand des Testaments (sub 4.): ein formrichtig errichtetes Testament muß überall beachtet werden, gegebenenfalls auf Grund der Regel III, wenn am Errichtungsort weniger Form gefordert wird als am Lageort. Freilich werde nur der *Form*mangel nach Ortsrecht beurteilt. Die Frage, *ob* über ein Grundstück in der gewählten Weise (z. B. durch letztwillige Verfügungen zwischen Ehegatten) überhaupt verfügt werden dürfe, löst auch Huber nach der lex situs. Auch will Huber ein in Batavia (dort zulässigerweise) errichtetes Testament eines filiusfamilias für friesische Güter nicht gelten lassen, weil sonst zu leicht mit den friesischen Gesetzen, die solches Testieren verböten, ein Spiel getrieben würde (eluderentur).

Als Grund für die Beachtung der „lex loci contractus" nennt Huber bei n. 15 die Unterwerfung einer Person unter die Gesetze während der Zeit seines Aufenthaltes (temporarius subditus). Das führt Huber auch für das Delikts-, Prozeß- und Strafrecht aus. Die Verjährung dagegen entscheide sich nach der „lex fori". Für das eheliche Güterrecht vertritt Huber die seinerzeit „herrschende Meinung". Der Grund für die „auswärtige" Wirkung (sc. für die auswärts gelegenen Güter) sei die „mutua populorum utilitas" und (!) die extraterritoriale Wirkung des Vertrages (n. 9).

Hubers Beginnen ist in der Tat außergewöhnlich; denn die drei Regeln haben nichts mit der überkommenen und meist nur unwesentlich modifi-

---

[140] Ulpianus: Weist der Herrscher jemanden aus der Provinz des Wohnortes aus, so gilt das gleichzeitig als Ausweisung aus der Provinz des Herkunftsortes, auch wenn es sich nicht um Einheimische handelt (incolae).

zierten Dreizahl der Statuten zu tun. In der Kasuistik freilich blieb Huber im großen und ganzen den alten Ergebnissen treu[141]. Sein geschichtliches Verdienst ist es, die Gedanken konzentrierter noch als Paul Voet auf die Frage nach dem *Grund* für die zugegebene und erwünschte auswärtige Geltung mancher Statuten gelenkt zu haben, über den ja heute noch keine Einigkeit herrscht[142].

JOHANN VOET, 1647—1714[143], Sohn des Paul Voet, Professor zu Leiden, war ein berühmter Meister der Pandektenwissenschaft («le célèbre pandectiste»[144]). In seinem „Commentarius ad Pandectas" von 1698[145] hat er der Kommentierung von D. 1. 4 (De constitutionibus principum) eine 10 Druckseiten lange „pars II de statutis" angehängt, in der er die Lehre seines Vaters und Hubers weiterführte[146].

Er glaube, heißt es dort (n. 1), es sei der Mühe wert, die Fragen der Verschiedenheit von Statuten auf Grund des Rechtes und natürlicher Überlegungen etwas tiefgründiger in Angriff zu nehmen (paulo altius repetere[147]); er wolle untersuchen, was sich aus dem Gesetz selbst und was sich aus der „comitas" ergebe[148].

Zunächst bringt Johann Voet (n. 2) die Dreiteilung der Statuten nach ihrem Inhalt (nobilissima divisio) in personalia, realia und mixta:

a) „*Personalia* sunt, quibus principaliter de universali vel quasi universali personae statu qualitate habilitate vel inhabilitate disponitur", gleich, ob dabei auch Sachen erwähnt werden oder nicht; Hauptsache sei, daß der Statutengeber vorwiegend etwas über die Person bestimmen wollte.

b) „*Realia* ..., quae rem principaliter afficiunt", unabhängig von der Erwähnung der Person; Beispiele: Intestaterbfolge, Erstgeborenenerbrecht, Schenkungsverbote für Ehegatten, Verbot testamentarischer Verfügungen (Hinweis auf d'Argentré, Burgundus, Mevius, Rodenburg, Paul Voet), n. 3.

---

141 Weitere Beispiele bei Gamillscheg 178.

142 Vgl. z. B. den Anklang an die comitas-Lehre bei Emilio Betti (Gutzwiller-Festschrift S. 233): „Ein Ignorieren ausländischer Rechtsordnungen würde gegen die Gemeinsamkeit und Koexistenz der miteinander verkehrenden Nationen verstoßen."

143 Kollewijn 109ff.; Gamillscheg 179ff.; Meili, Grundriß 30 (mit Textzitat); Lainé II. 96 und 99ff., 172, 388; Gutzwiller 326.

144 Gutzwiller 326.

145 Verf. benutzte eine Ausgabe von 1716.

146 Wegen dieses Zusammenhangs wird Johann Voet hier behandelt; sein Werk ist nämlich erst nach dem Entstehen der Arbeit Herts (1688) erschienen (1698), jedoch vor ihrer Herausgabe im Sammelband (1700). — Von den Deutschen zitiert Johann Voet nur Mynsinger, Gaill, Carpzov und Mevius, nicht ein einziges Mal H. Cocceji und Hert, so daß anzunehmen ist, daß er deren Werke tatsächlich nicht gekannt hat.

147 Über diese Wendung vgl. unten S. 84 f.

148 „Quid ex comitate gens genti circa statutorum decretorumque extensionem ultra territorium statuentis liberaliter et officiose indulgeat, permittat, patiatur ultro citroque; nullo alioquin ad id iure obstricta."

c) „*Mixta* denique non absurde dixeris[149] ea, quae neque de personis, neque de rebus principaliter disponunt, sed *actuum* a personis circa res gerendorum, sive iudicialium sive extraiudicialium, formam, modum, ordinem, solennia, definiunt", n. 4.

In n. 5 geht Voet, ähnlich wie sein Vater, zum Wirkungsbereich der Statuten über (vis et efficacia statutorum) und zitiert die Meinung seines Vaters, kein Statut könne aus sich heraus außerhalb des Territoriums angewandt werden („... [nulla statuta] operari per se quicquam posse ultra statuentis territorium"). Für die Realstatuten, meint J. Voet dann (n. 6), bestehe hierüber kein Streit; für die Personalstatuten jedoch werde von mehreren die Meinung vertreten, sie entfalteten ihre Wirkung auch außerhalb, z. B. solle die Wohnsitzgeschäftsfähigkeit überall zu beachten sein (so z. B. d'Argentré, Grotius, Rodenburg, Abraham a Wesel). Das sei falsch: ein Personalstatut könne nicht mehr als ein Realstatut auswärts wirken. Johann Voet findet einfach keinen Grund, aus dem der auswärtige Herrscher gezwungen werden könne, fremden Gesetzen (z. B. Mündigkeitsregelungen, Legitimierungsvorschriften) zu gehorchen. Natürlich könne man seine persönlichen Eigenschaften (Testierfähigkeit) hinsichtlich der im Heimatland gelegenen Sachen auch auswärts gebrauchen (n. 9); das gelte auch für die „mixta" (n. 10).

Ab n. 12 löst J. Voet das so dargestellte Problem der auswärtigen Geltung mit der inzwischen bekannten „*mutua comitas*", aus der z. B. die praktische Regel entstanden sei, daß Mobilien als am Wohnsitz belegen fingiert werden (!). Diese comitas-Lehre führt Voet dann im einzelnen für die verschiedenen Statutenarten durch. Im wesentlichen werden dabei *die* Ergebnisse der herrschenden Doktrin, bei denen ein Statut den Schein einer extraterritorialen Wirkung hatte, auf die „comitas" umgemünzt, die hier schon als eine Art völkerrechtliches Gewohnheitsrecht dargestellt wird.

Mit seinen Ausführungen hat Johann Voet die Gedanken seines Vaters und Ulrich Hubers weiterentwickelt. Der „Begründer der niederländischen Statutenlehre", wie Lainé meint[150], ist er nicht, wohl aber einer der Großen des Kollisionsrechtes seiner Zeit. In der deutschen Statutenlehre haben seine Gedanken keinen nennenswerten Niederschlag gefunden, weil hier durch H. Cocceji und Hert ein anderer Weg gewiesen wurde.

[149] „Nennt man".
[150] II. 96 und 99 ff.

Hauptteil

DIE DEUTSCHE STATUTENLEHRE

1. Abschnitt

Die Zeit vor Hert[151]

I. Mittelalter

Auch im deutschen Raum[152] regelte sich das Leben bis ins Mittelalter hinein nach Stammesrechten. Diese Rechtsordnungen der Stammesgenossen hatten keine territoriale Geltung und sprachen deshalb keinen räumlichen Unterwerfungsgrund aus[153].

Kollisionen von Gesetzen, beim Zusammentreffen Stammesfremder, konnten oft schon deshalb nicht auftreten, weil ein Fremder am Rechtsleben eines Stammes in der Regel nur über das Gastrecht eines Stammesangehörigen teilnehmen konnte[154]. Im übrigen galt entsprechend dem Charakter des Rechtes als Volksrecht das Personalitätsprinzip: jeder Franke sollte nach fränkischem Recht leben und unterlag nur ihm[155]; ubi societas, ibi ius[156].

Um das 12. Jahrhundert änderte sich der Charakter des Rechtes auch in Deutschland grundlegend. Das Stammesrecht wurde auch auf dem Gebiete des Privatrechtes sukzessiv durch *Territorialrecht* abgelöst[157]. „Lex non praesumitur personalis, sed territorialis, nisi aliud constat[158]."

---

[151] Der folgende Überblick über die Entwicklung des deutschen Kollisionsrechtes bis ins 17. Jh. hat primär den Zweck, eine Beurteilung der Ausführungen Herts zu ermöglichen; daneben soll er den Mangel einer Monographie über die deutsche Statutenlehre überbrücken helfen; s. auch oben S. 1; zum Thema vgl. Gutzwiller 328 ff.; Meili, Handbuch 101 ff.; Raape 156; Kegel 52.

[152] S. für Italien oben S. 2, für Frankreich S. 11.

[153] Brunner, Deutsche Rechtsgeschichte, I. 382, der hierüber mit zahlreichen Beispielen handelt (S. 383 ff.); vgl. auch Niederer 23 ff. und Savigny, a. a. O., VIII, 15.

[154] Brunner, a. a. O., I. 383; Niederer 24.

[155] Kegel 43; vgl. auch Brunner a. a. O. (und S. 399), Wächter AcP 24, 252.

[156] Schnitzer, a. a. O. 3.

[157] Conrad, a. a. O. I. 470; eine Triebkraft in dieser Entwicklung wird das Bestreben der Territorialfürsten gewesen sein, sich mit Hilfe eines möglichst großen, ihnen verpflichteten Grundbesitzes eine Hausmacht zu schaffen (Lehnsrecht); Objekt ihrer Herrschaft war so ein bestimmtes Gebiet.

[158] Fehr, a. a. O. 91.

Dieser Wandel trat auch in den Schriftwerken zutage, in denen die deutschen Länder und Städte die bei ihnen geltenden „consuetudines" aufzeichneten. So bestimmte der Sachsenspiegel[159], in dem Eike von Repgow Anfang des 13. Jh. das Sächsische Landrecht niederschrieb:

„Jewelk inkomen man untvet erve binnen deme lande to Sassen na des landes rechte unde nicht na des mannes, he si Beier oder Swaf oder Vranke"; (Ldr. Buch I art. 30).

„De koning scal ok richten um egen nicht na des mannes rechte, wan na des landes (dar it inne leget)"; (Ldr. Buch III art. 33 § 5)[160].

Diese Rechtssätze, nach denen über das im Sachsenland gelegene Eigentum (einschließlich der Erbfolge) allein das Landesrecht entscheidet (= die lex situs), sind sicher nicht als Kollisionsregeln im Sinne der späteren Doktrin gedacht gewesen. Als Aussagen über den Wirkungsbereich der Norm und als Zeugnisse für den Wandel des Rechtes zum gebietbezogenen Landrecht mit Ausschließlichkeitsanspruch sind sie geeignete frühe Beispiele[161].

Zur gleichen Zeit wie der Sachsenspiegel und andere Landesrechte (Schwabenspiegel, Frankenspiegel) wurden allerorten die „consuetudines" der Städte als Stadtrechte (Statuten, Willkür, Weichbild, Marktrecht) schriftlich niedergelegt[162]. Mit ihnen suchte dann der Magistrat die Ordnung in seinem Sprengel zu sichern, eifersüchtig darauf bedacht, daß kein Landrecht in sein Gebiet eindringe. Nicht nur Großstädte, sondern auch „jeder Flecken hatte eigenes Recht; man konnte auf einem galoppierenden Pferd durch ein Dutzend verschiedener Rechtsgebiete in einer Stunde reiten"[163]. Dieser Gesetzespartikularismus beherrschte auf Jahrhunderte das deutsche Rechtsleben und wurde auf dem Gebiete des Privatrechtes erst in unserer Zeit mit dem Inkrafttreten des Bürgerlichen Gesetzbuches beseitigt. Insbesondere überlebten die Partikularrechte auch die Zeit der Rezeption des Römischen Rechtes (im 14./15. Jh.). Sie wurden angesichts des langsam eindringenden „gemeinen" Rechtes überarbeitet (sogenannte „Stadtrechtsreformationen"[164] und auch Neufassungen der Landrechte[165]),

---

159 Über ihn z. B. Conrad, a. a. O. I. 476 ff.; Fehr, a. a. O. 139 ff.; Stintzing I, 1 ff.; auch Kaspers, a. a. O. 34 ff.

160 Zitate nach Eckhardt, „Das Landrecht des Sachsenspiegels", Göttingen 1955, S. 45 und 111.

161 Vgl. auch Neumeyer, Die Entwicklung, I. 21 Anm. 2; Gierke, Deutsches Privatrecht, I. 211; zu kollisionsrechtlichen Gedanken im Sachsenspiegel vgl. auch die bei Niederer 37 Anm. 9 Genannten.

162 Die ersten waren wohl Freiburg/Breisgau 1118/1120; Bremen 12. Jh.; die Historie der einzelnen Stadtrechte schildert ausführlichst Riccius a. a. O. (von 1740); vgl. auch Conrad, a. a. O. I. 447 und Kaspers, a. a. O. 46 ff.

163 Fehr a. a. O. 138.

164 Z. B. Nürnberger Reformation 1479, Worms 1498, Frankfurt/M. 1509 und 1578, Lübecker Statuten 1586 (später von Mevius kommentiert, s. unten S. 45); vgl. hierüber Stintzing I. 537 ff. und Conrad, a. a. O. I. 482.—

Daß dabei nicht nur die Immobilien dem einheimischen Recht unterworfen behielten jedoch als älter angestammtes Recht (lex prior) die Oberhand: Das gemeine Recht galt nur subsidiär[166], „iura loci praevaleant iuribus Imperii etiam communibus et universalibus"[167].

II. Das 16. Jahrhundert

Der sub I. skizzierten Rechtssituation sah sich das Reichskammergericht[168] gegenüber, als die Rechtsfragen in Prozessen akut wurden: Wieweit kann nun ein Einzelstatut gegenüber dem gemeinen Recht oder gegenüber einem anderen Statut angewendet werden? Kann es auswärts überhaupt Wirkungen entfalten? Welche? ... alles Fragen, die uns bei der Betrachtung der Entwicklung in den anderen abendländischen Gebieten bereits begegnet sind[169].

Da mit dem materiellen Recht auch die an den italienischen Universitäten ausgebildeten „gelehrten" Juristen nach Deutschland gekommen waren, wurde zwangsläufig die im dortigen Rechtsleben verankerte Statutenlehre zum Handwerkszeug der Kammerrichter und Beisitzer, mit dem sie an die Lösung der Kollisionsfälle herangingen. Die universalistische Tendenz jener Doktrin kam dem Denken der deutschen Richter sehr gelegen; denn das Reichskammergericht glaubte sich verständlicherweise nicht berufen, dem ohnehin wuchernden Gesetzespartikularismus seine Hand zu leihen. So wendeten die Richter das Statutarrecht zwar notgedrungen primär, aber nur in möglichst engem Rahmen an[170]: „Statuta stricte sunt interpretanda"[171].

---

wurden, sondern auch die im Statutargebiet vorgenommenen Handlungen, beweist das Stadtrecht von Halle/Anhalt von 1479/1482:

„... Wollen, daß in der Stadt Halle von einem jeden, er sei unser Bürger, Einwohner oder Gast, oder habe Handel in der genannten Stadt Halle, (unsere Willkür) soviel die einen iglichen betreffen, soll festiglich gehalten werden" (nach Riccius, a. a. O. 453); ausgenommen von der Geltung für Fremde sind danach die allein für die Bürger erlassenen Gesetze.

[165] Z. B. Ostfriesland 1515, Mark Brandenburg 1527, Kursachsen 1572.

[166] Wieacker 108; Lainé I. 35.

[167] So (im Anschluß an die Kammergerichtsordnung) ein gemeinsames Gutachten der Gießener Fakultät vom 25. 11. 1691 (Hert, Resp. 323). — Das war — selbstverständlich — keine „Rechtsfrage", sondern eine hochpolitische: die deutschen Fürsten nutzten die Schwäche der Reichsführung aus und erlangten die volle Landeshoheit, Souveränität, die sie sich durch ein reichseinheitliches Recht nicht rauben lassen wollten.

[168] Das 1495 neugestaltet worden war; hierüber vgl. Conrad, a. a. O. I. 501 ff.; Fehr, a. a. O. 172; Stintzing I. 478 ff.

[169] S. Vorkapitel pass.

[170] Deshalb versuchten die Fürsten, gegen die Jurisdiktion des Reichskammergerichtes die sog. „privilegia de non appellando" zu erhalten; Stintzing I. 56.

[171] Wieacker 69; ebenso Entscheidungen der Gießener Juristenfakultät aus dem Jahre 1699 (Hert, Dec. 474 n. 6 und Dec. 304 n. 5).

Wer sich auf ein Statut stützen wollte, fand außerdem eine prozeßrechtliche Schwierigkeit: das Reichskammergericht berücksichtigte ein Statut nämlich nur dann, wenn es ihm schriftlich aufgezeichnet vorgelegt wurde[172]. Denn nach § 3 der Reichskammergerichtsordnung vom 7. August 1495 sollten die Richter und Beisitzer schwören, „nach des Reiches gemeinen Rechten, auch nach redlichen, ehrbaren (erbern) und leidlichen Ordnungen, Statuten und Gewohnheiten der Fürstenthumb, Herrschaften und Gericht, die vor sie gebracht werden (die für sy pracht werden), ... zu richten“[173]. Lebte ein Ortsrecht nur als mündlich überlieferte Usance, so galt es beim Reichskammergericht von vornherein als nicht existent, und die Richter urteilten nach dem ihnen bekannten gemeinen Recht.

Was das Reichskammergericht nun sachlich entschieden hat, haben zwei der Richter in ihren Entscheidungssammlungen aufgezeichnet und kommentiert: Mynsinger von Frundeck und Andreas Gaill, die Begründer[174] der kameralistischen Jurisprudenz, von denen sogleich die Rede sein wird.

Zusammengefaßt besagen die Entscheidungen des Reichskammergerichtes[175]:

I. Ein Statut, gleich, ob Personal- oder Realstatut, gilt nur innerhalb der Grenzen des dazugehörigen Territoriums, weil es nicht weiter reichen kann als die Gerichtsbarkeit der Statutargewalt.

II. Dementsprechend kann ein Statut über auswärtige Grundstücke nichts bestimmen (Erbfolge, Verfügungsbefugnis und dgl.).

III. Ausnahme für Formvorschriften: die Beachtung der Ortsform genügt allen gegenüber.

Auch wenn die Reichskammergerichtsentscheidungen durch Mynsinger und Gaill bekannt geworden sind: festzuhalten bleibt, daß die Vorhut im deutschen Kollisionsrecht von den Richtern des Reichskammergerichtes gebildet worden ist!

---

[172] Rechtstechnisch heute ähnlich § 293 ZPO für ausländisches Recht.

[173] Nach Zeumer, Karl, Quellensammlung zur Geschichte der deutschen Reichsverfassung in Mittelalter und Neuzeit, Leipzig 1904; vgl. auch Conrad, a. a. O. I. 502.

[174] Stintzing nennt als die ersten, die notae und commentarii zur Kammergerichtsordnung geschrieben haben, die Gebrüder Kaspar und Werner Koch; aber auch Stintzing meint, ihren eigentlichen Beginn habe die Kameralistik mit Mynsinger und Gaill genommen (I. 481). Vgl. auch Lainé I. 408: Mynsinger und Gaill waren im deutsch-niederländischen Raum die mit der größten Autorität ausgestatteten Juristen.

[175] Eine Zusammenstellung bringt auch Meili, Handbuch 101; zu I. und II. vgl. Mynsinger 5. obs. 19 und Gaill 2. obs. 124, zu III. vgl. Mynsinger 5. obs. 20 und Gaill 2. obs. 123 (im Anschluß besprochen). Vgl. auch Wächter AcP 24, 274 ff.

JOACHIM MYNSINGER VON FRUNDECK, 13. 8. 1514 (1517?) bis 3. 5. 1588[176], stammte aus einem Schweizer Adelsgeschlecht, wurde jedoch in Stuttgart geboren[177]. Nach Vollendung seiner Studien in Tübingen, Padua und Freiburg wurde er 1536 Professor in Freiburg, wo er den Lehrstuhl seines berühmten Lehrers Ulrich Zasius (1461—1535) übernahm[178]. Nach anfänglichen Hindernissen — Mynsinger neigte dem Protestantismus zu — kam er 1548 als kaiserlicher Beisitzer für den oberrheinischen Kreis ins Reichskammergericht. 1556 verließ er Speyer und regte später, als Kanzler und Erbkämmerer des Herzogs Heinrich des Jüngeren zu Braunschweig, mit Erfolg die Gründung einer Universität in Helmstedt an (1576 gegründet).

Ab 1563 veröffentlichte Mynsinger, in Bänden von je hundert Stück, Entscheidungen des Reichskammergerichtes: „Singularium observationum (Judicii) imperialis camerae centuriae (VI)“[179], die viele Auflagen erlebten. Mit diesen Sammlungen bot er der Rechtsprechung eine sichere Grundlage, der wissenschaftlichen Diskussion reichen Stoff — manchem Zeitgenossen jedoch auch Gelegenheit zu Angriffen wegen angeblicher „Verletzung der Heimlichkeit der Rechtspflege“[180].

Für das Kollisionsrecht interessant sind die observationes 19 und 20 der centuria 5 (die wohl 1576 erstmals erschienen ist). In beiden Entscheidungen geht es um die „auswärtige Geltung“ von Statuten.

1. *Cent. 5 obs. 19* handelt von der statutarisch geregelten Erbfolge und wirft dazu die allgemeine Frage auf: „Consuetudo vel statutum, de rebus, vel personis disponens, an extra territorium extendatur?“

Ein Statut, berichtet Mynsinger, habe die Erbfolge abweichend vom gemeinen Recht geregelt; deshalb sei in einem schwierigen Fall die Frage aufgetaucht, ob es auch für auswärts gelegene Sachen gelte. Die doctores hätten die Sache verschieden behandelt (n. 2), Bartolus z. B. danach, ob ein Statut dem Wortlaut nach „in rem vel in personam“ konzipiert sei[181].

Bei n. 3 nennt Mynsinger die Entscheidung des Reichskammergerichts: „... trotzdem haben die Assessoren beim Urteil die entgegengesetzte Meinung vertreten. Ein Statut, das für die Erbfolge anders disponiere als

---

[176] Stintzing I. 485 ff.; Wieacker 91; Gamillscheg 162 f.; Lainé I. 408 und II. 351.

[177] Mit einem Zahn, welches Ereignis ihm zeitweilig den Beinamen „dentatus“ eintrug.

[178] Offenbar war M. ebenso trutzig wie sein Name und sein Amtsvorgänger; jedenfalls wird von heftigen Auseinandersetzungen mit der Universität berichtet; s. Stintzing I. 487.

[179] Verf. benutzte die Ausgabe von 1599.

[180] Stintzing I. 493.

[181] So allgemein hat Bartolus es nicht gesagt (s. oben S. 4 f.); vgl. auch Gamillscheg JZ 60, 501, der Batiffol eine ähnliche Verallgemeinerung der bartolinischen Wortinterpretation vorwirft.

das gemeine Recht, könne in keinem Falle (nullatenus) auf außerhalb des Territoriums gelegene Sachen ausgedehnt werden, gleich ob es auf die Person oder auf Sachen bezogen sei. Das bestätige als die richtige und überwiegende Meinung auch Alexander"[182]. Mynsinger billigt die Entscheidung.

2. *Cent. 5 obs. 20* (Formstatut): Ein Stadtrecht ermäßige die Zahl der für die Testamentserrichtung erforderlichen Zeugen von sieben auf zwei, drei oder vier. Über die Frage, ob ein solches Statut auch für außerhalb gelegene Sachen gelte, herrschten verschiedene Meinungen. n. 4: „Verum receptior opinio est, etiam in iudicando in Camera obtenta, tale statutum produci quoque extra territorium; quo ad hoc, ut in bonis ubique etiam extra territorium sitis tale testamentum valeat, ratumque sit: ita ut haeres succedere possit in omnibus bonis ubicunque sitis, et in universum ius testatoris, quam *opinionem* velut *communem* firmant Ferra (?), Bartolus, Jaso, Alexander, Baldus." Das Ganze gelte auch dann, wenn ein Fremder ein Testament nach Ortsform errichte (n. 5).

ANDREAS GAILL, 1525 (1526?)—11. 12. 1587[183], gebürtig in Köln, war ein überragender Jurist seiner Zeit. Sein Ruhm soll trotz der geringen Zahl seiner Werke so groß gewesen sein, daß man ihn den „deutschen Papinian" nannte[184]. Sein Vater Philipp, der 1545 wegen seiner Verdienste um die Förderung der städtischen Interessen der Rheinmetropole von Kaiser Karl V. geadelt wurde, schickte seinen Sohn Andreas zum Studium nach Loewen. Später studierte Andreas Gaill auch in Köln, Orleans, Rom und Bologna. Gaill wurde dann Advokat in seiner Vaterstadt Köln und 1558 für elf Jahre Assessor am Reichskammergericht in Speyer. Nach einer Zeit als Reichshofrat bei Ferdinand I. zog sich Gaill ins Privatleben zurück, um wissenschaftlich arbeiten zu können.

Berühmt und in der Folgezeit viel zitiert sind Gaills „Observationum practicarum tam ad processum iudiciarium praesertim Imperialis camerae, quam causarum decisiones pertinentium libri duo" (Köln 1578 und später), durch deren Herausgabe er zum Mitbegründer der kameralistischen Jurisprudenz wurde. Von den Mynsinger'schen, schon früher erschienenen Entscheidungssammlungen unterschied sich Gaills Werk durch systematische Ordnung des Stoffes (Buch I: Prozeßrecht, Buch II: Kontrakte und letztwillige Verfügungen) und durch die ausführlichere Kommentierung[185].

---

[182] Tartagnus, Band I. consilia 128 n. 16.

[183] Stintzing I. 495 ff.; Wieacker 91; Gamillscheg 163; Lainé I. 409 und II. 351; Meili, Grundriß 35; ders., Handbuch 101; auch Wächter AcP 24, 275 ff.

[184] Stintzing I. 500.

[185] Mynsinger warf Gaill in gemäßigter Form Plagiat vor; Gaill erwiderte, er habe nur dieselben Quellen benutzt. Dank des am Reichskammergericht herrschenden Konfessionsproporzes scheint sich der Streit zwischen dem Protestanten Mynsinger und dem Katholiken Gaill zu einer unergiebigen Grundsatzdebatte ausgeweitet zu haben; s. Stintzing I. 494 und 498 f.

Für unser Thema sind die observationes 123, 124 und 52 des zweiten Buches interessant:

1. *Obs. 123 lib. 2* (Formstatut)[186]: Ein Statut, das für ein Testament zwei Zeugen genügen lasse, habe auswärtige Geltung, „quia quoad solennitates attenditur consuetudo loci, in quo actus celebratur" (n. 2). Das gelte für alle Sachen, auch wenn am Lageort an sich eine strengere Form zu beachten wäre. n. 3: „... quoties enim statutum principaliter habilitat vel inhabilitat contractum seu dispositionem, quoad solennitates, semper attenditur locus in quo talis contractus seu dispositio celebratur, et obligat etiam non subditum."

2. *Obs. 124 lib 2*[187]: Ungleich umfangreicher und grundlegend ist bei Gaill die Behandlung der Personal- und Realstatuten: ob ein solches Statut auswärts Wirkung entfalten kann[188]?

Zunächst legt Gaill dar, daß eine „consuetudo" im allgemeinen das gemeine Recht derogieren könne. Dann kommt er auf den speziellen Fall zu sprechen: wechselseitige Erbfolge zwischen Ehegatten. Dem Reichskammergericht sei die Frage vorgelegt worden, ob sich ein solches Statut auf auswärts gelegene Sachen erstrecke, so daß der überlebende Ehegatte auch diese Sachen erben könne: „conclusum quod non."

n. 5: „Ratio, quia consuetudines vel *statuta sunt* locales vel *localia*, et sic non obligant nisi subditos[189]. Ubi igitur cessat iurisdictio statuentium, statuti dispositio non obtinet..." Auch ein Statut, das etwas über Personen bestimme, sie zu etwas befähige (habilitare) oder ihnen etwas verbiete, gelte nur intra territorium: „Statutum non possit effectum suum extendere ultra quam extendatur potestas statuentium" (n. 11).

Als Beispiel bringt Gaill den filiusfamilias, der nach gemeinem Recht nur über „bona castrensia" testieren könne. Errichte er gleichwohl, gestützt auf ein entsprechendes Statut, ein Testament, so wirke das nicht für die auswärtigen Sachen, insoweit sterbe er „intestatus". Diese Durchbrechung des Satzes „nemo pro parte testatus pro parte intestatus decedere potest" (vgl. D. 50. 17. 7) haben das Reichskammergericht und Gaill bewußt hingenommen[190]. Der auswärtige filiusfamilias werde im übrigen

---

[186] Vgl. Mynsinger cent. 5 obs. 20 (oben S. 37); Gaills obs. 123 ist auszugsweise zitiert bei Meili, Grundriß 35.

[187] Vgl. Mynsinger cent. 5 obs. 19 (oben S. 36).

[188] Im Wortlaut gleich wie Mynsinger obs. 19 (oben S. 36).

[189] Hier stößt die Auffassung des Rechtes als gebietbezogenes Territorialrecht (localia) unvermittelt mit der These der frühen Italiener zusammen: „... obligant subditos". Ein Zeichen, wie sehr sich die Lehre noch im Anfangsstadium befand und die Synthese in einer neuen deutschen Rechtswissenschaft noch nicht vollzogen war.

[190] Diese Entscheidung fiel den Deutschen wohl auch leichter als den Italienern, weil sich nach der ihnen geläufigen deutschrechtlichen Auffassung das Erblasservermögen in Sondervermögen auflöste, das nach verschiedenen Regeln vererbt wurde; vgl. Conrad, a. a. O. I. 552.

durch ein solches Statut nur insoweit berechtigt, als er nun über die inwärts gelegenen Grundstücke testieren könne, denn: „statutum afficit res ipsas."

3. In der *obs. 52 lib. 2* berichtet Gaill das Pendant zum Ausschluß der extraterritorialen Wirkung: die Exklusivität der Realstatuten: „Quando talis consuetudo esset circa res subiectas in illo loco, tunc enim obliget forenses respectu rerum."

Gaill berichtet also die beiden bereits von Mynsinger veröffentlichten Reichskammergerichtsentscheidungen, setzt jedoch eine etwas reichere Kommentierung und eine dritte Entscheidung (obs. 52 lib. 2) hinzu. Gaills „observationes" haben in der Folgezeit eine außerordentliche Verbreitung gefunden; kaum ein Späterer zitiert die obs. 124 nicht.

Gaills Satz: „statuta sunt localia" ist ein Beweis für die Territorialität der Normen. Wirft man einen Blick auf die seinerzeitige französische Doktrin, so findet man dort sechs Jahre später bei d'Argentré die gleiche Lehre und die gleichen aus ihr gezogenen Folgerungen: Beschränkung auf das Gebiet, dementsprechend aber auch Exklusivität des Statutes für inwärtige Grundstücke. Unbeschadet dieser übereinstimmenden Deduktion aus dem Prinzip der Territorialität waren die Motive für die Entscheidungen bei beiden unterschiedlich: d'Argentré wollte in erster Linie das Partikularrecht (der Bretagne) gegen das hereinbrechende Einheitsrecht, das gemeine (Reichs-)Recht abschirmen. Demgegenüber hat wohl das Reichskammergericht versucht, die Flut der Statuten der unzähligen Kleinterritorien jedenfalls insoweit einzudämmen, als es sie jeweils nicht außerhalb ihrer Hoheitsgebiete wirken ließ. Ebenso wie d'Argentré erkennt aber das Reichskammergericht den Primat des Statutes für das Statutargebiet an; das zeigt deutlich die von Gaill (2. obs. 52) überlieferte Entscheidung. Dadurch ist die Auffassung der Deutschen per Saldo von der französischen doch nicht sehr verschieden[191].

Das Reichskammergericht, Mynsinger und Gaill repräsentieren im wesentlichen das deutsche Kollisionsrecht des 16. Jahrhunderts. Außerdem sind aus dieser Zeit zu nennen HIERONYMUS SCHURPF (Schürpf), 1480—1554[192], JOHANN SICHARDT, 1499—1552[193], ERNST COTHMANN, 1577—1624 (1627?)[194], die in ihren Werken ab und zu Ge-

[191] Anders z. T. Gamillscheg 163.

[192] Professor und Rektor in Wittenberg, tatkräftiger Mitstreiter und juristischer Berater seines Freundes Martin Luther; er konnte sich als erster „getrauen", zu Lebzeiten eine Sammlung eigener „Consilia" herauszugeben (1545 und später); vgl. Stintzing I. 266 f. und 524; vgl. z. B. I. cons. 33, wo Schurpf über die Vollstreckung eines Urteils in einem auswärtigen Gebiet handelt.

[193] Sichardt lehrte ab 1535 in Tübingen, war befreundet mit Erasmus und Zasius; über ihn vgl. Stintzing I. 212 ff.

[194] Professor primarius in Rostock; in den „Responsa iuris sive consilia comprehensa" (Frankfurt 1597), insbesondere resp. 11 und 21, vertritt Cothmann eine restriktive Anwendung der Statuten; über ihn vgl. Stintzing I. 727.

danken der bartolinischen Lehre ventiliert haben, und ein Prozeßrechtler, der in der Folgezeit für dieses Sachgebiet öfter zitiert wurde:

MATTHIAS COLERUS, 1530—1587[195], der in Leipzig unter Modestinus Pistor studiert hatte und 1573 in Jena „professor primarius" wurde, schrieb einen „Tractatus de processibus exsecutivis" (Jena 1562)[196].

Im ersten Teil cap. 3 meint Colerus, zur Zahlung einer Vertragssteuer (gabella) könnten auch Fremde herangezogen werden, wenn sie im Statutargebiet einen Vertrag schlössen (n. 185 ff.). Denn, so meint Colerus später, jeder müsse sich den Gesetzen des Ortes, wo er lebe, angleichen: „si fueris Romae, Romano vivito more" (per vulg.; n. 189). Das gelte auch für die Beteiligung an einem Rechtsstreit, bei dem ja die Parteien gewissermaßen miteinander kontrahierten (n. 192/194). Bei der Vollstreckung dagegen sei das Recht des Vollstreckungsortes zu beachten („in executionibus ... et ad unguem quasi debet observari ius, vel consuetudo eius loci, ubi petitur executio adversus reum, sive de processu executionis, sive de pignorum captione, vel eorum adiucationibus agatur" n. 195).

Bei n. 228 stellt Colerus klar, daß auch Geistliche, Schüler und überhaupt alle Fremden, die am Ort in einen Prozeß verwickelt werden, den Prozeßvorschriften des Gerichtes unterliegen. Bei der Sachentscheidung (decisoria litis) werden jene dagegen nach ihren eigenen Gesetzen beurteilt, es sei denn, es handle sich um Sachen, die im betreffenden Sprengel liegen (n. 229); dann gilt eben die lex situs. Beispiel: das englische Erbstatut (n. 230).

Über die Mobilien handelt Colerus schließlich in pars 2 cap. 3 n. 29/30: „Cum enim mobilia personae domini cohaerere intelligantur. Ideo sequuntur conditionem domini, quo ad iurisdictionem et fori competentiam, adeo, ut iudex personae, dicatur etiam iudex rerum."

III. Das 17. Jahrhundert bis 1680[197]

THEODOR (Dietrich) VON REINKING, 10. 3. 1590—15. 12. 1664[198], ein berühmter Staatsrechtler, stammte aus Kurland. 1616 wurde er außerordentlicher und im folgenden Jahr ordentlicher Professor der Rechte an der eben gegründeten Akademie zu Gießen. Lange blieb er dort nicht, sondern übernahm für verschiedene Herrscher mehrere hohe diplomatische Missionen.

---

[195] Über ihn Stintzing I. 571 f.

[196] Verf. benutzte eine Ausgabe von 1602.

[197] Die zeitliche Begrenzung „bis 1680" wurde gewählt, um die Arbeiten Heinrich von Coccejis und Johan Nikolaus Herts (1684 und 1688) entsprechend ihrer grundlegenden Bedeutung für das deutsche Kollisionsrecht angemessen herausheben zu können. Nach der Bestimmung dieses Zeitabschnittes wurde der Verfasser auf das Buch Paul Hazards „Die Krise des europäischen Geistes" hingewiesen, der eben die Zeit von 1680—1715 allgemein als besonders fruchtbar darstellte: „Finis saeculi novam rerum faciem aperuit: in den Jahren, die das 17. Jahrhundert beschlossen, hat eine neue Ordnung der Dinge begonnen" a. a. O. 515. Diese Meinung fand sich auf dem Gebiete des Kollisionsrechtes

Reinking schrieb einen grundlegenden Tractatus de regimine seculari et ecclesiastico" (Marburg 1619)[199], in dem er das Staatsrecht streng kaiserlich-monarchistisch darstellte. In Kapitel 10 der 2. classis des 2. Buches handelt er „de statutis". Dabei hält er sich im großen und ganzen in den Bahnen der bartolinischen Lehre, bietet aber einen auffallend systematischen Leitfaden für die Lösung von Kollisionsfällen.

Nachdem Reinking dargelegt hat, daß Stadtrechte Gesetzeskraft haben, schreibt er bei n. 8: „... ut ratione unius eiusdemque negotii, plurium locorum statuta in considerationem veniant," — eine sehr schöne Einführung! — „ideoque in gratiam studiosorum aliquot conclusiones proponam, quibus res fiat clara":

I. Geht es um „solennitas et perfectio" eines Rechtsgeschäftes unter Lebenden oder von Todes wegen, so gilt das Statut des Handlungsortes; Verweis auf die lex „si fundus" und Mascard, Gaill und Mynsinger; n. 9. Das gilt auch für den Fremden (n. 10), auch für auswärtige Grundstücke (n. 12), nicht jedoch (nach Bartolus) bei ausdrücklicher Beschränkung des Statuts auf die Bürger (n. 11).

II. Für das Gerichtsverfahren gelten die Vorschriften des Gerichtsortes (n. 13).

III. Für die „litis decisio, condemnatio et exsecutio" sind die Gesetze des jeweiligen Prozeß- oder Vollstreckungsortes anzuwenden (n. 14); Ausnahme (nach Bartolus) bei Leistungsstörungen (Ort der pflichtwidrigen Handlung) und bei Mitgiftansprüchen (Recht des Manneswohnsitzes); n. 15.

IV. Bei Delikten, meint Reinking, sei maßgeblich das Recht des Deliktortes (n. 16), wobei Unkenntnis des Statutes schützen könne (n. 17).

V. Für Immobilien sei stets die lex situs maßgebend, ohne Rücksicht auf die Heimat der beteiligten Personen (n. 18).

VI. Für Mobilien gelte die lex domicilii, „quia mobilia respiciunt personam" (n. 19), und deshalb gelten sie immer als am Wohnort belegen; Ausnahme: zum dauernden Gebrauch festgelegte „Mobilien". Das gelte auch für die Intestaterbfolge: Mobilien vererben sich nach Wohnsitzrecht, Immobilien nach Lagerecht (n. 20).

Die Einzelergebnisse sind, wie gesagt, nichts Neues; zu beachten aber ist, daß Reinking mit der „richtigen" Fragestellung an die Kollisionen herangeht: wenn für ein Rechtsverhältnis mehrere Rechtsordnungen in Betracht kommen — welche nehme ich dann? Außerdem hat er dementsprechend richtig eine Serie von Kollisionsregeln aneinandergereiht,

---

interessanterweise durch die Werke Coccejis, Herts und ihrer Zeitgenossen Huber und Voet bestätigt; denn sie legten wirklich den Grund für die fernere Entwicklung in ihren Ländern.

[198] Stintzing-Landsberg II. 189 ff.

[199] Verf. benutzte eine Ausgabe von 1632; über das Werk vgl. auch Stintzing-Landsberg II. 198.

die, für Studenten zur Einführung gedacht, auch der Praxis eine einfache Handhabe geboten haben dürften. Zu seiner Zeit war nämlich Reinking ein geschätzter Wissenschaftler, dessen Beitrag schon wegen seiner Systematik verdient, nicht übersehen zu werden.

BENEDIKT CARPZOV, 27. 5. 1595—31. 8. 1666[200], geboren in Wittenberg als Sohn eines Juristen gleichen Namens[201], war ein Praktiker von europäischem Ruf. Nach seinem Studium in Leipzig, Jena und Wittenberg und einer juristischen Bildungsreise durch Europa wurde er 1620 Beisitzer des Leipziger Schöppenstuhles, dem er fast sein ganzes Leben angehörte[202]. Außerdem war er Assessor beim Appellationsgericht in Dresden, sehnte sich jedoch nach Leipzig zurück — „extra Lipsiam vivere est miserrime vivere"[203] — und wurde dann auch 1645 Mitglied der Leipziger Juristenfakultät. Carpzovs Schriften genossen ein außerordentliches Ansehen, weil in ihnen der gesamte bekannte Rechtsstoff durchgearbeitet war; sie hatten zumindest für das Gebiet des sächsischen Rechtes fast eine „potestas legislatoria"[204].

Bei Gelegenheit äußerte sich Carpzov auch zu Fragen der Statutenanwendung. Fundstellen sind insbesondere die in Rechtssätze gefaßten, systematischen Bemerkungen zum kursächsischen Landesrecht: „Definitiones Forenses ad constitutiones electorales Saxonicas in partes VI"[205] von 1644/1653 (Frankfurt/Main) und das „Opus Responsorum iuris electoralium" von 1642 (Leipzig)[206].

Über die Statuten allgemein schreibt Carpzov in den „Def. for."[207]: Statuten und Stadtrechte seien, wo sie gelten, „ius civile". Wie aber das „ius civile" nur römische Bürger verpflichtet habe, könne auch ein Statut grundsätzlich Auswärtige nicht binden (constringere). Andererseits, so fährt Carpzov fort, komme ein Fremder auch nicht in den Genuß der Statuten. Beispiel: Ein Mann, dessen Ehefrau in Leipzig als dort Fremde sterbe, müsse deren Verwandten die volle „Gerade" (etwa: Hausrat)

---

[200] Stintzing-Landsberg II. 55 ff.; Wieacker 116 f.; Döhring, a. a. O. 296.

[201] (1565—1629); Stintzing I. 723 Anm. 3 bringt eine Stammtafel dieser großen Juristenfamilie.

[202] Wieacker 116, der Carpzov auch gegen die Legende in Schutz nimmt, er habe 20 000 Todesurteile zu verantworten. Freilich war Carpzov der Zeitmeinung mehr verbunden als einem nur annähernd rechtsstaatlichen Denken: bei Hexenprozessen ließ er eine Überschreitung des Strafmaßes und ein unregelhaftes Strafverfahren ohne weiteres zu; vgl. hierzu Stintzing-Landsberg II. 79 f. und Hazard, a. a. O., 209.

[203] Nach Stintzing-Landsberg II. 59.

[204] Vgl. Koschaker, Europa und das Römische Recht, S. 101.

[205] Die erste Auflage von 1638 hieß „Jurisprudentia forensis Romano-Saxonica ..." (nach Stintzing-Landsberg II. 84).

[206] Verf. benutzte eine Ausgabe von 1657.

[207] Pars 2 const. 14 def. 53; eine Entscheidung von Juli 1580.

herausgeben, nicht nur die nach Leipziger Recht ermäßigte; den Gegenfall löst Carpzov entsprechend[208]: eine Leipzigerin war in Grimma gestorben, ihre Erben kommen in den Genuß des Leipziger (Wohnsitz-)Statutes.

Eine ähnlich restriktive Haltung verrät pars 3 const. 12 def. 12: „Wie allgemein sehr richtig gesagt wird, können Statuten oder Stadtrechte nicht auf auswärts gelegene Immobilien ausgedehnt werden, gleichgültig, ob das Statut auf die Sache oder auf die Person bezogen (conceptum) oder ob es favorabile (!) ist."

Damit leitet Carpzov zum Erbrecht über und überliefert als einheitliche Meinung der Wissenschaft (concors opinio), daß sich Immobilien allein nach Lagerecht vererben; denn sie befänden sich ja ausschließlich unter der Territorialgewalt und Gerichtsbarkeit des Lageortes, auch wenn der Eigentümer seinen Wohnsitz außerhalb habe. Trotzdem hat, wie Carpzov in seinen „Responsa" berichtet[209], die Leipziger Juristenfakultät im Februar 1641 „von Rechtswegen" entgegengesetzt entschieden: Ein Ehepaar hatte in Zwickau gewohnt, die Ehefrau starb und hinterließ Grundstücke in Lößnitz (bei Aue), nach dessen Statut die Grundstücke auf den Ehemann übergegangen wären. Die Fakultät entschied nach Sächsischem Recht — also nach Wohnsitzrecht — und teilte damit die Grundstücke den Geschwistern der Frau zu. Diese Entscheidung gegen die „herrschende Meinung" hat Geschichte gemacht[210].

Über die Erbfolge in Mobilien schreibt Carpzov, sie sollten sich nach Wohnsitzrecht vererben, „quod res utensiles ceu mobiles domicilio defuncti semper adhaereant subque iurisdictione eius loci esse censeantur"[211].

Die Erbfolge nach Eximierten (Klerikern, Professoren, Gesandten) gestalte sich je nach dem Nachlaßgegenstand: Immobilien nach der lex situs, auch wenn der Erblasser selbst nicht der städtischen Magistratsgewalt unterworfen gewesen sei; die Mobilien nach Wohnsitz- und Heimatrecht[212] oder bei Gesandten der Kirche nach Episkopalstatuten und bei Professoren und Klerikern nach den Statuten der Akademie[213]. Dieses „Wohnsitzrecht" sei stets auch maßgebend für die Frage, ob hinterlassene Mobilien auch außerhalb des Wohnortes mit Arrest belegt werden dürften[214].

Über die Formvorschriften sagt Carpzov in den „Definitiones Forenses"[215]: Bei den Dominidoctores sei es fast unstreitig, daß ein Auswärtiger ein Testament nach den Ortsstatuten errichten müsse, „nam quoad solennitates attenditur consuetudo loci in quo actus celebratur". Ein Statut,

[208] Ebenda def. 54, eine Entscheidung des Dresdener Appellationsgerichtes aus dem März 1633.

[209] Liber 6 resp. 39.

[210] S. unten S. 118.

[211] Def. for. pars 3 const. 38 def. 16, insbesondere n. 7; ähnlich lib. 6 Resp. 42, insbesondere n. 13.

[212] Def. for. pars 4 const. 12 def. 16, n. 7.

[213] Lib. 6 Resp. 42.

[214] Def. for. pars 1 const. 28 def. 9.

[215] Def. for. pars 3 const. 6 def. 12

das etwas über Gültigkeit oder Ungültigkeit von Verträgen bestimme, binde auch den Fremden. Ebenso in den „Responsa"[216]: „Es ist allgemeine Meinung, ‚actum solennem iudicalem vel extraiudicalem sortiri essentiam secundum legem loci, ubi fit'."

Interessant ist folgende Stellungnahme Carpzovs[217]: Regelmäßig könne, berichtet Carpzov, eine Ehefrau nach Sächsischem Recht ohne Vormund nicht wirksam kontrahieren[218]. Diese Beschränkung gelte aber nicht, wenn die Frau außerhalb Sachsens Verträge schließe, denn nach gemeinem deutschen Recht bedürfe sie dabei keines Vormundes. Andererseits könne eine auswärtige Frau auf sächsischem Gebiet nur zusammen mit einem Vormund wirksam kontrahieren (a. a. O. n. 10). Nach Carpzov ist also diese Bestimmung streng territorial in dem Sinne eines Handlungsstatutes: die genannte Beschränkung trifft nur die in Sachsen vorgenommenen Rechtsgeschäfte[219].

Schließlich sei erwähnt, daß auch Carpzov für Straftaten das Tatortrecht anwendet, „quia sc. Reus se videtur obstringere statutis eius loci ubi delinquit, non minus ac si cum alio ibidem contraheret". Das gelte, auch wenn die Tat nach gemeinem Recht nicht strafbar sei[220].

Carpzov berichtet damit, verstreut in seinen umfangreichen Werken, eine Reihe von Entscheidungen aus Leipzig und Dresden, die sich mit kollisionsrechtlichen Fragen befassen und die wegen der Autorität dieser Gerichte und des Chronisten später regelmäßig zitiert wurden. Sachlich weichen einige von der „herrschenden Lehre" durch die Betonung der Personalität der Statuten ab; außerdem ist die von der einhelligen Lehre abweichende Entscheidung der Leipziger Juristenfakultät — Erbfolge nach Wohnsitzrecht — auf Grund des Berichtes durch Carpzov später über Hert und die Wissenschaft des 18. und 19. Jh. zur herrschenden Meinung geworden, so daß diese Entscheidung als Vorhut der neueren Lehre anzusehen ist.

DAVID MEVIUS, 6. 12. 1609—14. 8. 1670[221], genoß in der Rechtswissenschaft des 17. Jh. ebenfalls ein hohes Ansehen. Bei seinen ersten

[216] Lib. 5 Resp. 1 n. 16.

[217] Def. for. pars 2 const. 15 def. 6.

[218] Nach dem Sachsenspiegel (Ldr. I. 45 § 2 Satz 2) konnte die Ehefrau noch über ihr Eigentum Verträge schließen, zu der Klage bedurfte sie jedoch auch danach schon eines Vormundes (Ldr. I. 46), „weil der Streit vor Gericht jederzeit zu einem Streit der Waffen werden konnte" (Conrad, a. a. O. I. 532). Hier hat offenbar die kursächsische Regelung ihre Wurzel.

[219] Vgl. die z. T. gleiche Entscheidung bei Mevius (unten S. 46); Matthias Berlich (1586—1638), Rechtsanwalt in Leipzig, hatte anders entschieden: einen in Magdeburg mit einer Leipzigerin ohne Zustimmung des Ehemannes oder eines Vormundes geschlossenen Vertrag hielt er für nichtig; a. a. O., pars II, concl. 17.

[220] Def. for. pars 4 const. 19 def. 19.

[221] Stintzing-Landsberg II. 112 ff.; Gamillscheg 165; Lainé I. 410 f.; Wieacker 103 Anm. 7 lobt Mevius' Gründlichkeit.

juristischen Studien in seiner kriegszerstörten Vaterstadt Greifswald leitete ihn sein Vater an, 1629 ging Mevius nach Rostock, zwei Jahre später mußte er von dort fliehen (30jähriger Krieg!) und blieb einige Zeit in Kopenhagen. 1635 wurde Mevius Professor in seiner Heimatstadt wie schon sein Vater und sein Großvater. Drei Jahre später siedelte er nach Stralsund über; dessen Interessen vertrat er bei den Friedensverhandlungen zu Osnabrück. Schließlich wurde Mevius Vizepräsident des Obergerichtes in Wismar, das die Schwedische Krone nach Abschluß des dreißigjährigen Krieges dort errichtet hatte (am 15. 5. 1653 eröffnet).

Aus Mevius' reichem schriftstellerischen Nachlaß sind für das Kollisionsrecht interessant Teile aus seinem Kommentar zum Lübecker Stadtrecht[222] und aus der Sammlung der Entscheidungen des Wismarer Gerichtshofes, in dessen Bereich, wie in großen Teilen Nord- und Ostdeutschlands auch, seit 1266 Lübisches Recht galt[223].

1. Dem „Commentarius in Jus Lubecense" (Leipzig 1642/43)[224] hat Mevius zehn „Quaestiones praeliminares" vorangestellt, in deren n. 3—6 recht ausführlich kollisionsrechtliche Fragen abgehandelt werden.

Nachdem Mevius über die Geschichte des Lübischen Stadtrechtes und über die Rezeption des Römischen Rechtes gesprochen hat (quaest. 1 und 2), kommt er, fast zwangsläufig, zu der Frage, für welche Personen das Lübecker Stadtrecht gilt, welche Personen es verpflichtet.

Quaestio 3 bringt als erste Antwort: die unter der „iurisdictio" der Gemeinde leben. Ausnahme: die Geistlichen und Professoren, worüber Mevius lange Ausführungen macht (n. 3 ff.). Diese Ausnahme, meint Mevius, finde freilich ihre Grenze bei Immobilien, die unter städtischer Jurisdiktion liegen; wenn hier weder durch Privileg noch durch consuetudo etwas anderes bestimmt sei, so folge er, sagt Mevius (getragen vom hanseatischen Souveränitätswillen), der alten, unerschütterlichen Regel: es gilt die lex situs (n. 42).

Dem Lübecker Stadtrecht unterliegen also alle Bürger und — unabhängig von der Person — das gesamte im Sprengel gelegene unbewegliche Vermögen. Daraus zieht Mevius in den folgenden drei Abschnitten die „kollisionsrechtlichen" Folgerungen:

In *Quaestio 4* fragt Mevius, „an et quatenus *forenses* ligantur et utuntur iis, quae iure Lubecensi scripta sunt".

---

[222] Das Lübecker Stadtrecht war 1586 neugeschaffen worden (vgl. oben Anm. 164); über dessen Historie Riccius, a. a. O. S. 80 ff., vgl. auch Kaspers, a. a. O. S. 60 ff.

[223] Riccius, a. a. O. S. 107.

[224] Verf. benutzte eine Ausgabe von 1664; über den Kommentar vgl. auch Stintzing-Landsberg II. 124 ff. — Döhring, a. a. O. S. 302, meint, Anlage und Gliederung des Werkes stammten wahrscheinlich von dem Stralsunder Bürgermeister Steinnweg, wodurch Mevius' Verdienst nicht geschmälert werde.

Im Einzelfall, so antwortet Mevius nach Klärung des Begriffes „forensis", sind Fremde den Statuten nicht verpflichtet (n. 3); denn auf einen Nichtunterworfenen erstrecke sich die Gerichtsgewalt nicht, Verweis auf D. 2. 1. 20[225]. Davon gebe es jedoch einige *Ausnahmen:*

a) Für die Prozeßordnung gelte stets Ortsrecht unabhängig vom Streitgegenstand und von den beteiligten Personen (n. 6—9). Weiter müsse man annehmen, daß einer, der an einem bestimmten Ort kontrahiere, nach dem dort geltenden Partikularrecht Recht gesprochen haben wolle (n. 10); Mevius verweist auf die lex „si fundus" und auf Surdus, Colerus, Burgundus und kommt so auf die Maßgeblichkeit der „lex loci actus".

b) Ohne nähere Begründung bezieht Mevius diese Regel auch auf Delikte (n. 11), wobei er besonders für eigentümliche Statutarstrafen verschiedene Entschuldigungsmöglichkeiten offenläßt.

c) Außerdem seien die Fremden gehalten, Statuten und Gewohnheiten des Handlungsortes zu beachten (n. 12), deren Nichtbeachtung die Nichtigkeit des Rechtsgeschäftes nach sich ziehen würde (!), also z. B. die Formvorschriften (n. 13—15). Dabei sei es gleichgültig, ob das Statut außer der Form noch etwas über die Person bestimme; als Personalstatuten gelten nämlich nur solche Statuten, die „principaliter" über die Person handeln. (Hier nimmt Mevius Gelegenheit, Bartolus' Wortinterpretation zurückzuweisen; n. 16.) Mevius bringt ein Beispiel: Nach Art. 1 tit. 10 des ersten Buches des Lübecker Stadtrechtes darf eine Ehefrau nicht ohne „curator" kontrahieren. Hier werde zwar das Wort „Frau" erwähnt (mentio fit); das Statut mache sie aber nicht schlechthin unfähig, sondern führe allein zu einem Formmangel, wenn die Frau ohne Vormund kontrahiere, — und deshalb binde das Statut auch die Fremde. Insoweit stimmen also Mevius' und Carpzovs Entscheidungen überein[226].

Erleide ein Fremder infolge Unkenntnis solcher Formstatuten schweren Schaden, könne er „ex generali clausula" die „restitutio in integrum" verlangen (n. 21).

Vom Vertragsstatut nimmt Mevius auch die Vertragsverletzungen und -lasten aus (onus et accidens extrinseco), weil sie nicht aus den Verträgen selbst entständen. Eine in Lübeck verübte Vertragsverletzung wird also nach Lübischem Recht beurteilt, auch wenn der Vertrag anderswo geschlossen wurde. Motiv für diese Entscheidung ist nach Mevius die Erfahrung, daß Fremde mitunter viel Schaden anrichten (n. 18).

Für die Frage, ob ein Ehegatte für die Schulden des anderen hafte, sei allein das Güterrechtsstatut (des Manneswohnsitzes) maßgebend; die Lübecker Statuten träfen insoweit den Fremden nicht (n. 19).

d) Verbindlich für den Fremden seien auch die Bestimmungen über die im Statutargebiet belegenen Sachen (n. 22). Deshalb komme es hier auf die überlieferte Unterscheidung an, ob ein Statut auf die Sache (für den

---

[225] (Paulus): „Extra territorium ius dicenti impune non paretur. idem est et si supra iurisdictionem suam velit ius dicere."

[226] S. oben S. 44; vgl. aber die Differenz zwischen beiden unten S. 47.

Fremden verbindlich) oder auf die Person (für den Fremden nicht verbindlich) bezogen sei. Mevius folgt dieser Differenzierung, weil sie „utilis et sequenda" sei; immer komme es dabei auf die „principalis intentio" des Statuts an (n. 26).

e) Soweit der Nachlaß im Statutargebiet liegt, regelt sich die Erbfolge auch bei Beteiligung von Fremden nach Statutarrecht (n. 27 ff.).

Nach einer Erörterung der „beneficia civilia", die grundsätzlich nur den Bürgern der Stadt zugutekommen, spricht Mevius von den Akten der freiwilligen Gerichtsbarkeit: hier könne ein Fremder die Anwendung des Statuts wählen, wenn das Statut es nicht verbiete (also keine zwingende Unterwerfung unter dieses Statut!). So gelte z. B., fährt Mevius fort, ein im Statutargebiet nach Ortsrecht errichtetes Testament überall und für alle Sachen; Verweis auf Jaso, Mynsinger und Gaill.

Quaestio 5: Inwieweit ist nun ein Lübecker Bürger auch auswärts dem Lübecker Stadtrecht verpflichtet? oder: „Quando in urbe aliqua juris Lubecensis observantia viget?"

Grundsätzlich gilt: „Omnes iurisdictioni Lubecensi subiecti sine discrimine, sive sint intra, sive extra moenia, Juri Lubecensi obnoxii sunt" (n. 2). Wichtigste Ausnahme: das Stadtrecht gilt nicht für die außerhalb der Gemeinde liegenden Güter seiner Bürger, denn „cessante iurisdictione cessat statuti obligatio" (n. 29/30, wo Mevius über diese Ausnahme ausführlich handelt).

In der *Quaestio 6* behandelt Mevius noch einmal allgemein die Frage, in welchen Fällen nun ein Statut auswärts Wirkungen entfalten könne.

Die Regel, daß der Bürger auch außerhalb den Statuten verpflichtet sei, differenziert Mevius („bene docet, qui bene distinguit"), wobei er manchmal auf Kosten der Klarheit des Guten zu viel zu tun scheint:

a) Handelt ein Bürger außerhalb, so hat er bei Geschäften über die im eigenen Gebiet gelegenen Grundstücke (selbstverständlich) das Realstatut des Lageortes zu beachten.

b) Auch gelte ein die Geschäftsfähigkeit des Bürgers beschränkendes Statut auch außerhalb, z. B. wenn die Frau für den Abschluß eines Rechtsgeschäftes eines Vormundes bedarf (n. 3 ff.). Hier entscheidet Mevius also anders als Carpzov, der die einheimische Frau auswärts frei handeln ließ[227].

c) Dagegen binde ein Statut über die Person (!) oder über eine bestimmte Förmlichkeit den Bürger nicht außerhalb des Hoheitsgebietes, sondern ihm stehe die Beachtung der Statuten des Handlungsortes offen, es sei denn, Ansehen oder Wohlergehen des eigenen Staates ständen dem entgegen.

Nachdem Mevius (sub b) die Geschäftsfähigkeit ausgenommen hatte, läßt er leider die Frage offen, was er bei (c) im einzelnen unter den

[227] S. oben S. 44 (für Carpzov) und S. 46 (für Mevius).

Personalstatuten versteht; auf alle Fälle wird hier wieder offenbar, wie sein System durch zu starke Differenzierungen leidet[228].

Zu der Frage, ob und wann ein Statut auswärts gelegene Grundstücke erfasse, unterscheidet Mevius zwischen der „conditio bonorum" und der sogenannten „materia statuti":

a) „Bona" gebe es drei: „immobilia, mobilia et media". Die erstgenannten werden der lex situs unterstellt. Auch solche Mobilien, die der paterfamilias in ein anderes Gebiet festlegt, gelten als Immobilien und werden nach dem Recht beurteilt, wo sie aufgefunden werden (n. 20). Die übrigen Mobilien unterliegen dem Recht des Eigentümerwohnsitzes (n. 23/24).

Unter den „media" — ein ungewöhnlicher Terminus — versteht Mevius „iura et ea (bona), quae incorporalia sunt, veluti actiones et nomina debitorum", die eben eine dritte Art von Gegenständen darstellten. Bei der umstrittenen Frage, welches Recht für die nomina maßgebend sei, entscheidet sich Mevius für die Person des Gläubigers und dessen Wohnsitzrecht („quasi ossibus eius infixa"; n. 33).

b) Für die „materia statuti", zu der Mevius z. B. die Prozeßordnung zählt, gelte stets die lex fori, unabhängig von der Lage des Streitobjektes (n. 35 ff.). Bei der Vollstreckung aber beachte der Richter „suae curiae stylum et statuta" (n. 37).

Gegen Ende der Quaestio 6 meint Mevius mit vielen Zitaten, daß Statuten, deren Inhalt sei, „habilitare vel inhabilitare" oder „prohibere aliquid", nicht auf auswärtige Immobilien angewendet werden. Offenbar will hier Mevius die (oben S. 47 genannte) Regel, daß beschränkende Statuten auch außerhalb binden, für den Fall außer Kraft setzen, daß es um auswärtige Immobilien geht, über deren Schicksal die Lübecker Statuten nicht rechten wollten.

Hiesige Formstatuten gelten auch für auswärtige Sachen: „in solennibus enim semper inspicitur locus, ubi res agitur" (n. 41/42), gleichgültig, ob es sich um Rechtsgeschäfte unter Lebenden oder um Verfügungen von Todes wegen handele.

Zum Schluß erwähnt Mevius noch das „ius retorsionis", das schon einmal dazu führen könne, daß die lex situs im Einzelfall nicht angewendet werde (n. 46/47).

Soweit der Bericht über die wesentlichen Teile der „Quaestiones praeliminares".

Im Hauptteil des Kommentars erwähnt Mevius noch einmal seine Ansicht, daß sich Mobilien nach dem Wohnsitzrecht des Erblassers vererbten (lib. 2 tit. 2 art. 10 n. 20).

2. Aus der Sammlung von Entscheidungen des Wismarischen Gerichtshofes — „Decisiones jurisdictionis summi tribunalis regii quod est

---

[228] Diese Aushöhlung der Grundsätze durch Ausnahmen rügt auch Gamillscheg 167.

Wismariae..." (1664—1669) —, die Mevius als Vizepräsident des Gerichtes herausgab, sei folgendes herausgezogen:

In einem Urteil vom 27. 1. 1654 heißt es[229]: „Consuetudo civitatis non extenditur ad loca et personas exemptas", auch Vorzugsrechte kommen also den Eximierten nicht zugute: „statuta ... stricti iuris sunt, et de loco ad locum aut de persona ad personam non extenduntur."

Dec. 99 (pars 2) vom 8. 4. 1654 handelt von der Erbfolge: für Mobilien gelte Wohnsitzrecht[230], es sei denn, daß das Lagerecht widerspreche (!; „ius loci domicilii, nisi ius loci, in quo (mobilia) sunt, obstet, aliterque disponit et quando hoc fiat"). Ebenso (pars 5 dec. 164) regelt sich die Erbfolge der Immobilien zweifellos nach der lex situs.

Mehrere Entscheidungen[231] beschäftigen sich mit der Frage, wann das Recht der ersten oder der zweiten Instanz anzuwenden ist[232]: das Verfahren erster Instanz einschließlich der Formalien der Rechtsmittel werde auch von der zweiten Instanz nach dem Recht der ersten beurteilt.

Die Vollstreckung schließlich werde nach dem Recht des Vollstreckungsortes durchgeführt, nicht nach dem Recht des erkennenden Gerichts; das war die allgemeine Meinung (Urteil vom 12. 6. 1657)[233].

Mevius hat damit das Kollisionsrecht recht ausführlich abgehandelt, „natürlich" mit dem stolzen Selbstgefühl eines Hansestädters[234] und damit in der Geisteshaltung d'Argentré vergleichbar[235]. Anders als beim Reichskammergericht, bei Mynsinger und Gaill hat man hier nämlich wahrlich nicht den Eindruck, daß Mevius das Statutarrecht eindämmen wollte. „Das Lübecker Stadtrecht gilt ausschließlich für ...": das ist der Tenor seiner Darlegungen. Interessanterweise geht Mevius (wie Carpzov) vom Personalitätsgrundsatz aus: unsere Statuten gelten für unsere Bürger. Freilich kommt auch Mevius durch eine ganze Reihe von Ausnahmen (insbesondere zugunsten der leges situs et loci actus) zu den überkommenen Ergebnissen. In der Methode ist er überhaupt den Bartolisten zuzurechnen[236]. Vielleicht ist er bei dem von ihm gelobten Differenzieren etwas weit gegangen[237]; Widersprüche waren jedoch nicht festzustellen. Seine Abhandlungen, insbesondere der Stadtrechtskommentar, wurden in der

[229] Mevius dec. 30 in pars 2.

[230] Ebenso dec. 100 pars 2: „Nach allgemeiner Meinung folgen Mobilien und ‚nomina' der Person des Eigentümers/Inhabers; so ist es auch bei der Erbfolge, ‚cum eius (sc. testatoris) velut ossibus infixa censeantur'."

[231] Pars 3 dec. 279; pars 6 dec. 288; pars 7 dec. 291; pars 9 dec. 30.

[232] Bei der Uneinheitlichkeit des Prozeßrechtes konnten dabei auch räumliche Kollisionen vorkommen; vgl. unten S. 147 (Hert).

[233] Pars 5 dec. 241.

[234] Das betont auch Wieacker 72.

[235] Den er in seiner Arbeit jedoch nicht berücksichtigte; vgl. auch Lainé I. 411.

[236] Ebenso Lainé I. 410.

[237] Vgl. auch Wächter AcP 25, 16 f., der jedoch Mevius lobt, weil er richtigerweise vom eigenen Recht ausgegangen sei.

Folgezeit sehr oft zitiert, nicht nur von den Deutschen, sondern auch von den Niederländern (Rodenburg und Paul Voet), die ihm ja zeitlich nachfolgten.

JOHANNES BRUNNEMANN, 7. 4. 1608—15. 12. 1672[238], geboren in Cölln/Spree (Berlin), wandte sich nach dem Studium der Philosophie und der Theologie („professor logicae") um 1636/37 „wegen seiner schwachen Stimme" der Jurisprudenz zu und wurde 1640 Professor in Frankfurt/Oder.

Mit kollisionsrechtlichen Fragen befaßte sich Brunnemann nur gelegentlich der Kommentierung „einschlägiger" Digestenstellen und der Veröffentlichung von Entscheidungen.

1. Die „Decisionum centuriae V"[239] enthalten Entscheidungen, die die Frankfurter Juristenfakultät nach dem Ende des dreißigjährigen Krieges gefällt und die Brunnemann zu je hundert, zum Teil mit eigenen Anmerkungen versehen, herausgegeben hat. Einige Beispiele für kollisionsrechtliche Themen:

Cent. 5 dec. 94: Bei der Frage nach dem Zahlungsmittel bei Darlehen ist die Gewohnheit des Vertragsortes zu beachten (nam consuetudo loci contractus in decisionibus causarum attendenda est, licet iudicium alibi institutum; Verweis auf die lex si fundus (D. 21. 2. 6) und Gaill, Carpzov, Mevius).

Cent. 2 dec. 37: Der Erbgang der Antichresis[240] soll nach Wohnsitzrecht[241] beurteilt werden, weil es sich ja hier nicht um Eigentum an einem Grundstück handele und „nomina", auch wenn sie grundstücksbezogen seien, der Person folgten (n. 5; nach Carpzov).

Cent. 3 dec. 60: Die Erbfolge nach einem „minister regius" regelt sich für Immobilien nach Lagerecht, für Mobilien nach Wohnsitzrecht.

Cent. 3 dec. 54: Für Dotalverträge gilt Manneswohnsitzrecht.

2. In seinem „Commentarius ad Pandectas" von 1670[242] bringt Brunnemann jeweils nur eine Zusammenfassung der Lehre der bisher besprochenen Deutschen; auch erwähnt er Dumoulin und Barbosa. So handelt er bei der lex „si fundus" über die Maßgeblichkeit des Vertragsstatuts: „Die Dominidoctores schließen aus diesem Text (!), daß ein Statut über die Testamentsformen auch außerhalb des Territoriums wirkt

[238] Stintzing-Landsberg II. 101 ff.

[239] Der Verf. benutzte die dritte, von Samual Stryk herausgegebene Auflage von 1688.

[240] Pfandrecht aus einem Pfandvertrag, bei dem dem Pfandgläubiger an Stelle von Zinsen die Früchte der Pfandsache zustehen; vgl. D. 13. 7. 33 und D. 20. 1. 11. 1 sowie §§ 1213 f. BGB.

[241] Wohl: des Pfandgläubigers.

[242] Nach Brunnemanns Tod gab Samuel Stryk den Kommentar heraus; Verf. benutzte eine Ausgabe von 1731; über den Kommentar vgl. Stintzing-Landsberg II. 108.

(n. 5); diese Regel gelte jedoch nicht bei Schadenersatz aus Vertragsverletzungen (n. 7). Ausnahme für die Rückgabe der „dos“: „quando etiam agitur de restitutione dotis, ... tunc itidem attenditur consuetudo loci domicilii mariti“ (n. 8).

Weder in der Entscheidungssammlung noch in seinem Kommentar ist Brunnemann (oder die Fakultät) über die Entscheidungen der Mynsinger, Gaill oder Mevius hinausgegangen. Gleichwohl wurden seine Schriften wegen seiner allgemeinen, durch die Verbindung mit seinem Schwiegersohn Samual Stryk noch verstärkten Wertschätzung in der Folgezeit häufig zitiert.

WOLFGANG ADAM LAUTERBACH, 12. 12. 1618—18. 8. 1678[243], stammte aus dem Vogtland und studierte in Jena und Leipzig. Später war er Direktor des Konsistoriums in Stuttgart und — 30 Jahre lang — Professor in Tübingen.

1661 entstand unter seinem Präsidium die „Disputatio inauguralis de societate bonorum coniugali“[244]. Im zweiten Kapitel dieser Arbeit wird die „causa efficiens“ (für eine güterrechtliche Regelung) abgehandelt: Die Rechtsfolge des Statuts, z. B. Vergemeinschaftung aller Güter, werde durch Heiratsentschluß und -vereinbarung ausgelöst (... causa principalis istius societatis legis dispositioni non debet vindicari, sed consensui ex facto isto a lege ita informato, resultanti; § 9 a. E.). Anhand der Fälle, daß ein Badenser eine Württembergerin heimführt oder ein Holländer in Friesland heiratet, entscheidet sich Lauterbach, vorbereitet durch die einleitende Begründung, für die „herrschende Meinung“: Manneswohnsitzrecht gilt (Hinweise auf Mevius, Gaill, Rotenburg u. a.), weil die Frau dorthin heimgeführt werde (§ 10). Ausnahmen: wenn der Ehemann am Wohnsitz der Frau bleiben will und bleibt, oder wenn die Ehegatten etwas anderes ausdrücklich vereinbaren (im Anschluß an Cassanaeus[245] und Suarez).
Eine dritte Ausnahme für den Fall, daß die Frau das Statut des Manneswohnsitzes nicht kennt, verwirft Lauterbach (§ 12). Der Bestand einer Gütergemeinschaft wird auch nach Lauterbach durch einen Wohnsitzwechsel nicht berührt (§ 17).
Anläßlich der Frage, was mit den auswärts belegenen Grundstücken geschieht, berichtet Lauterbach den Stand der Meinungen (§ 13)[246]: hie

[243] Stintzing-Landsberg II. 139 ff.; Raape 4 (1955), S. 157; Meili, Grundriß 36.
[244] Auf dem Titelblatt heißt es: „... praeside (pp.) Lauterbach, pro summis in utroque iure honoribus ac Privilegiis rite consequendis, ... examini submittit Martinus Kieffer, Durlaco.“ Danach ist es nicht sicher, ob Lauterbach oder Kieffer die Arbeit geschrieben hat; über die Frage der Autorschaft bei Disputationen und Dissertationen des 17. Jh. vgl. unten S. 73 ff. — Die Disputatio ist enthalten in dem „Volumen disputationum juridicarum Tubingensium“.
[245] Wohl: Bartholomaeus a Chassanao, 1480—1541.
[246] §§ 13 und 14 sind bei Meili, Grundriß 36, abgedruckt.

Zweiteilung, dort Dreiteilung der Statuten; hie extraterritoriale, dort territoriale Wirkung der Gütergemeinschaft. In § 14 entscheidet sich Lauterbach für die freizügigere Auffassung: Gütergemeinschaft erfaßt alle Güter, gleich wo sie liegen. Grund: Gleichstellung mit einem ausdrücklichen Vertrag.

Das gelte auch, fährt Lauterbach in § 15 fort, wenn am Lageort für die Übereignung eines Grundstückes bestimmte Formen vorgeschrieben seien. Solche Statuten, meint Lauterbach, gelten doch nur für Eigentumsänderungen durch rechtsgeschäftliche Übereignungen (quae fiunt mediante traditione vera, non vero de illis, quae ipso iure sine praecedente aliqua traditione peraguntur). Bei der Gütergemeinschaft aber trete die Rechtsfolge „ipso iure" ein. Das dürfe freilich nicht dazu führen, daß dadurch das gemeine Recht oder zwingende Normen anderer Statuten korrigiert würden (heic autem, cum alienatio seu communicatio rerum ipso iure fiat, eo usque extendi nullo modo debent, ne correctio iuris communis per tacitos subauditos statuti intellectus introducatur, aut dispositio eiusmodi statutorum, quae stricti sunt iuris).

Die Begründung für die Unbeachtlichkeit der Form des Lageortes verwundert, da Lauterbach doch oben von einem „Vertrag" gesprochen zu haben schien, hier aber meint, die Rechtsfolge trete „ipso iure" ein. Die Lösung des Widerspruches könnte man einmal in dem Unterschied zwischen Einzelerwerb und der güterrechtlichen Universalsukzession suchen, den die Statutisten sonst regelmäßig übersehen, zum mindesten jedoch nicht erörtert haben[247]. M. E. hat aber Lauterbach die „causa efficiens" gar nicht in einem stillschweigenden Vertrag (wie Dumoulin und Spätere) gesehen; er hat vielmehr sagen wollen, daß die gesetzliche Folge — Gütergemeinschaft — durch eine private, selbständige Handlung zweier Menschen — die Heirat — ausgelöst wird, ohne daß Lauterbach dabei einen auf eine güterrechtliche Regelung gehenden Willen der Ehepartner „vermutet" (und fingiert). Er betrachtet also die güterrechtlichen Regeln nicht als „accidentalia", sondern als „naturalia negotii" (der Heirat); denn das sind ja die durch einen rechtsgeschäftlichen Willen ausgelösten, aber nicht notwendig bewußt gewordenen gesetzlichen Folgen eines Privataktes.

Da Lauterbachs Meinung im Ergebnis mit der von Dumoulin begründeten und in Deutschland und den Niederlanden bereits herrschenden Lehre übereinstimmt, wurde diese Spezialabhandlung über das Ehegüterrecht für die späteren Kollisionsrechtler eine vielbeachtete Quelle. Freilich scheinen die Nachfolger nur selten den systematischen Unterschied zur überkommenen Lehre erkannt zu haben.

CASPAR ZIEGLER, 15. 9. 1621—17. 4. 1690[248], stammte aus Leipzig und wandte sich nach dem Studium der Philosophie (Magister) erst 1652

---

[247] Über die daraus entstandenen Ungenauigkeiten vgl. Wächter, AcP 25, 198.

[248] Landsberg III. 1 Noten 28 f. und Text 48.

der Jurisprudenz zu. Bereits drei Jahre später wurde er deren Doktor und Professor sowie Beisitzer im Tribunal und im Geistlichen Konsistorium in Wittenberg, außerdem Beisitzer des Kursächsischen Hofgerichtes in Dresden. Ziegler, der zu Lebzeiten hochgeschätzt gewesen zu sein scheint, hat unter anderem ein Lehr- und Anweisungsbuch für Richter geschrieben: „Dicastice sive De iudicum officio et delictis, Tractatus moralis..." (Wittenberg 1672). Darin gibt er als erfahrener Praktiker Ratschläge, wie ein Richter sein Amt gehörig verwalten solle, und handelt über allerlei Sünden der Richter (und deren Verhütung).

Wichtig für unser Thema ist die 14 Seiten lange „Conclusio XV" mit der Überschrift: „Peccat iudex, qui peregrinis atque forensibus non aeque ut civibus ius dicit" — ein außergewöhnlicher Ausgangspunkt für kollisionsrechtliche Erwägungen.

Nach allgemeinen Ausführungen über die Fremden meint Ziegler in § 7, der Fremde müsse sich den Gesetzen des Vertragsortes beugen, wenn er mit einem Einheimischen kontrahiere.

Paktiere er jedoch mit einem Fremden gleicher Herkunft, genüge die Beachtung der gemeinsamen Heimatgesetze (!). Bei Fremden verschiedener Herkunft könne man den Streit nach „ius gentium" entscheiden. Für die Form gelte also in der Regel Ortsrecht (§ 10; nach Carpzov). Hierher zählt Ziegler auch das sächsische Statut, nach dem Ehefrauen nur zusammen mit einem Vormund kontrahieren können[249]. Warum aber, meint Ziegler (§ 11), soll eine fremde Frau mit einem Fremden nicht auch in Sachsen ohne Vormund Verträge schließen können? Im Heimatland der beiden Vertragspartner könne ein solcher Vertrag doch als wirksam angesehen werden, sie wollen ihre Sache ja gar nicht nach sächsischem Recht entschieden haben[250]!

In § 14 stellt es Ziegler noch einmal ausdrücklich in das Belieben der Fremden, welches Recht sie angewendet haben wollen, wenn sie miteinander Verträge schließen: „in arbitrio igitur est peregrinorum inter se contrahentium utrum ex statuti loci, ubi contrahunt, obligari et contractum suum diiudicari velint." Freilich sei meist Ortsrecht gewollt, und deshalb müßten es die Fremden gegebenenfalls ausschließen.

Damit löst sich Ziegler aus dem überkommenen Schema und lockert den Zwang, dem Ortsrecht unterworfen zu sein. Zwei Rechtsordnungen stellt er den Fremden zur Wahl: die des Handlungs- und die des Heimatortes beider — ein erster Schritt auf dem Wege zur kollisionsrechtlichen Verweisungsfreiheit[251].

---

[249] Hierzu und zum folgenden vgl. die Meinungen Carpzovs und Mevius' (oben S. 44, 46 und 47).

[250] Die Parteien haben kein Interesse, daß fremdes Recht angewendet werde (vgl. Kegel 29).

[251] Dessen Bedeutung freilich auch nicht überschätzt werden sollte; vgl. unten S. 55.

Entsprechend dieser freizügigen Auffassung läßt Ziegler abweichend von der „herrschenden Meinung“ für Testamente die Form des Heimatortes genügen (§§ 16 ff., insbesondere § 18). Weile der Erblasser einmal in der Fremde, verfüge er ja doch über seine auswärts (in der Heimat) belegenen Sachen meist zugunsten ebenfalls auswärts befindlicher Erben oder Vermächtnisnehmer: warum, fragt Ziegler, solle er sich dann ausschließlich den Gesetzen des Aufenthaltsortes unterordnen müssen? Der Fremde kann also zwischen Orts- und Wohnsitzformvorschriften wählen (§ 18).

In § 19 der conclusio XV tritt Ziegler der allgemeinen Meinung bei, daß ein formrichtig errichtetes Testament auch für auswärtige Güter gilt (Bezugnahme auf Mynsinger, Gaill, Joh. a Sande u. a.). Dem widerspreche auch nicht die Gebietbezogenheit der Statuten („localia“; § 20): nicht das Statut wirke ja hier auswärts, sondern der freie letzte Wille des Testators, der in gehöriger Ortsform erklärt worden sei[252].

Die nur territoriale Wirkung des bekannten filiusfamilias-Statuts bestätigt Ziegler in § 21; denn, so meint auch Ziegler, Sachstatuten und Verfügungsbeschränkungen könnten auswärts keine Wirkungen entfalten.

In den Fällen der Intestaterbfolge (§§ 27 ff.) dürfe der Nachlaß der Fremden nicht einfach, wie es schon vielfach üblich sei, anderen Fremden gegeben werden, sondern er müsse den legitimen Erben übermittelt werden. Wer das sei, bestimme sich nach allgemeiner Meinung für Immobilien nach Lagerecht, für Mobilien nach Wohnsitzrecht. Wenn einmal ein Magistrat fremde Erben nicht zur Erbfolge zulasse, treffe im entgegengesetzten Fall dessen Bürger die Vergeltung (ius retorsionis), worüber Ziegler in den §§ 29 ff. ausführlich handelt.

Den Unterschied zwischen Sach- und Personalstatuten im allgemeinen (principaliter in rem concepta — primario in personam ...) hat Ziegler in § 12 erwähnt: erstere binden hinsichtlich der inwärtigen Sachen auch Fremde, bei Personalstatuten dagegen seien die Fremden wesentlich freier, da seien sie nicht den Ortsgesetzen verhaftet.

Zum Strafrecht sagt Ziegler folgendes (§§ 34 ff.): Der Täter soll verurteilt werden von dem Richter des Deliktsortes; denn er hat dort öffentliches Recht verletzt und dadurch den Wächter der Gesetze, den Magistrat, zur Bestrafung „gereizt“ (provocat). Dabei solle der Richter sein eigenes Recht anwenden. In weitläufigen Ausführungen und offenbar unter Aufgabe einer früheren Meinung gibt Ziegler zu, daß auch der Richter des Ergreifungsortes zuständig sei. Auch er — und das ist wichtig für das Kollisionsrecht — müsse aber selbstverständlich das Recht des Deliktsortes anwenden, weil der Täter diesem Recht durch die Tat verbunden sei (insbesondere §§ 46, 47; nach Carpzov).

Den Ehebruch behandelt Ziegler gesondert (§ 48). Beispiel: Ein Leipziger bricht auswärts mit einer auswärtigen Frau seine Ehe. Das sei,

---

[252] Dem ist entgegenzuhalten: das Lagerecht könnte ja die Erklärung trotzdem für formnichtig halten.

meint Ziegler, eigentlich ein zweifacher Ehebruch: auswärts sei gehandelt, die Rechtsgutsverletzung hinsichtlich des ehelichen Bandes aber sei daheim eingetreten (delictum ... alterum, quo alienus violatur thorus, alterum, quo adulteri proprius). Sei nun der Ehebruch am Tatort nicht oder nur leicht strafbar, könne der Täter in Leipzig (nochmal) mit der schwereren (Todes-)Strafe belegt werden. Das „ne bis in idem" gelte ja nicht, wenn ein Delikt in verschiedenen Territorien begangen worden sei.

Für das Prozeßrecht schließlich vertritt Ziegler die allgemeine Meinung, daß für das Verfahren die lex fori gelte (§§ 49 ff.). Ziegler läßt sogar private Absprachen der Parteien über die Art einzelner Prozeßgeschäfte zu, nicht aber über das ganze Verfahren (§ 51).

Dies also hat Ziegler den Richtern für den Fall mit auf den Weg gegeben, daß an einem Prozeß Fremde beteiligt sind und die Frage der Anwendung eines anderen Rechtes auftaucht. Er belehrte die Richter mit praktischem Sinn, unorthodox und in einem klaren, einfachen, oft jedoch derben Stil. Deshalb wohl hat Christian Thomasius von einem „philosophus eximius, sed absque pedantismo ..."[253] gesprochen; Schaeffner[254] hat die conclusio XV — sicher zu hart — verurteilt: „Etwas Geschmackloseres läßt sich kaum denken." In der Folgezeit jedenfalls wurde Zieglers Beitrag zum Kollisionsrecht kaum beachtet; allein[255] Hert hat ihn sehr hochgeschätzt[256].

Für uns bleibt wichtig, daß Ziegler es in das Belieben fremder Vertragspartner gestellt hat, ob sie sich dem Ortsrecht unterwerfen wollen. Damit hat er wohl erstmals die Möglichkeit einer Entscheidung zwischen (zwei) verschiedenen Rechtsordnungen vertreten. Freilich handelt es sich dabei nicht um eine freie Wahl einer beliebigen Rechtsordnung, sondern einfach um den von ganz praktischem Sinn getragenen Gedanken: warum sollen wir Fremde zwingen, unser Recht zu beachten, wenn wir mit der Sache in Zukunft ohnehin nichts mehr zu tun haben? Zieglers Gedanken berechtigen also wohl nicht dazu, ihn den Begründer der kollisionsrechtlichen Verweisungsfreiheit zu nennen[257]. Beachtlich, weil Ansatzpunkt für die weitere Entwicklung, ist sein Gedanke dennoch.

SAMUEL PUFENDORF, 8. 1. 1632—26. 10. 1694[258], der aus einer sächsischen Pastorenfamilie stammende große Naturrechtler des 17. Jahrhunderts, gehört nur bedingt in die Darstellung der deutschen Kollisions-

[253] Nach Landsberg III. 1 Noten 29.

[254] A. a. O. (1841) S. 8.

[255] So auch Lainé I. 412 Anm. 2: „Hert seul lui donne cette importance."

[256] Vgl. unten S. 83, wo Hert Ziegler mit d'Argentré, Burgundus und Rodenburg als einen der bedeutendsten Kollisionsrechtler einstuft.

[257] Es geht hier wohl nur um eine Art materielle Verweisungsfreiheit; zu dem Unterschied zwischen beiden vgl. Gamillscheg 111.

[258] Wieacker 180 ff.; Erik Wolf, Große Rechtsdenker, S. 337 ff.; ders., Quellenbuch der deutschen Rechtswissenschaft, 177 ff.; Landsberg III. 1 Text 11 und Noten 5; auch Hazard, a. a. O., 319 f.

wissenschaft. Er stand nämlich, ähnlich Grotius, außerhalb der eigentlichen kollisionsrechtlichen Diskussion; gleichwohl befruchteten seine Gedanken in der Folge auch dieses Gebiet des Privatrechtes.

§ 23 cap. 12 Buch 5 seines Hauptwerkes „De iure naturae et gentium" von 1672[259] mit der Überschrift „Quid si diversae leges casu aliquo inter se collidi videantur?" hat nur scheinbar mit dem (räumlichen) Kollisionsrecht zu tun. Denn dort handelt Pufendorf in Anlehnung an Cicero[260] ausschließlich über die Fälle, in denen Gesetze desselben Gesetzgebers nicht gleichzeitig angewendet werden können. In diesen Fällen der „sachlichen Kollision" gehe, schreibt Pufendorf, das verbietende oder befehlende Gesetz dem erlaubenden vor (quod imperatur, necessarium, illud quod permittitur, voluntarium est), die fristgebundene Handlung müsse vor den übrigen erledigt werden, die positive Anordnung verdränge eine negative, die spezielle die allgemeine usw.[261].

Für das Thema „Räumliches Kollisionsrecht" ist jedoch interessant, aus welchem Grund Pufendorf[262] die Geschäftsfähigkeitsstatuten auch bei Geschäften mit Fremden (hinsichtlich des einheimischen Vertragspartners) für maßgeblich hält: „Non tam ideo, quod qui in aliquo loco contrahit, legibus loci tanquam subditus temporarius tantisper subjicietur[263]; quam quia actionem solet denegare civitas ex illis negotiis, quae ipsius legibus non sunt conformia." Der Grund für die Beachtung des Statuts soll also nicht eine zeitweilige Unterwerfung sein, sondern einfach die Tatsache, daß die Statutargewalt bei statutenwidrigen Geschäften keine Klage zusprechen würde.

Dasselbe meint Pufendorf für Vertragsabschlüsse per Brief: Auch hier habe sich keiner auch nur zeitweilig einer anderen Staatsgewalt unterworfen, gleichwohl werde der Vertrag nach Zivilrecht beurteilt, wenn es zu einem Rechtsstreit komme (si tamen eius fori subsidio uti velit, ad leges civiles negotium erit componendum). Selbst wenn zwei aus derselben Gemeinde auf hoher See oder auf einer verlassenen Insel miteinander kontrahierten, werde, wenn es zu einem Rechtsstreit komme, Zivilrecht angewandt.

Bei alledem scheint Pufendorf die „lex fori" für maßgeblich zu halten; ausdrücklich befaßt er sich nur mit der Abgrenzung gegenüber dem Naturrecht (das Grotius in diesen Fällen angewendet hatte); über die Frage, welches der verschiedenen möglichen Zivilrechte maßgeblich sein sollte, sagt er auch hier nichts.

---

[259] Das lange Jahre in Mitteleuropa zur Schullektüre gehörte; so Thieme, a. a. O., S. 14.

[260] De inventibus lib. 2.

[261] Vgl. Hert (unten S. 82), der sich bei diesem Thema auf Pufendorf stützt.

[262] Lib. 3 cap. 6 § 5.

[263] Dafür läge auch gar kein Anlaß vor, denn nicht die Geschäftsfähigkeit des Fremden, sondern die des einheimischen Vertragspartners wird nach dem Statutarrecht beurteilt.

SAMUEL STRYK, 22. 11. 1640—23. 7. 1710[264], der berühmteste Repräsentant des „usus modernus pandectarum", von dem der „stärkste Anstoß für die Ausbildung eines deutschen Privatrechtes" ausgegangen sein soll[265], hat auch für das deutsche Kollisionsrecht einen bemerkenswerten Beitrag geleistet.

Nach dem Studium der Philosophie und Theologie hatte sich Stryk in Wittenberg und Frankfurt/Oder der Jurisprudenz gewidmet. Er hörte u. a. bei Ziegler und bei seinem späteren Schwiegervater Brunnemann[266]. 1672 übernahm er dessen Frankfurter Lehrstuhl. Später wirkte Stryk gleichzeitig mit Christian Thomasius (1655—1728) in Halle, wo er die neugegründete Universität als Rektor und Senator bedeutend förderte. Stryks Sohn Johann Samuel (1668—1715) wurde ebenfalls ein berühmter Jurist.

In dem umfangreichen schriftstellerischen Werk Stryks[267] finden wir kollisionsrechtliche Erörterungen in Abhandlungen über die Intestaterbfolge und über die Staatsgewalt außerhalb des Territoriums.

1. Samuel Stryks „Tractatus de successione ab intestato" war eine berühmte Sammlung mehrerer „dissertationes".

Im vierten Kapitel der dissertatio I — „De successione descedentium" — wird die statutarische Intestaterbfolge abgehandelt: Statutarrecht könne, sagt Stryk, das gemeine Recht derogieren; ob es im Einzelfall derogiere, richte sich nach der Art des Nachlaßgegenstandes: Immobilien nach Lagerecht, Mobilien und Rechte nach Wohnsitzrecht.

In der dissertatio VI — „De successione ex iure retractus" — rechnet Stryk das Vor- und Wiederverkaufsrecht der verwandten Erben zu den Sachstatuten und läßt mit Tiraquel, Reinking und Christijnen auch auswärtige Verwandte zum Wieder- und Vorkauf zu[268].

2. 1676 entstand die „Disputatio de Jure Principis extra territorium"[269], die sich ausführlich mit kollisionsrechtlichen Fragen befaßt und dabei interessante Parallelen zu Paul Voets Arbeit und Gedanken aufweist, ohne daß eine unmittelbare Abhängigkeit festzustellen wäre.

Wie schon die Überschrift verheißt, handelt Stryk die Gesetzeskollisionen hier unter dem Blickwinkel des Wirkungsbereiches hoheitlicher Gewalt in auswärtigen Gebieten ab. Sein Grundsatz: Die Herrschergewalt endet an den Grenzen ihres Territoriums. Neben den anderen Ausdrucksformen dieser Gewalt gelten also auch die Gesetze nicht außerhalb, „ex

---

264 Landsberg III. 1 Text 64 ff. und Noten 39.

265 Merzbacher im Bericht eines Referates von Schubart-Fikentscher, JZ 59, 186.

266 Über ihn s. oben S. 50 f.

267 Über 300 Dissertationen in 15 Folianten; Stintzing-Landsberg II. 27.

268 Hert übernahm diese Stelle in E 52; Näheres vgl. dort (unten S. 139).

269 Respondent Otto Henrich Lib. Bar. a Friesen (dazu vgl. unten S. 73 ff.).

ratione, quod ordinarie simul et semel duo et diversi principes de territorio eiusque juribus non investiantur"[270] — eine recht plausible Begründung. In Kapitel III handelt Stryk dann „de effectu legum principis et statutorum extra territorium"; denn, so meint Stryk, er wolle ja nicht ausschließen, daß manchmal gesetzliche Vorschriften, wenn auch nicht direkt, so doch indirekt ihre Wirkung in auswärtige Gebiete ausstrahlen könnten (si non directe, per indirectum in aliena extendere territoria), cap. III n. 8.

Dazu nennt Stryk zunächst die übliche Einteilung der Statuten in „realia" und „personalia" (vel in rem vel in personam concepta), er erwähnt auch die italienische Einteilung in „odiosa" und „favorabilia", nach der es sich richte, ob ein Statut restriktiv oder extensiv anzuwenden sei, n. 12—16. Bei diesen „generalia", wie er sie nennt, hält sich Stryk jedoch nicht lange auf und geht schon bei n. 17 zu den strittigeren „specialioria" über, zu den Verträgen, letztwilligen Verfügungen und Delikten. Dazu führt er aus:

a) Bei den *contracta* (n. 18 ff.) sind die Formen des Abschlußortes zu beachten: so brauche ein Florentiner, der in Rom einen Vertrag schließe, gemäß dem dort geltenden Recht keine Form zu beachten; denn: „Quandocunque de solennitatibus disputatio incidit, statuta loci contractus, non judicii erunt attendenda." Grund: Man unterwerfe sich der dortigen Gerichtsbarkeit, und außerdem werde der Akt dort wirksam, wo man ihn schließe.

Mit dieser allgemeinen Begründung begnügt sich Stryk jedoch nicht: „Possemus paulo altius hanc rem ... repetere ...[271] et excurrere ad qualitatem ac conditionem subditorum temporariorum", n. 25. Wer sich in einem anderen Lande aufhalte, könne doch von dessen Herrscher in bestimmten Notfällen (inevitabilis necessitas) verpflichtet und belastet werden[272]; deshalb könne er auch an den Vorteilen teilhaben, eben z. B. an den Formerleichterungen des Gebietes. Aus dieser, an das gemeinrechtliche „Cuius periculum, eius est commodum" erinnernden These schließt Stryk auf die Gültigkeit der Ortsform: wenn ein Vertrag nach Ortsrecht gültig ist, kann er doch nicht anderswo ungültig sein.

Der Frage nach dem Grund für die damit nur behauptete Anerkennung der Ortsform durch Auswärtige entzieht sich Stryk nicht; er schreibt: „Si ergo secundum illius loci leges contractum quis celebravit validum, mutua illa, quae inter diversas Respublicas intercedit, necessitudo non admittit, ut, quod alibi ex civili etiam ratione justum, hic mox injustum pronuncietur, praesertim si in huius Reipubl. detrimentum non vergat."

Mit diesem Detail seiner Arbeit hat Stryk für das deutsche Kollisionsrecht einen interessanten Beitrag geleistet. Denn er hat hier ein Thema

[270] Cap. I n. 14.

[271] Zu dieser Wendung vgl. unten S. 84 f.

[272] Gedacht ist wohl an polizeiliche Pflichten, Zoll und Steuern.

erörtert, das wir sonst nur bei den Niederländern seiner Zeit behandelt finden: den Grund für die extraterritoriale Anerkennung der (Form)-Statuten.

Stryk nennt als Grund eine *„mutua necessitudo“* zwischen den einzelnen Gemeinwesen. Das Substantiv „necessitudo“ steht hier sicher in dem ursprünglichen Sinn für das „Pflichtverhältnis zwischen Verwandten, Freunden, Schutzverbundenen, für deren enge Verbindung und Beziehung, Freundschaft oder Verwandtschaft“[273] und ähnelt der „comitas“ Paul Voets viel mehr, als wenn „necessitudo“ etwa gleich „necessitas“ gesetzt und als „unausweichliche Zwangslage“ verstanden würde[274]. „Mutuus“ bedeutet ursprünglich „auf Tausch gegeben, geborgt, geliehen“; daraus hat sich „gegen- oder wechselseitig“ entwickelt, dem ja noch die frühere Bedeutung des „do-ut-des“ innewohnt[275]. Die Anerkennung ausländischen Statutarrechtes, die sich in der Achtung nach ausländischem Recht geschlossener Rechtsgeschäfte zeigt, ist also nach Stryk die Folge der wechselseitigen Achtung und Verbundenheit.

Die Verwandtschaft dieses Gedankens mit den Ausführungen Paul Voets legt die Frage nahe, ob Stryk dessen 15 Jahre zuvor entstandene Abhandlung gekannt hat. Leider ist das nicht mit Sicherheit festzustellen; zitiert hat Stryk die Arbeit Voets jedenfalls nicht. Selbst wenn aber Voets Gedanken mittelbar auf Stryk gekommen sein sollten, bliebe doch sein Verdienst, als einziger Deutscher seiner Zeit die Frage nach dem Anerkennungs g r u n d ausdrücklich gestellt und (mit einer neuen Nuance) beantwortet zu haben.—

Die Prozeßordnung, so fährt Stryk fort (n. 31 ff.), richte sich nach dem Gerichtsort: „Quotiescunque circa iudicii ordinationem controvertitur, statuta loci iudicii ... introspiciantur“ (n. 33). Bei der materiellen Prüfung (litis decisio) soll für die „ex postfacto“ entstandenen Rechtsfolgen z. B. das Recht des Ortes gelten, „ubi mora contracta seu etiam statuta loci iudicii“ (!), n. 45.

Auch im Dotal- und Ehegüterrecht folgt Stryk der weit überwiegenden Meinung: Es gelte Manneswohnsitzrecht mit Wirkung auch auf auswärtige Güter (n. 47 ff.), da solche Statuten „favorabilia“ seien. Der Ausschluß der verheirateten Tochter von der Erbfolge verdiene diese Außenwirkung dagegen nicht: „odiosa stricte accipienda.“ Die bartolinische Terminologie war also bei Stryk sehr lebendig! Seine Meinung legte es in das Ermessen des Richters, ob er ein auswärtiges Statut anwenden wollte: klassifizierte

---

[273] Reinhold Klotz, Handwörterbuch der lateinischen Sprache, Braunschweig 1862, Stichwort.

[274] So hatte „necessitas“ bei Rodenburg noch die „aus der Lage der Dinge notwendig folgende Zwangsläufigkeit“ bedeutet (s. oben S. 21); ähnlich noch Wächter (!) in AcP 25, 364 Anm. 347, wo er von einer „äußeren Notwendigkeit“ für die Beachtung einer auswärtigen lex situs spricht.

[275] Vgl. auch die „mutua comitas“ Johann Voets; oben S. 31.

er es als „odios“, so brauchte er es nicht anzuwenden, und umgekehrt: wollte er es nicht anwenden, dann klassifizierte er es als „odios“[276].

b) Nach längeren Erörterungen über Hypotheken kommt Stryk auf das Erbrecht zu sprechen (n. 121 ff.): Ein nach Ortsform einwandfreies Testament gilt auch für auswärtige Grundstücke, „cum statutum tale (das z. B. weniger als die gemeinrechtlichen sieben Zeugen verlangt) ... non nisi solennitatem aliquam a Jure Communi introductam immutaverit (n. 125) ... et se ad bona extraterritorialia non immediate et directe, sed mediate et per consequentiam quandam (!) extendat“ (n. 128).

Eine extraterritoriale Wirkung des bekannten filiusfamilias-Statutes lehnt Stryk ab. Denn die Unterwerfung des filiusfamilias unter das Statutarrecht, die allein die vom gemeinen Recht negierte Testierfähigkeit tragen könnte, ende an den Grenzen des betreffenden Territoriums (n. 135/136). Für die auswärtigen Güter trete also gegebenenfalls Intestaterbfolge ein. Dann entscheide sich der Erbgang für Immobilien nach der „lex situs“, für Mobilien und Rechte nach der „lex domicilii“, „cum mobilia in certo loco sita esse non dicantur, sed potius personam sequuntur.“

Bei der Erwähnung des Englischen Erbstatuts schließt sich Stryk — was zu seiner Zeit ungewöhnlich war — Bartolus' Wortinterpretation an: die Formulierung „bona ... veniant“ oder „primogenitus ... succedat“ entscheide den Wirkungskreis. Dabei stützt sich Stryk auf Tusch[277] und schreibt: „melius cum Bartolo verba Statuti accurate omnino inspicienda credimus.“

c) Zum Abschluß dieses dritten Kapitels wendet sich Stryk den Delikten zu (n. 174 ff.). Hauptfrage: Kann ein Fremder für eine hier begangene Straftat hier bestraft werden? Der Meinung der anderen — der Delinquent unterwerfe sich am Tatort der Gerichtsbarkeit — widerspricht Stryk; denn an sich müßte der Täter zu dem Richter ausgeliefert werden, dessen Jurisdiktion er unterworfen sei[278]. Der Delinquent müsse jedoch deshalb den Richter des Tatortes anerkennen, weil er beim Eintritt in das fremde Gebiet mit dem dortigen Staat sozusagen einen Vertrag geschlossen habe, nach dem er nicht zu delinquieren verspreche — wodurch Stryk dem Delikt den Charakter einer Vertragsverletzung verleiht! Außerdem stützt sich Stryk auf eine „lex lata“[279], in der Paulus entschieden hat, daß der „praeses provinciae ... habet interdum imperium et adversus extraneos homines, si quid manu commiserint“, da er die Provinz von Übeltätern sauberhalten müsse, gleich woher sie stammten.

Bei der Frage nach Strafart und Strafmaß unterscheidet Stryk, ob das

---

276 Diese Rechtsunsicherheit betont auch Gamillscheg 95.

277 1534—1620, römischer Kardinal, der „Conclusiones iuris practicae“ schrieb.

278 „Cum forum ibi haud sortiatur, sed potius remittendus est ad Judicem, cuius Jurisdictioni subest“ (gemeint ist wohl der Richter des Wohnsitzes).

279 D. 1. 18. 3.

im Statut mit Strafe bedrohte Delikt auch nach gemeinem Recht strafbar ist oder nicht. Im ersten Fall erfällt Strafe nach gemeinem Recht oder nach dem Statut, wenn es für das Delikt eine andere Strafe androht, es sei denn, der Täter kenne die statutarische Strafe nicht. Das führt Stryk am Beispiel des Ehebruchs durch, der nach gemeinem Recht strafbar war mit „fustigatio cum relegatione perpetua"[280], nach dem Recht der Mark Brandenburg nur mit Ausweisung und Geldstrafe und nach Sächsischem Recht mit Todesstrafe (n. 182 ff.). Auch wenn eine Handlung nur nach Statutarrecht strafbar sei, müsse der fremde Täter bestraft werden, weil sonst den Einwohnern schlechte Beispiele gegeben würden (!); entschuldbare Unkenntnis macht jedoch straflos (n. 189 ff.).

Soweit die Schilderung der Ausführungen Stryks. Er ging von der Dreiteilung der Statuten aus, beschäftigte sich jedoch nur kurz mit den Personal- und den Sachstatuten und konnte sich so mit voller Kraft den umstrittenen Handlungsstatuten zuwenden, deren Behandlung (als extraterritorial wirksam) mit seiner These, daß die Staatsgewalt an den Grenzen ende, am stärksten kollidierte. Bemerkenswert war die Lösung des Problems mit der von ihm sogenannten „mutua necessitudo", der freundschaftlichen Beziehung zwischen den Gemeinwesen — für die deutsche Lehre seiner Zeit eine Einzelerscheinung. Beachtet man diesen wertvollen Ansatzpunkt für die Beantwortung der Frage nach dem Geltungsgrund, so stellt sich Stryks Arbeit[281] als ein gewisser Meilenstein in der Entwicklung des Kollisionsrechtes dar, der es nicht verdient, so wenig wie bisher[282] beachtet zu werden.

IV. Heinrich von Cocceji

HEINRICH VON COCCEJI, 2. 2. 1644—18. 8. 1719[283], war der letzte deutsche Wissenschaftler, der vor Hert über das Kollisionsrecht ausführlich geschrieben hat. Damit ist angedeutet, was eingehende Analyse bestätigt: Coccejis Arbeit hat Johan Nikolaus Herts Abhandlung, die vier Jahre nach Coccejis entstand, in vielem stark befruchtet. Da außerdem beide, Cocceji und Hert, zu Recht als die Hauptträger der deutschen Statutentheorie des 17. Jahrhunderts gelten, ist nun über Cocceji etwas ausführlicher zu handeln.

---

[280] „Auspeitschung und Verbannung auf Dauer".

[281] Unbeschadet mancher „Rückfälle" in die bartolinische Lehre, die ihm, dem großen Pandektisten und Romanisten, kaum „vorgeworfen" werden können. Möglicherweise wird eine gründliche Untersuchung ergeben, daß er ein später „Bartolist" ist!

[282] Gutzwiller 329 Anm. 1 erwähnt die Arbeit, ebenso Wächter a. a. O. pass. — Die allgemeine Nichtbeachtung hat ihren Grund wohl darin, daß die deutsche Statutenlehre einen anderen Weg ging, nämlich den von Cocceji und Hert vorgezeichneten.

[283] Gutzwiller 313 und 329 f.; ders. IPR 1525; Wächter AcP 24, 281 Anm. 101; Landsberg III. 1 Text 112 und Noten 65.

Heinrich Cocceji wurde am 2. 2. 1644[284] in Bremen geboren, studierte ab 1667 in Leiden und ging drei Jahre später nach London, wo er auch die Kollegien des Staatsmannes und Dichters Roger Boyle besuchte. 1671 wurde Cocceji in Heidelberg „Professor iuris naturae et gentium" und damit Nachfolger Pufendorfs. Nach der Übergabe der Pfalz an die Franzosen floh Cocceji nach Württemberg, ging von dort aus nach Utrecht (1688) und kurze Zeit später nach Frankfurt/Oder (1690). Cocceji war außerdem ein vielgesuchter Ratgeber höchster Staatsstellen. Wegen seiner Verdienste adelte ihn Kaiser Karl VI. 1712. Sein 1679 geborener dritter Sohn Samuel trug später zur Verbreitung der wissenschaftlichen Meinungen seines Vaters bei und wurde als Preussischer Staatsminister und als Großkanzler Friedrichs des Großen bekannt[285].

Heinrich v. Cocceji hat viele Schriften vorwiegend staatsrechtlichen Inhaltes verfaßt. Hervorzuheben ist die „Juris publici prudentia" von 1695; auch gab Cocceji Grotius' „Ius belli ac pacis" kommentiert heraus. Bei seiner Arbeit ging Cocceji vom Primat des Naturrechts aus, das ebenso wie Obrigkeit, Gesetz und Staat für ihn auf göttlicher Gestattung und Ordnung beruhte[286].

1684 entstand in Heidelberg unter Mitwirkung des Respondenten[287] Lubertus Erewinus Iconius die „Disputatio de fundata in territorio et plurium locorum concurrente potestate"[288], die, staatsrechtlich fundiert, eingehende kollisionsrechtliche Gedankengänge enthält.

In einer kurzen Einleitung führt Cocceji den Leser in das Thema der Arbeit ein: Wenn einmal Bürger oder Untergebene anderswo handeln, Vermögensstücke haben oder sterben, entsteht die Frage nach den anzuwendenden Gesetzen (... dubiteturque cuius loci iura, onera, statutaque, si forte varia ac diversa sint, ea in re observari oporteat, et quae cuiusque loci Magistratus potestas cum ratione personarum earumque actuum, tum ratione rerum seu bonorum obtineat). Im alten Rom seien solche Überlegungen gar nicht notwendig gewesen; deshalb müsse man, was mit dem „ius civile" nicht zu entscheiden sei, mit Hilfe des „ius gentium" lösen.

In Titel I des danach beginnenden Hauptteiles „De potestati seu Iurisdictionis natura in genere" schreibt Cocceji, die „potestas superiorum"

---

[284] Dieses Geburtsdatum weist Landsberg a. a. O. als das richtige nach (sonst wird oft der 25. 3. 1644 genannt).

[285] Die Berühmtheit des Sohnes gab Anlaß zu mancher Verwechslung: Raape 4 (1955) S. 156 gibt Samuels Geburtsdaten als die des (wohl gemeinten) Heinrich an; Gamillscheg (167 Anm. 18) schreibt, Hert habe unter Samuels Einfluß gestanden; der aber war eben 9 Jahre alt (1688).

[286] Vgl. Landsberg III. 1 Text 113.

[287] Über das Dissertationenwesen im 17. Jh. s. unten S. 73 ff.

[288] Veröffentlicht in seinen „Exercitationes curiosae" als dissertatio Nr. 54. Verf. benutzte die Ausgabe von 1722 (Lemgow); dort S. 680—745; Kritik bei Wächter AcP 24, 281 Anm. 101.

trete einmal als Recht im eigentlichen Sinne, zum anderen als Verwaltung auf. Cocceji erläutert die Grade der Unterwerfung, den Stand des Adels und die verschiedenen Formen der Privilegierung.

In Titel II geht Cocceji auf die Frage des Wirkungsbereiches der potestas über: „Potestatem ac iurisdictionem illiam ... inhaerere ipsi territorio, omnibusque eius partibus, rebus item ac personis eo comprehensis, tralatitium est atque vulgatissimum."

Den ersten Paragraphen dieses tit. II beschließt Cocceji mit einer wichtigen Regel über den Machtbereich der staatlichen Verwaltung, auf die er im folgenden mehrfach Bezug nimmt; sie lautet:

„Magistratus in alieno territorio nihil, quod Magistratus est, agere, statuere, non ius dare, non legem praescribere, non onus injungere: in suo autem omnia cum in personas earumque actus, tum in res ac bona juri convenienter possit, et generaliter officium commune Magistratus ac ius gentium, circa ea quoque, quae alibi sunt ve fiunt, dummodo alteri territorio nihil praeiudicet, exequi queat[288a]."

Aus dieser Regel zieht Cocceji folgende Schlüsse:

1. Der potestas sind alle unterworfen, die im Gebiet ihren festen Wohnsitz haben, auch wenn sie sich zeitweilig auswärts befinden (§ 2).

2. Der potestas sind alle Immobilien und alle aufgefundenen (comprehensa) oder an den Ort festgelegten Mobilien unterworfen (§ 4).

3. Die Staatsgewalt erstreckt sich auch auf Fremde (advenae), „quia, dum ibi sunt, intra potestatis illius terminos sunt, eaque continentur"; was sie handeln — kontrahieren oder delinquieren —, unterliegt der Ortsgewalt (§ 6). Freilich dürfe man Durchreisenden (transeuntes) keine öffentlichen Lasten auferlegen, denn ihnen sei durch „ius gentium" freie Durchreise gewährleistet; gleichwohl gelte für ihre Verträge und Delikte das Ortsrecht (§ 7).

Auch Cocceji bringt für diese Behauptung der zeitweiligen Unterwerfung keine Begründung. Offenbar war Grotius' diesbezügliche Meinung[289] schon allgemein anerkannt.

4. Hier wiederholt Cocceji die gleiche Meinung für Sachen, die sich zufällig und auf Zeit in einem Gebiet befinden: „ius temporarium" für diese Zeit (§ 8).

5. Auch die Gesandten (legati) mit Begleitung sowie Sachen unterliegen unbeschadet ihrer Unverletzlichkeit grundsätzlich der Staatsgewalt: darüber handelt Cocceji weitläufig (§ 10).

6. Der Princeps selbst ist in einem anderen Land ein Privatmann, unbeschadet der ihm dort zuteil werdenden Ehrungen (!; § 12).

7. Die potestas erstreckt sich auch auf die Verwandten des Princeps und schließlich

---

[288a] Der letzte Halbsatz ist besonders bemerkenswert: durch ihn setzt Cocceji der „Extraterritorialität" eine Grenze für den Fall, daß dem auswärtigen Staat etwas präjudiziert wird.

[289] Siehe oben S. 16.

8. auch auf die fremden Heere und deren Führer, die sich in einem befreundeten Lande aufhalten (§ 14).

Fundament der Lehre Coccejis ist also der Umfang der Staatsgewalt und der damit korrespondierenden Unterwerfung.

Über 14 Seiten hinweg erörtert Cocceji dann in tit. III die „potestas in clericos". Geistliche seien ungeheuer vielen Gesetzen verpflichtet: Naturrecht, ius divinum vetus et novum, ius gentium, ius civile, ius canonicum und ein halbes Dutzend mehr. Schließlich sagt Cocceji (§ 26), fest stehe jedenfalls, „sub potestate civili, . . . etiam Clericos contineri".

In tit. IV nimmt Cocceji den allgemeinen Gedankengang wieder auf: Es sei nicht schwer zu entscheiden, wessen Recht und Staatsgewalt zum Zuge komme, „si duorum vel plurium forte iura concurrant"; das wolle er sogleich am Beispiel der Zuständigkeitsregeln demonstrieren (idque in foro competente primum tentabimus[290]). Zuständig sei vor allem *der* Richter, unter dessen Gerichtsbarkeit sich der Schuldner-Beklagte befinde[291]: „Actor enim ultro adit iudicem, ut non opus in eum sit aliqua potestate, cum eam sponte subeat. At reus invitus respondet." Eine interessante Begründung für die altüberkommene Zuständigkeitsregel!

In tit. V kommt Cocceji auf die Kollision materiellrechtlicher Normen zu sprechen:

Ebenso leicht wie der Gerichtsstand könne das anzuwendende materielle Gesetz ermittelt werden (§ 1). Freilich reiche dazu die übliche Dreiteilung der Gesetze nicht aus (neque vero sufficiens, qua dominidoctores utuntur, distinctio statutorum in personalia, realia et mixta, neque in plurimis vera). Die Fehler dieser Herren Kollegen wolle er aber gar nicht erst aufzählen; das würde zu lange dauern und sei auch nicht nötig: „cum verarum rationum apparentia, vitia reliquarum facile et ostendat et diluat."

Dieser Abscheu und die Verachtung Coccejis für die Dreiteilung und ihre Vertreter hindert ihn jedoch nicht, in unmittelbarem Anschluß hieran zu schreiben (§ 2): „Zuerst ist im ganzen Statutenrecht dreierlei zu unterscheiden, worüber etwas gesetzlich bestimmt werde: die Person selbst, Handlungen und Sachen; quia omne ius constituitur vel de persona vel de personae actibus aut rebus" — ein Satz, dem wir schon bei Baldus, Rodenburg und in D. 1. 5. 1 begegnet sind. „Da aber nun", fährt Cocceji fort, „die genannten Dinge an verschiedenen Orten sein könnten, müsse man feststellen, unter welchen Ortes Gewalt sie sich befänden; denn *dessen* Gesetz und Statut müsse man nach der obengenannten Regel folgen." Nun zieht Cocceji den entscheidenden kollisionsrechtlichen Schluß (§ 3):

---

[290] Cocceji meint hier nicht, daß die Kollisionsfrage zugunsten der lex fori entschieden werden soll, sondern einfach: das erste Beispiel sollen die konkurrierenden Zuständigkeitsregeln abgeben. Sehr glücklich ist die Wahl dieser Normen als Ausgangsbeispiel nicht, denn sie könnte zu Mißverständnissen Anlaß geben.

[291] Weitere Gerichtsstände: Vertrags-, Deliktsort, Lageort (bestr.) u. a.

„Si statuta varie de sola persona, eiusve qualitate, statu, conditione etc., disponunt, attendetur statutum loci domicilii;
si insuper (!) de eius actu, statutum loci, ubi actum est;
si praeterea (!) ad res quoque pertinet, statutum loci rei sitae."

Cocceji stuft also die Kollisionsregeln untereinander ab. Dabei räumt er, dem durch die äußere Reihenfolge verursachten Schein zuwider, der lex situs das Prae ein.

Seine Grundsätze führt Cocceji am Beispiel des filiusfamilias durch: sofern (si) es nur um das Recht der Person selbst gehe, etwa um die Frage, ob der Sohn noch in der patriapotestas stehe, auch wenn er schon volljährig sei, gelte Wohnsitzrecht; wenn es allein um die Form eines Aktes gehe, sei maßgebend das Recht des Abschlußortes; wenn es aber um Nachlaßsachen gehe und nicht nur um die Form, z. B. um die Frage, ob das Testament über Lehen oder Grundstücke gültig sei, oder auch nur darum, ob der filiusfamilias testieren könne (!), so werde das auf Grund des Statutes des Lageortes entschieden, denn dann handele es sich um Sachen, „quia testamentum est dispositio de rebus". Ebenso, nach der lex situs, will Cocceji die allgemeine Verfügungsbefugnis des filiusfamilias behandelt haben.

In der Folge bringt Cocceji eine eingehende Stellungnahme zu den einzelnen sachlichen Gruppen der Rechtsordnung. Dabei versucht er in der Tat nicht, mit zwei/drei Kategorien auszukommen:

Tit. V § 6 behandelt das Personenrecht: „Quoties de ipsa persona ... agitur, totum hoc pendet a potestate vel statutis eius loci. ubi domicilium habet." In dieser Regel hat die Sprachverwirrung der Statutisten keinen Niederschlag gefunden[292]!

So gilt der vom zuständigen Herrscher als ehelich Legitimierte überall als ehelich, es sei denn, es handle sich um auswärtige Grundstücke (§ 7).

In tit. VI „De poenis" entscheidet sich Cocceji mit der „communissima sententia Dd." für das Recht des Tatortes. Begründung: am Aufenthaltsort sei man auf Zeit unterworfen. Man vergehe sich, wenn man gegen das dortige Gesetz handele. Deshalb verdiene man die dort festgesetzte Strafe. Ausnahme: entschuldbare Unkenntnis des Statuts. Wenn ein Delikt hier begonnen und dort vollendet werde, treffe den Täter nur eine Strafe. Habe er schon die leichtere Strafe (an dem einen Ort) erlitten, könne jedoch die Strafe an dem anderen Ort mit dem schwereren Strafrahmen aufgefüllt werden, was ja bei Geldstrafen besonders leicht möglich sei (!; § 4).

Tit. VII enthält weitere kollisionsrechtliche Erwägungen über eine Reihe von privatrechtlichen Instituten. Coccejis Lösung in Stichworten: Testamentsform nach Errichtungsort (n. 1); Fragen der Erbfolge selbst nach der lex situs (n. 4), weil derartige Statuten über Sachen und deren Disposition handelten.

Bei Verträgen, restitutio in integrum, Verjährung, Regelung der Ver-

---

[292] Darüber s. unten S. 100.

fügungsbefugnis ist das Recht des Vertragsortes maßgeblich; zwingende Ausnahme: bei Immobilien gilt immer die lex situs.

Bei n. 17 bringt Cocceji (zum dritten Mal) die filiusfamilias-Testiererlaubnis, diesmal auf Grund des entsprechenden Padua-Statutes (nach Franchis, a. a. O., dec. n. 546). Das Statut erlaubt auch nach Cocceji nur Testierungen über Grundstücke, die im Geltungsbereich des Statuts liegen. Cocceji entscheidet sich also ganz klar für die strenge Territorialität und Sachbezogenheit eines solchen Statuts. Etwas anderes sei es, fährt Cocceji fort, wenn eine *filia*familias „sui iuris" werde: die könne über alle Sachen verfügen, „quia haec consuetudo generalis est per universum Imperium, ut filiaefamilias nubendo sui iuris fiant". Gelte an einem Ort jedoch nur das gemeine Recht, so daß die Tochter durch Heirat dort nicht aus der patriapotestas ausscheide, so sei eben das Testament hinsichtlich der dort belegenen Sachen nicht wirksam, auch wenn Franchis anderer Meinung zu sein scheine. Cocceji entscheidet also seiner Ankündigung und dem ersten Anschein zuwider auch hier zugunsten der territorialen Wirkung[293]!

Weiter will Cocceji nach der Regel „Form nach Handlungsort, im übrigen Lagerecht" folgende Sachgebiete behandelt wissen (n. 19 ff.): die aditio hereditatis, Schenkungen zwischen Ehegatten, die Bestimmung, daß Eltern all ihre Sachen an ihre Kinder verteilen können, Ausschluß der (ausgesteuerten) Tochter von der Erbfolge, Errichtung eines Inventars u. a. m.

Für die Anwendung der „lex loci contractus" nennt Cocceji übrigens eine originelle Einschränkung (n. 22 ff.): wenn die Handlung einen auf die Dauer gerichteten Zweck habe, seien für die persönlichen Möglichkeiten die Wohnsitzgesetze heranzuziehen: so nütze einem Christen das Mohammedanische Statut der Zulassung der Bigamie auch dann nichts, wenn er in der Türkei heirate. Die Frage, ob er es könnte, wenn er dort seinen Wohnsitz hätte — Hinderung möglicherweise durch Naturrecht (!) —, läßt Cocceji offen. Freilich dürfe man eine auswärts gültig geschlossene bigamische Ehe nicht aufheben, auch wenn sie hier nicht geschlossen werden dürfte. Ausnahme von alledem: die reinen Formvorschriften sind die des Eheschließungsortes, da sie sich nicht „ad totam matrimonii causam" bezögen.

In tit. VIII behandelt Cocceji ausführlich die Intestaterbfolge. Zwischen den drei in Erwägung gezogenen Gesetzen — Sterbeort, Wohnsitz des Erblassers und Lageort der Sachen — entscheidet sich Cocceji in der überkommenen Weise: Immobilien werden nach Lagerecht vererbt; das Wohnsitzrecht ändere diese Regel nicht ab, weil die auswärtigen Immobilien eben der Staatsgewalt des Wohnsitzortes nicht unterworfen seien (§ 3). Die Mobilien dagegen vererben sich nach Wohnsitzrecht. Über die äußere Abweichung zu seiner Grundregel setzt sich Cocceji mit der

---

[293] Zum Ganzen vgl. unten S. 112 ff., wo der gleiche Fall ausführlich erörtert wird (Hert E 12 und 7).

Überlegung hinweg, daß ja auch hier in Wirklichkeit die lex situs angewendet werde; denn grundsätzlich befänden sich ja die Mobilien am Wohnsitz des Erblassers. Auch wenn sich ein Teil der Sachen auswärts befinde (z. B. was der auswärts Sterbende bei sich habe), nehme man zur Vereinheitlichung der Erbfolge das Wohnsitzrecht. Die kurzzeitige Unterwerfung am Aufenthaltsort könne ohnehin nicht das Dauerrecht (!) der Erbfolge tragen (§§ 4/5). Auch „nomina et iura" gehen nach Wohnsitzrecht über, weil sie der Person des Verstorbenen anhängen (§ 7).

Tit. IX handelt von den öffentlichen Lasten. Die Lösung, meint Cocceji, sei klar: die „onera" würden entweder Personen aufgegeben (personalia onera) oder Handlungen (solche „momentaria onera" treffen auch die Fremden) oder Sachen (Grundsteuern und andere „onera realia"). Je nach dieser Klassifizierung dürfe der jeweilige Machthaber die öffentliche Last auferlegen.

Im letzten Abschnitt, tit. X, handelt Cocceji von den verschiedenen Werten, Maßen und Gewichten. Der Inhalt der Leistung bestimme sich nach dem Recht des Übergabeortes: „Dicimus igitur pro regula: quod eius loci aestimatio inspicienda sit, ubi res ipsa tradi debuit" (§ 2). Die gleiche Entscheidung zugunsten des Leistungsortes trifft Cocceji bei der Frage nach dem richtigen Zahlungsmittel; „Ausnahme", wenn in der Vertragsurkunde ein Zahlungsmittel genannt ist (z. B. „denarii"), das an den verschiedenen Orten verschiedenen Wert habe; dann gelte der Wert des Vertragsortes (§ 14)[294].

Damit schließt Cocceji seine 65 Druckseiten lange Abhandlung: „Haec hactenus satis. Ex quibus apparet, quanta iurium decisionumque varietas ex uno potestatis in loco fundatae principio pendeat" — womit die Verbindung zur Überschrift hergestellt ist.

Cocceji war in erster Linie Staatsrechtler. Deshalb ist es nicht verwunderlich, daß er zu kollisionsrechtlichen Gedanken durch die Frage nach dem Umfang und der Art der Staatsgewalt gekommen ist. Auch für ihn waren wohl die kollisionsrechtlichen Ergebnisse ein Annex zu seinen allgemeinen Fragen, nicht Gegenstand einer gesonderten Disziplin des Kollisionsrechtes, wie sie heute das Internationalprivatrecht darstellt.

Seiner Mißachtung für seine „Vorgänger" gab er übrigens durch die ganz geringe Zahl von Zitaten Ausdruck. Nur ganz selten beruft er sich auf die Bekannten des Kollisionsrechtes: in der Begründung fast nie; für einzelne praktische Ergebnisse, bei denen auch er sich in den überlieferten Bahnen bewegte, schon etwas öfter.

Jedenfalls hat Cocceji der deutschen Lehre eine feste, neue Grundlage gegeben: Aus der Unterwerfung des einzelnen Rechtsobjektes — Person, Handlung, Sache usw. — schloß er auf den Anwendungsbereich der entsprechenden Normen. Dabei klassifizierte er ausschließlich nach dem

[294] Gemeint ist wohl einmal die nachträgliche Bestimmung der Gegenleistung nach Leistungsortrecht, zum anderen die Ermittlung der schon bei Vertragsschluß bestimmten Gegenleistung: Auslegung nach Vertragsschlußortrecht.

Inhalt der Sachnorm selbst und preßte sie nicht in die Zwangsjacke der Dreiteilung. Wertvoll ist dabei auch seine Stufenleiter: geht es um die Person, gilt Wohnsitzrecht; geht es auch um eine Handlung — Handlungsortsrecht; geht es außerdem um Sachen — lex situs. Dadurch wird, wie bereits erwähnt, der lex situs die Vorhand eingeräumt.

Wie schon angedeutet, hat Hert von Coccejis Arbeit sehr profitiert. Das Verhältnis zwischen beiden wird jedoch erst unten zu behandeln sein[295], wenn Herts Arbeit besprochen ist, der wir uns nunmehr zuwenden können.

2. Abschnitt

Johan Nikolaus Hert

INTEREST HOMINIS
HOMINEM BENEFICIIS AFFICERE
(Wahlspruch Herts)

Sein Leben und Werk[296]

I. JOHAN NIKOLAUS HERT (auch Hertz und in der üblichen Latinisierung Hertius) entstammte einer hessischen Familie protestantischer Geistlichkeit. Er wurde am 6. Oktober 1651[297] in Niederkleen geboren, einem kleinen Marktflecken in der Nähe von Gießen-Wetzlar. Johan Nikolaus war der dritte Sohn[298] des Predigers M. (= Magister)

---

[295] Unten S. 157 f.

[296] Über Hert bisher: Gutzwiller 330, 328, 352, 293; ders. IPR 1525; ders., Der Einfluß Savignys 35 und 112; Wächter a. a. O. pass., insbesondere AcP 24, 281 ff.; Lainé I. 412 f.; Meili, Handbuch 103; ders., Grdr. 37; Gamillscheg 167 ff.; Wolff (3. Aufl.) 18, insbes. Anm. 21; Raape (1955) 156; Kegel 53.—

Das Folgende wird berichtet auf Grund der Darstellungen Juglers (a. a. O. S. 131—152) und Landsbergs (III. 1 Text 62 und Noten 38), auf denen die meisten späteren Berichte fußen; außerdem: Allgemeine Deutsche Biographie, 1880, Band 12, S. 239 ff.; Allgemeine Enzyklopädie der Wissenschaft und Künste, 1830, 2. Sektion, 7. Teil S. 56; Großes vollständiges Universal-Lexikon aller Wissenschaften und Künste, 1735, 12. Bd. Stichwort Hert; Eckart, Geschichte der Universitäten, 1929; schließlich die freundliche Auskunft des Evang. Pfarramtes in Niederkleen.

[297] Die meisten Chronisten nennen als Geburtsjahr 1652. Im Niederkleener Kirchenbuch ist jedoch die Geburt für den 6. 10. 1651 beurkundet (Auskunft des dortigen Evang. Pfarramtes); ebenso auch Allg. Enzyklopädie a. a. O.

[298] Die ersten hießen Philippus Jacobus (geb. 1646, später Pfarrer in Niederkleen), Johan Christophorus (geb. 1649); nach Joh. Nikolaus wurden geboren Johan Herricus (geb. 1655) und An. Margretha (geb. 1659).

Johan David Hert (1618—1686) und seiner Frau Catharina Margreth, geborene Stippin.

Daheim genoß Johan Nikolaus durch den Vater und Hauslehrer die erste Ausbildung. 12jährig besuchte er das Pädagogikum in Gießen und fiel dort schon „wegen seines edlen Eifers im Studieren und wegen seines regelmäßigen Lebenswandels" auf[299]. 1667 bezog Hert als akademischer Bürger die Gießener Universität, die, 1607 als Fluchtstätte der in Marburg mißliebig gewordenen Protestanten gegründet, gerade ihrer Glanzzeit entgegenging[300]. Hert studierte dem Brauch seiner Zeit entsprechend zunächst Philosophie und die schönen Künste. Erst nach dieser für unentbehrlich gehaltenen Vorbereitung widmete er sich voll der Rechtswissenschaft. 1672 verteidigte Hert vor seinem Lehrer A. Heinrich Mollenbecks Thesen über die Rechtswohltaten der Bürger, womit er, wohl als „baccalaureus", seine ersten Studien abschloß.

Auf den Rat seiner Freunde ging Hert an die Universität Jena. Berühmte und modernen Ideen aufgeschlossene Lehrer formten hier nachhaltig Herts Bildung. Als erster ist Georg Adam Struvius (1619—1692) zu nennen, ein Schüler Hermann Conrings und führender juristischer Theoretiker, dessen Lehrbücher sehr verbreitet waren. Auch hörte Hert, wie vor ihm Leibniz und Pufendorf, bei dem Mathematiker Erhard Weigel (1625—1699). Vor allem lernte Hert hier die Schriften Joh. Heinrich Böcklers (1610—1672) und Hermann Conrings (1606—1681) kennen, in denen das römische gemeine Recht schlicht als Gewohnheitsrecht dargestellt wurde[301]; sie bestimmten Herts fernere germanistische Grundhaltung. Danach besuchte Hert die beiden kursächsischen Universitäten Leipzig und Wittenberg, wo er reichlich Gelegenheit fand, sein Wissen zu erweitern (in Wittenberg lehrte zu dieser Zeit u. a. Caspar Ziegler[302]).

Aus Wittenberg rief ihn 1675 sein Vater nach Hause zurück; so beendete Hert mit 24 Jahren seine akademische Wander- und Lehrzeit. In Gießen, wo er nun zeitlebens blieb, erlangte er mit der zivilrechtlichen Gradualdissertation „De herede occisi vindice" den Grad eines Lizentiaten der Rechte (1676)[303].

Herts erstes Berufsamt war die Advokatur bei der fürstlichen Regierung oder Kanzlei zu Gießen. Zur gleichen Zeit begann er, an seiner Heimatuniversität Vorlesungen zu halten, zunächst über politische und natur-

---

[299] Jugler 131, der auch blumenreich schildert, wie Hert oft bis in den Morgen hinein gearbeitet habe.

[300] Näheres über die interessante Entstehungsgeschichte bei Eckart, a. a. O., S. 269 ff.

[301] Frucht dieser Jenaer Zeit und der Gefolgschaft Conrings war z. B. die Diss. „de consultationibus" (1686), nach der bei der Entscheidung zwischen deutschem und römischem Recht sorgfältiges Abwägen im Einzelfall empfohlen wird.

[302] Über ihn vgl. oben S. 52 ff.

[303] Veröffentlicht in den „Commentationes ..." vol. I tom. III (1737: S. 185 ff.).

rechtliche, später auch über juristische Themen. Auch arbeitete er verschiedene philosophische und juristische Disputationen und Traktate aus. Schließlich war er auch noch Assessor beim Samtrevisionsgericht zu Marburg.

Auf Befehl der Regentin Elisabeth Dorothea zu Darmstadt wurde Hert 1683 ordentlicher Professor der Staatslehre der Philosophischen Fakultät und später außerordentlicher Professor der Juristischen Fakultät. 1686[304] erwarb er den Grad eines Doktors der Rechte (diese Reihenfolge war damals nicht außergewöhnlich), und bald darauf, 1690, erhielt er an der juristischen Fakultät eine ordentliche Professur.

Werfen wir kurz einen Blick auf Herts Familienleben: Am 2. 5. 1685 hatte Hert die Enkelin des bekannten Rechtslehrers und ersten Rektors der Universität Gießen Gottfried Antoni geheiratet. Von ihren Kindern, zwei Söhnen und einer Tochter, ist später Johan Jeremias Hert bekannt geworden: er hat das Werk seines Vaters nach dessen Tod verwaltet und herausgegeben. Diese erste, sehr glückliche Ehe wurde jäh beendet durch den Tod der Gattin im Jahre 1693. Zwei Jahre später ging Hert mit der Witwe eines Medizinprofessors Heiland eine zweite Ehe ein, aus der drei Töchter hervorgingen. Anscheinend hat ihm seine zweite Ehefrau, wohl durch Zanksucht u. ä., viel Ungemach bereitet; die Chronisten wissen davon jedenfalls mit Feuer und Verve zu berichten[305].

Zurück zu Herts akademischer Laufbahn: Nach dem Tode des Kanzlers Nitzsch wurde Hert 1702 „professor juris primarius“; auch war er um die Jahrhundertwende Rektor der Universität zu Gießen. Anläßlich der 100-Jahr-Feier der Universität (1707) wurde Hert mit anderen Professoren Hessisch-Darmstädtischer Rat[306] und am 26. 2. 1710 Kanzler der Universität[307].

In seiner Gießener Umgebung scheint Hert, wohl durch seine oft fanatisch-unnachgiebige Haltung, seine nur schlecht verborgene Verbitterung und auch durch seinen wissenschaftlichen Ruhm viele Feinde und Neider gehabt zu haben, und so war er auch bei Hofe nicht immer beliebt. Anderenorts schätzte man ihn höher ein: Berufungen erhielt er nach Straßburg (vom französischen König mit außerordentlichen finanziellen Versprechungen schmackhaft gemacht), nach Schweden und (nach Jacob Borns Tod) nach Leipzig. Alle schlug er aus. Erst als er im September 1710 aus Berlin die Einladung erhielt, die Stelle eines Königlich-Preußischen Wirklichen Geheimen Rates und Kanzlers zu übernehmen, zog er in Erwartung der dort ungleich besseren Lebensverhältnisse einen Ortswechsel in Erwägung. Dazu kam es jedoch nicht mehr. „Wenige Stunden“ nach Empfang dieser Nachricht, so wird berichtet, ist Hert am 19. September 1710 kurz vor Vollendung seines 59. Lebensjahres ver-

---

[304] In diesem Jahr starb Herts Vater.
[305] Insbesondere Jugler und Landsberg a. a. O.
[306] Allgemeine Deutsche Biographie meint: 1710.
[307] Über die Umstände hierbei vgl. Jugler a. a. O. 135.

storben, als er eben noch einige Sprüche der Fakultät gelesen hatte und zur Erholung aus der Stadt spazieren fahren wollte. Jugler leitet diesen plötzlichen Tod von Herts „tief eingewurzelten hypochondrischen Übeln" her, welche ihm ein hektisches Fieber zugezogen und dadurch die Schwachheit des Körpers noch vermehrt hätten; auch soll ein heftiger Ärger über eine wissenschaftliche Fehde mit Ephraim Gerhard, späteren Professor in Altdorf (1682—1718), den Tod noch beschleunigt haben.—

Hert hat als Wissenschaftler Bedeutendes geleistet. Jugler (137) meint, Hert habe so viel Philosophie, Geschichte und Kenntnis aller Teile der Rechtswissenschaft in sich vereinigt, daß man ihm nur wenige an die Seite stellen könne; Hert habe selbst nachgedacht und sei nicht blindlings anderen gefolgt, denen die lauteren Quellen verborgen geblieben seien.

Statt vieler anderer Epiloge sei hier zitiert, was Herts großer Zeitgenosse Wilhelm Leibniz[308] über ihn geschrieben hat[309]:

> „Hertius multam certe omnigenae doctrinae copiam cum insigni iuris peritia coniunxerat, sed plerumque tum demum homines nostra agnoscimus bona, cum amisimus."

II. Das wissenschaftliche Werk, das Hert hinterließ, war selbst für die Verhältnisse des 17. Jahrhunderts recht umfangreich[310]. Es war auch vielseitig, und schon in dem steten Wechsel zwischen staatsrechtlichen, privatrechtlichen und historischen Themen wird das Streben Herts erkennbar, in der von vielerlei Strömungen hin und her geworfenen Jurisprudenz eine Grundlage zu entwickeln. Den Werkstoff entnahm er nicht, wie viele seiner Zeit, nur dem Corpus iuris civilis, sondern auch den Quellen des deutschen Rechtes. Als Student war er in Jena sehr nachhaltig von der Auffassung abgebracht worden, daß das rezipierte Römische Recht auf Grund kaiserlichen Gesetzgebungsaktes positives Recht sei, wie er in der Gießener Studienzeit gelehrt worden war (Tabor). Damals schon, als er Hermann Conrings Schriften in sich aufnahm, hat er sich innerlich vom Dominat des Römischen Rechtes gelöst, und er hat zeitlebens die rechtswissenschaftlichen Probleme mit den Quellen des deutschen Rechtes, mit dem Naturrecht (unter dessen Deckmantel manchmal deutschrechtliche Gedanken eingeführt wurden) und mit einem aufklärerischen Geist angefaßt. In der Terminologie der Rechtswissenschaft des 19. Jahrhunderts war er ein „Germanist".

Ein erstes Zeugnis dieser Haltung war schon das in Tabellenform gefaßte „Specimen prudentiae civilis" von 1679, das Hert später zu den „Elementa prudentiae civilis" weiterentwickelte (1689)[311].

---

[308] 1646—1716; Leibniz hatte auch eine juristische Ausbildung genossen; vgl. Landsberg, a. a. O. III. 1 Noten 9.

[309] Epist. ad diversos III. 249 (nach Allgemeine Deutsche Biographie, a. a. O. S. 240 und Jugler 137).

[310] Verzeichnis der Schriften unten S. 174 ff.

[311] Hierüber vgl. Landsberg III. 1 Noten 38.

39 juristische Abhandlungen hat Hert 1700 in einem Sammelband „Commentationes atque opuscula ..." zusammengefaßt[312]; der erste Teil enthält Arbeiten aus dem Natur- und Völkerrecht, der zweite aus dem Staatsrecht und der dritte aus dem Gebiet des Privatrechtes. Außer der „Dissertatio de collisione legum", mit der wir uns sogleich in extenso befassen werden, sind aus dem ersten Teil dieses ersten Bandes die beiden Dissertationen „De superioritate territoriali" und „De subiectione territoriali" für unser Thema nicht ganz uninteressant.

Ein augenfälliges Zeugnis der deutschrechtlichen Bestrebungen Herts ist die Sammlung deutscher Rechtssprichwörter: „Paroemia iuris Germanici libri tres". Durch sie wollte er der Rechtspraxis den reichen Schatz der auch im Volk verwurzelten deutschen Rechtssätze zugänglich machen. Zumal Hert jedes der etwa 150 Sprichwörter mit einem eingehenden Kommentar versah, war dieses Werk ein Novum: vorher (1667) hatte nämlich nur Anton Matthaeus eine Reihe belgisch-niederländischer Sprichwörter ohne jeden Kommentar herausgegeben[313].

Bekannt wurden auch Herts Ausgabe von Pufendorfs „Ius naturae et gentium" von 1706 und der 1710 als anonyme protestantische Streitschrift erschienene staatsrechtliche „Tractatus iuris publici".—

Nach dem Tode Herts widmete sich, wie erwähnt, Johan Jeremias Hert dem Werke seines Vaters. 1713 gab der Sohn einen zweiten Band der „Commentationes atque opuscula" heraus. In 27 Titeln umfaßt dieser Band Themen aus dem germanischen Recht und der Geschichte des Deutschen Reiches und verrät dadurch, wie stark Hert sich auch in seinen letzten Lebensjahren mit dem deutschen Recht beschäftigt hat[314].

Außerdem edierte Johan Jeremias Hert zwei schwere Bände mit Gutachten und Entscheidungen: „Responsa et Consilia ..." (1729) und als zweiten Band dazu: „... Decisiones" (1730). Es handelt sich dabei um hunderte von offiziellen, „collegialiter wohl erwogenen" Entscheidungen der Gießener Juristenfakultät, die — z. T. erkennbar — von Hert verfaßt sind.

Wie hier zu bemerken ist, war es zu jener Zeit üblich, daß die Parteien eines Prozesses eine juristische Fakultät um die Begutachtung schwieriger Rechtsfragen ersuchten, über die dann die Fakultät als Kollegium entschied. Diese Gutachten wurden dem erkennenden Gericht vorgelegt. Oft freilich beschränkte sich die Fakultät nicht auf die Erstattung des Gutachtens, sondern verfaßte gleich das Urteil und dessen Begründung

---

[312] 2. Aufl. 1716; 3. Aufl. 1737; die Titel der einzelnen Abhandlungen sind unten S. 174 f. aufgeführt.

[313] „Paroemiae Belgarum ICtis usitatissimae".

[314] In diesem Band sind auch die Sprichwortsammlungen wieder erschienen. — Ein unter dem Titel „Opera postuma" angekündigter dritter Band ist nicht erschienen.

mit[315]. Daraus erklärt sich wohl auch das „V. R. W." (= von Rechts wegen), mit dem viele der Rechtssprüche schließen[316].

In diesen Fakultätssprüchen kamen Rechtsfragen aller Art zur Sprache, auch solche, die zum Thema „Kollisionsrecht" gehören[317]. Im wesentlichen hielten sich Hert und die Fakultät im Rahmen der Spezialabhandlung „De collisione legum", der wir uns nunmehr zuwenden können.

Herts Beitrag zum Kollisionsrecht

„Dissertatio de collisione legum"

Im September 1688 entstand in Gießen die „Dissertatio de collisione legum"[318], eine 60 Druckseiten umfassende, (selbstverständlich[319]) lateinisch geschriebene Spezialabhandlung über das Kollisionsrecht. Als Autor dieser Arbeit wurde bisher allein Johan Nikolaus Hert angesehen und „dissertatio" gleich „Abhandlung, wissenschaftliche Erörterung" gesetzt. Diese Ansicht ist nicht unbedingt richtig. Zur Begründung dieser Zweifel bedarf es einer

Vorbemerkung zur Urheberschaft:

Im Inhaltsverzeichnis des Sammelbandes „Commentationes . . ." steht bei der kollisionsrechtlichen Dissertatio: „. . . Respondente D. Joh. Theodorico Hieronymo Thomae, August Vindelic. I. V. Lic. in flore aetatis mortuo." Folglich war das Thema der Arbeit Gegenstand einer mündlichen akademischen Disputation[320], an der Hert als Präses (an einem oberen Katheder) und der aus Augsburg stammende Lizentiat und wohl auch Doktor[321] der Rechte Joh. Th. Hier. Thoma als Respondens (an

---

315 Vgl. hierzu Stintzing I. 64.

316 Nach alledem ist es nicht verwunderlich, daß die Kosten eines Fakultätsgutachtens zu den notwendigen Prozeßkosten gerechnet wurden; so Hert, Responsum 372, das freilich insoweit eine Entscheidung in eigener Sache ist!

317 Es handelt sich vor allem um Responsa Nr. 260, 323, 328 und Decisiones Nr. 215, 331, 753 und 947. — Sie werden bei der Besprechung der „Dissertatio de collisione legum" jeweils am sachlich zutreffenden Ort mit erwähnt.

318 Die Arbeit ist veröffentlicht im 1. Band der „Commentationes atque opuscula" (1700: S. 129 ff., 2. Aufl. 1716: S. 129 ff., 3. Aufl. 1737: S. 91 ff.); über Verschiedenheiten in den Ausgaben s. unten Anm. 339.

319 Die lateinische Sprache war obligatorisch. In den Jahren 1688/89 gab Christian Thomasius gerade die erste Fachzeitschrift in deutscher Sprache heraus und hielt die erste Vorlesung in deutscher Sprache. Die erste deutschsprachige Dissertation erschien erst 1739 (Horn, a. a. O. 53 Anm. 2).

320 Der Titel des Inhaltsverzeichnisses lautet: „Syllabus . . . cum nominibus illorum, qui respondentium locum tenuerunt."

321 Das „D." vor dem Namen läßt den Schluß zu, daß Thoma auch diesen Grad innehatte. „Lizentiat" war die Vorstufe zum „Doktor"; den Doktorgrad nahm der Promovierende dann nach Jahr und Tag ohne eine erneute Disputation unter feierlichem akademischen Zeremoniell an (vgl. Horn, a. a. O. 13).

einem unteren Katheder) mitgewirkt haben. Die Frage, wer die Arbeit niedergeschrieben hat, ist damit jedoch nur aufgeworfen, nicht gelöst; denn im ausgehenden 17. Jh. wurden akademische Abhandlungen aus den verschiedensten Anlässen und auf die vielfältigste Weise gefertigt, so daß deren Autoren in der Regel nicht feststellbar sind[322].

Ein Teil[323] der „dissertationes, disputationes" genannten Arbeiten entstand anläßlich der Promotion eines Kandidaten[324]. Diese Schriften wurden oft, aber eben nicht immer, als „dissertationes inaugurales" bezeichnet — dieser Sprachgebrauch hat sich erhalten.

Ein anderer Teil aber resultierte aus der an manchen Universitäten zur Pflege der dialektischen Kunst oder aus pädagogischen Gründen normierten Pflicht der Professoren, periodisch Disputationen zu halten. In solchen Fällen wählte sich der präsidierende Professor als respondierenden Gegenpart einen beliebigen Studenten[325]. Die Niederschrift besorgte dann in der Regel der Professor.

Hinzu tritt die Gruppe der „disputationes privatae", die aus privaten Disputierzirkeln hervorgingen; auch Hert scheint einen solchen Zirkel gepflegt zu haben[326/327].

Für unsere Frage nach der Autorschaft ist nun wesentlich, daß auch bei den „promovendi causa" stattfindenden Disputationen manchmal der Kandidat nur an der *mündlichen* Disputation beteiligt war, die damals als der wichtigste Teil der Prüfung galt[328]; *schriftlich* legte die Gedanken auch dann oft der Präses nieder[329]. Selbst wenn die „Dissertatio de colli-

---

[322] Vgl. hierüber die ausführliche Schrift Ewald Horn, Die Disputationen und Promotionen an den deutschen Universitäten vornehmlich seit dem 16. Jahrhundert; siehe auch Stintzing I. 135 und Stintzing-Landsberg II. 27 f.

[323] Horn (a. a. O. 10) meint, der größere Teil; a. M. Stintzing-Landsberg II. 27.

[324] Zum baccalaureus, zum Lizentiaten und Doktor (= Magister anderer Fakultäten).

[325] Den zu finden war anscheinend manchmal schwierig; ein Jenenser Professor hat, so wird berichtet, das Ausbleiben von Disputationen damit entschuldigt, daß man sich „die Respondenten fast kaufen müsse" (Horn, a. a. O. 37).

[326] Horn berichtet (a. a. O. 31), Hert habe einem aus dem Zirkel scheidenden Studenten ein fleißiges Studieren bescheinigt und hinzugesetzt: „... nec (?) specimine uno in disputationibus circularibus publicis diligentiam tuam ac solertiam probasti."

[327] Auch sollen Vorlesungsentwürfe „dissertationes" genannt worden sein; Stintzing-Landsberg II. 28. Diese seltene Gruppe hatte möglicherweise Meili (Handbuch 104) im Auge.

[328] Gerade Ende des 17. Jahrhunderts/Anfang des 18. Jahrhunderts verschob sich das Gewicht auf den schriftlichen Teil. Schon Herts Zeitgenosse Thomasius berichtet, daß die schriftliche Arbeit, eben die „dissertatio", immer mehr zur Hauptsache wurde; Stinzing-Landsberg II. 28.

[329] Allg. Deutsche Biographie 1880, S. 241. Als Grund dafür wird u. a. angegeben, daß die Studenten die lateinische Sprache oft nur recht mangelhaft beherrschten.

sione legum" der Promotion des Thoma (zum Lizentiaten oder Doktor) gedient hat, wäre mit dieser Feststellung die Frage nach dem Autor nicht gelöst[330]. Hierfür ist es auch irrelevant, daß Hert die Arbeit in die Reihe seiner „Commentationes . . ." aufgenommen hat[331]. Denn es war die Regel, daß die präsidierenden Professoren unabhängig von Anlaß oder Urheberschaft[332] die Dissertationen in Sammelbänden unter ihrem eigenen Namen herausgaben[333]. Damit übernahm dann allerdings der Professor die wissenschaftliche Verantwortung für die Arbeit; er wurde ihr literarischer Träger[334] — und das ist das Entscheidende. Auch wenn Thoma die Dissertatio niedergeschrieben hat, so hat sie doch Hert durch die Aufnahme in den Sammelband jedenfalls zu seiner eigenen wissenschaftlichen Aussage gemacht, zumal er sie ganz offenbar vor der Herausgabe noch einmal überarbeitet hat[335]. Hert hat aber vielleicht auch schon die schriftliche Erstausarbeitung in der Hand gehabt: er wolle die Sache einmal etwas gründlicher anfassen, schreibt er — und er tut es auch[336]. Daß Hert sich eigentlich nur in dieser Einzelarbeit mit dem Kollisionsrecht befaßt hat, hindert diese Annahme nicht. Auch andere Wissenschaftler haben in früheren Jahrhunderten nur einmal einen Abstecher in das Gebiet des Kollisionsrechts gemacht, das damals ja noch nicht zu einer Spezialdisziplin emanzipiert war, die die ganze Arbeitskraft eines Wissenschaftlers beanspruchte.

So läßt sich die Frage der Autorschaft nicht sicher im einen oder im anderen Sinn beantworten. Es wird wohl so gewesen sein, daß die beiden vier Jahre zuvor erschienenen Arbeiten Ulrich Hubers und Heinrich Coccejis[337] Hert angeregt haben, das Thema „Kollisionsrecht" zum Gegenstand einer Disputation zu machen, bei der Thoma möglicherweise Gele-

---

[330] Horn, der nicht ohne Grund der Frage nach dem Autor ein ganzes Kapitel gewidmet hat (S. 51 ff.), tröstet sich damit, daß man ein Buch nicht um des Autors, sondern um des Inhaltes wegen lese (a. a. O. 61, ähnlich 71).

[331] Hert nennt die Dissertationen des Sammelbandes im Vorwort „editae a me Dissertationes".

[332] Das war, so meint Stintzing-Landsberg II. 28, keine Fälschung, wenn man nur das Wort „autor" richtig deute: „autor est qui autor fuit ut praeses disputationem conscriberet."

[333] Auf diese Weise entstand die umfangreiche opuscula-Literatur, die einen gewissen „Ersatz" für die damals fehlenden periodischen Fachzeitschriften bot; vgl. hierzu Stintzing I. 135 und 152, Horn, a. a. O. 43.

[334] Horn, a. a. O. 51 und 68.

[335] Er hat z. B. später entstandene Dissertationen bezogen (etwa in IV § 6 die „Diss. de convent. dominii . . ." von 1691).

[336] Dabei soll nicht übersehen werden, daß es gute von den Kandidaten geschaffene Dissertationen gegeben hat, neben den „amtlichen Gelegenheitsschriften", die gerade ausgangs des 17. Jh. als Qualifikationsatteste an Glaubwürdigkeit verloren; so Horn, a. a. O. 20. Ähnlich Stintzing (I. 152), der, um die Abwertung der Promotion gegen Schluß des 16. Jh. zu charakterisieren, das Sprichwort zitiert: „Accipimus pecuniam et mittimus asinum in patriam".

[337] Oben S. 28 ff. und S. 62 ff.

genheit gefunden hat zu promovieren und deren Niederschrift Hert (mit Hilfe Thomas?) besorgte. Im folgenden wird der Einfachheit halber nur von Hert als dem Autor gesprochen, auch wenn dies möglicherweise mit dem Zusatz zu verstehen ist: „... unter Mitarbeit des Augsburgers Johann Theodor Hieronymus Thoma".—

Nunmehr wenden wir uns der Arbeit selbst zu, die sich in folgende 6 Abschnitte *(sectiones)* gliedert:

I. Prolegomena (mit 5 Seiten[338])
II. De collisu legum naturalium inter se (mit 20 Seiten)
III. De collisione legum positivarum cum naturalibus (4 Seiten)
IV. De collisu legum positivarum inter se (36 Seiten, davon 10 Seiten für den „allgemeinen Teil", 26 für die Fallsammlung)
V. De collisu legum specialium (2 Seiten)
VI. De affini argumento, collisione mensurarum et valoris (2 Seiten).

Das für die Geschichte des deutschen Kollisionsrechtes (im engeren Sinne als räumliches Kollisionsrecht) wichtige Kapitel ist der IV. Abschnitt über die Kollision positiver Gesetze miteinander. Im folgenden werden — wenn auch kürzer — die anderen Abschnitte ebenfalls besprochen, schon um Herts Arbeit im ganzen erscheinen zu lassen.

1. Darstellung der Dissertatio de collisione legum[339]

Sectio I: Continens prolegomena

„Die Erörterung der Gesetzeskollisionen ist unentschieden, schwierig und weitläufig, und ich weiß nicht, ob sich schon einmal jemand daran gemacht hat, sie ganz zu klären (explicare)"[340]. Diese Erkenntnis, fährt Hert fort, die auch einen beherzt-verständigen Deuter (cordatum interpretem) hätte abschrecken können, habe ihm selbst, der das Schwierige für das eigentlich Schöne halte, einen nicht geringen Auftrieb gegeben, hier etwas herauszuarbeiten. Zwar könne er wahrhaftig nicht der Fülle des Gesamtstoffes folgen und alles hier zusammentragen; er wolle sich

---

[338] Nach der Ausgabe von 1737.

[339] In der ersten Auflage (1700) sind den einzelnen Abschnitten kurze Inhaltsangaben vorangestellt, die später wegfielen. Von der zweiten Auflage an sind jedem Paragraphen Randbemerkungen zugefügt, die die Orientierung erleichtern sollten. In der dritten Auflage setzte der Herausgeber Hombergk in zahlreichen Anmerkungen weitere Fundstellen und Parallelstellen hinzu, wie er behauptet, auf Grund handschriftlicher Notizen Herts. In diesen Anmerkungen sind besonders oft zitiert: Stokmann, Brunnemann, Stryk; über sie oben S. 19, 50, 57; außerdem Pistor, Myler, Schilter, Roderich Suarez.

[340] Lateinischer Text s. oben S. 1.

vielmehr Mühe geben, die Einzelheiten mit ganz kurzen und — soweit möglich — zuverlässigen Regeln zu bändigen (constringere).

Nach dieser Einleitung nennt Hert sogleich die Ausgangsposition für seine Überlegungen: „Principia suppeditabit disciplina iuris naturalis."

Zwei Möglichkeiten für Gesetzeskollisionen gebe es (§ 2): einmal könne ein Gesetz mit einer „lex prior" kollidieren, weil eben manchmal Gesetze innerhalb eines Gebietes geändert würden (oder von Tribonian einfach falsch abgeschrieben worden seien!): dann trete notfalls das frühere Gesetz zurück[341]. Zum anderen geschehe eine Kollision so, daß zwar beide Gesetze „wohlbehalten" weitergelten, aber eben im konkreten Fall nicht wirken könnten[342]: von *dieser* Art Kollision werde hier die Rede sein!

Es gebe, fährt Hert fort, „ius naturale" und „ius voluntarium", d. h. Naturrecht und von Gott oder den Menschen geschaffenes Recht (§ 3). In der dann folgenden Darstellung der Lehre vom Naturrecht (§ 4) lehnt sich Hert an Grotius[343], Pufendorf[344] und Matthias Wesenbec[345] an, zitiert aber auch Aristoteles, Sophokles, Euripides, Plato, Seneca, Plutarch und Cicero.

„Ius naturale", heißt es in § 4, „vel proprie tale est, vel abusive"[346]. Das „eigentliche Naturrecht", das unwandelbar sei (ebenso wie Gott das Ergebnis von 2 mal 2 = 4 nicht ändern könne)[347], beruhe auf drei „generalia principia":

I. Nosse DEUM, soli obtemperare, solum carere (§ 5).
II. Amare se, tueri ac conservare (§ 6).
III. Esse socialem — prodesse quibus possis, nocere nemini (§ 7)[348].

Außer diesen allgemeinen Regeln gebe es „praecepta iuris naturalis specialia" für die verschiedenen Lebenslagen (§§ 8 ff.). Z. B. sei in der Ehe die Frau als Gefährtin (socia et compar) zu behandeln, dem Mann jedoch gebühre in Sachen der Ehe der Vorrang „ob praestantiam sexus" (§ 9); auch das bekannte „Salus populi suprema lex esto" zählt Hert hierher (§ 10). Mit einem längeren Zitat aus Wesenbecs Kommentierung von D. 1. 1. (n. 15) über Notwehrlagen leitet Hert von dieser allgemeinen Darstellung des Naturrechts auf das Thema des zweiten Abschnittes über.

---

[341] Heute sogenanntes „zeitliches Kollisionsrecht"; vgl. Kegel 15.

[342] „Utraque lex etiam post pugnam salva ac incolumis permanet, et tantum ob rei, de qua agitur, indolem atque circumstantias, alteram cedere, viresque suas aliquandiu cohibere oportet."

[343] „De iure belli ac pacis", insbes. lib. I cap. 1 § 10 ff.

[344] „De iure naturae et gentium".

[345] (1531—1586), insbesondere die Kommentierung zu D. 1. 1. „de iustitia et iure" n. 15.

[346] Gemeint ist wohl Naturrecht, das sich im Gebrauch gebildet hat, d. h. wandelbares Gewohnheitsrecht.

[347] Vgl. Grotius, a. a. O., lib. I cap. 1 § 10.

[348] Ähnlich bereits Just. Inst. 1. 1. 3.

Sectio II:
De collisu legum naturalium inter se

Bei Kollisionen zwischen eigentlichem und uneigentlichem Naturrecht siege regelmäßig das erstgenannte (§ 1).

Innerhalb des „eigentlichen" weiche selbstverständlich die Beachtung des zweiten und dritten Grundsatzes (Selbsterhaltung und Sozialbindung) der des ersten (Gottesverehrung): Angst um das eigene oder der Mitmenschen Leben rechtfertige nicht eine Verletzung der Ehre Gottes (§ 2). Das illustriert Hert mit Beispielen von Juden und Christen, die in Glaubenskämpfen trotz schwerster Martern ihrem Gott treu geblieben sind.

Das Gebot, den anderen nicht zu schädigen, werde dagegen vom Gebot der Selbsterhaltung schon öfter beiseitegedrängt (§ 3): gerecht sei der Krieg, wenn man nicht mehr in Frieden leben könne, „vim vi repellere licet" (D. 43. 16. 1. 27). Es sei nicht unrecht, wenn man durch sein Haus dem Nachbarn die Aussicht versperre oder durch Arbeit im eigenen Garten dessen Quelle ablenke[349]. Auch dürfe man eine Mühle bauen, wenn auch dadurch die Einkünfte eines anderen geschmälert würden, „nisi statuto vel consuetudine libertas coarctata reperiatur". All diese Probleme sind heute noch aktuell, werden jedoch nicht im Internationalprivatrecht, sondern im Rahmen des Staats-, Nachbar- oder Notwehrrechtes abgehandelt.

In sieben Regelsätzen führt Hert dann noch die verschiedenen Notwehrfälle durch (§§ 4—10). Erwähnenswert aus dieser guten Studie über das Notwehrrecht ist, daß auch Angriffe auf Ehre, Keuschheit oder Körper ohne Lebensgefahr, ja sogar auf den Besitz die Tötung des Angreifers rechtfertigten[350]. Auch einen an sich Unschuldigen dürfe man im Verlaufe einer Notwehraktion töten, wenn das erforderlich sei[351].

Hert hält dann — im Gegensatz zu vielen anderen — das Recht zur Selbsterhaltung (das zweite Gebot) für verzichtbar (§ 11). Dafür schildert er den von Robert Sharrock[352] recht plastisch berichteten Fall der sieben Briten, die am siebzehnten Tag nach dem Schiffbruch einen von sich auslosten, der sich für die anderen opferte („qui lubenter fortunae cessit").

Hier finden wir noch andere Beispiele, die heute im Rahmen des normalen und des übergesetzlichen Notstandes oder der notprivilegierten Straftatbestände erörtert zu werden pflegen[353]. Wie immer breitet Hert

---

[349] Vgl. D. 39. 2. 26, D. 39. 3. 21 u. a.

[350] Heute siehe Art. 2 II Menschenrechtskonvention (BGBl. 1950, II. 686).

[351] Ebenso Grotius, a. a. O., lib. 2 cap. 1 § 4, der mit Thomas von Aquin im Falle einer wirklichen Verteidigungshandlung eine absichtliche Tötungshandlung verneint.

[352] Englischer Gelehrter im 17. Jh.; Zitat: De officiis sec. Ius naturale cap. 3 n. 11 von 1666 (nach Hert).

[353] Gefahr für Leib und Leben rechtfertige keinen Ehebruch, Sklaven hätten mehr Gefahr auf sich nehmen müssen als andere.

eine Fülle von Meinungen und Erläuterungen aus. Hier mag das Gesagte genügen.

Ein interessantes Zeugnis des Staatsbewußtseins seiner Zeit bietet Hert bei der Erörterung von Kollisionen der Naturrechtssätze mit staatlichen Befehlen (§§ 17 ff.):

Das erste Gebot, „Achte Gott!", hat gegenüber jeder vom Staat kommenden Vorschrift das Übergewicht (§ 18). Sokrates zu den Athenern: „Ich liebe und schätze euch durchaus, Gott aber gehorche ich noch lieber!"

Das zweite Gebot aber, „Schütze dich selbst!", müsse staatlicher Anweisung weichen, denn es gelte der Satz, „patriae vitam et spiritum deberi". Beispiele: Der zum Tode Verurteilte dürfe sich gegen die Hinrichtung nicht zur Wehr setzen, wie es Hobbes im „Leviathan" angenommen habe, denn der Staat habe das Recht über Leben und Tod der Untertanen. Greife aber der Staat nach dem Leben eines Unschuldigen, so könne der Betroffene sich wehren, denn dann überschreite der Herrscher seine Machtbefugnis[354]. Durch staatliche Interessen gebotener Selbstmord schließlich vertrage sich mit dem Naturrecht. Die Entscheidung freilich, ob er mit der christlichen Lehre in Einklang zu bringen sei, überläßt Hert den Theologen (§ 22).

Mit dem dritten Gebot, niemanden zu verletzen, kollidiere öfter das Herrscherrecht des Princeps, das „dominium eminens" oder „supereminens" (Grotius)[355] oder die „potestas absoluta", „extraordinaria", die nicht von vornherein ungerecht seien. Es folgt eine Verherrlichung des „Einer für alle", dem jedoch Hert sogleich das „Alle für einen" und die Pflicht des Staates anschließt, für jeden einzelnen zu sorgen. Auch Eigentum müsse der einzelne für das gemeine Wohl opfern, die anderen müßten dieses Sonderopfer ausgleichen[356]. Auch könne der Staat in Friedensverträgen auf Wiedergutmachungsansprüche der Untergebenen verzichten; *dafür* brauche er jedoch keine Entschädigung zu zahlen, weil der Staat die „vis maior" für Privateigentum nicht zu vertreten habe (ebenso Grotius; also: casum sentit dominus). Die Kollision zwischen staatlichem Interesse und der Pflicht gegenüber den Eltern behandelt Hert in § 36: „patria parentibus anteponenda est"; so könne der Sohn seinen Vater töten, der den Staat verraten wolle — salus populi suprema lex!

Soweit die Kollision der Naturrechtssätze miteinander. Daß dieser Teil nur in groben Zügen dargestellt wurde, bedeutet kein Werturteil:

---

[354] „Der Kaiser ist dem Geringsten gleich, wenn er Unrecht tut." (Kl. Kaiserrecht II c. 117; nach Conrad, Deutsche Rechtsgeschichte, I. 315); vgl. auch Brunnemann, Comm. ad Pandectas ad D. 1. 1. 3 n. 10.

[355] Vgl. auch d'Argentrés gleiche Ansicht (oben S. 8).

[356] Hierzu eine Entscheidung des Friesischen Gerichtshofes, die Johann a Sande berichtet: „Si aedificium alicuius ad vim hostilem arcendam publica authoritate combustum sit, damnum hoc ex publico esse resarciendum." (Dec. Fris. lib. 5 tit. 7 dec. 3, ähnlich daselbst dec. 4); ebenso, wenn ein Haus geopfert werden muß, um eine Feuersbrunst einzudämmen (Hert, hier § 13).

nur für die Disziplin des Internationalprivatrechtes ist er minder wichtig. Im übrigen findet man hier wertvolle Überlegungen und einleuchtende Lösungen aus plausiblen Gründen, die zum großen Teil noch heute gültig sind.

Sectio III:
De collisione legum positivarum cum naturalibus

In dem recht kurzen dritten Abschnitt kommt Hert auf die Kollisionen zwischen positiven und Naturrechtssätzen zu sprechen — ein frühes Beispiel für das Rang-Kollisionsrecht[357].

Zum Verhältnis zwischen positivem und Naturrecht zitiert Hert Ulpian (D. 1. 1. 6): „Ius civile est, quod neque in totum a naturali recedit, nec per omnia ei servit. Itaque cum aliquid addimus vel detrahimus iuri communi, ius proprium, i. e. civile efficimus." Z. B. füge das Zivilrecht dem „Ius commune" etwas hinzu, wenn es Formen festlege, ohne deren Beachtung das Rechtsgeschäft nichtig sei. Manchmal, und das ist der „Kollisionsfall", widerstreite dann das natürliche Gebot, den wie immer kundgegebenen Willen des Erblassers zu beachten, dem Zivilgesetz, das diesen Willen wegen des Formmangels negieren wolle. Die Oberhand behalte dann das Zivilrecht. Nur bei treuwidriger Berufung auf Formmängel gelte die Regel nicht, so, wenn der Erbe genau wisse, was der Erblasser eigentlich gewollt habe. Für Testamente treffe eben die (für Juristen nicht gerade schmeichelhafte) alte Neapolitanische Inschrift zu: „Dolus malus abesto et Iure Consultus (personatus sc.)!"

Demgegenüber werden vom Naturrecht Abstriche gemacht, wenn das Zivilgesetz etwas an sich Ehrenhaftes verbietet, eine Sache ihrem wesentlichen Inhalt nach verändert oder etwas Naturrechtswidriges erlaubt (§ 3). Denn das Letztere sei erlaubt: „Lex etiam civilis permittit quaedam naturali iuri contraria." Andererseits gelte Naturrecht als positives Recht nur, wenn ihm durch staatliche Normierung Gesetzeskraft verliehen werde[358]: so hätten die Römer (!) über die „nuda pacta" kein Recht gesprochen (sc. weil die Solennitäten nicht beachtet waren), ebenso, wenn ein Kauf auf Kredit geschlossen worden sei: zahlte der Käufer nicht, verstieß er zwar „contra fidem", aber es traf ihn keine *rechtliche* Sanktion. Man sieht, die römischen Gerichte überließen manchen Streit dem Gericht der Moral und des Leumundes; Hert meint: der Gewissenhaftigkeit des einzelnen[359].

Damit enden Herts Gedanken zu den Kollisionen auf dem Gebiete des Naturrechts. Sie zeigen klar, daß Hert sich nicht in einer schrankenlosen Naturrechtshörigkeit befunden hat. Rechtsschutz scheint er nämlich nur im Rahmen der positiven Gesetze gewähren zu wollen, so daß für den

[357] Z. B. Kegel 16.

[358] „Iuri naturali non assistit lex civilis, cum vim ei suam non commodat."

[359] „Religioni privati cuiusque relinquere".

Richter die Frage nach dem positiven Gesetz im Vordergrund stand; um die Ausrichtung an höheren Normen brauchte er sich danach nicht zu bemühen[360]; das oblag der Rechtswissenschaft und dem Gesetzgeber. Es soll nicht unerwähnt bleiben, daß Hert in den drei Eingangskapiteln weniger als in den späteren Abschnitten seine *kollisions*rechtlichen Vorgänger zitiert hat, die sich freilich mit derartigen Kollisionen kaum beschäftigt hatten. Hert münzte hier also aus eigener Kraft die Erkenntnisse der Naturrechtslehre und -philosophie in Sätze des Kollisionsrechtes um; das tat er gründlich und systematisch. Damit trug er zur Klärung der Kollisionen mit höheren Pflichten bei, die damals dem Naturrecht zugerechnet wurden und heute ihren Platz etwa in der staatsrechtlichen Grundrechtsdiskussion haben.

Sectio IV: **De collisu legum positivarum inter se**

Dieser Abschnitt ist für die Geschichte des Kollisionsrechtes das Kernstück der ganzen dissertatio.

§§ 1 und 2 bringen Einleitung und Themenabgrenzung, § 3 den Stand der Diskussion; in § 4 zeigt Hert den Weg zu seiner eigenen Lösung: ein Mensch sei in dreierlei Weise der Staatsgewalt unterworfen, hinsichtlich der Person, der Sachen und der Handlungen; deshalb gebe es drei Arten von Gesetzen/Statuten (§§ 5—7). In den §§ 8—10 formuliert Hert drei entsprechende Kollisionsregeln, die er in den 63 Fällen der §§ 11—73 anwendet.

A. Die Einführung (§§ 1—3)

§ 1: Hert schreibt: Positive Gesetze können auf zweierlei Art kollidieren, erstens „propter concursum materiarum sive objectorum“[361] und zweitens „propter diversam voluntatem legislatorum“[362].

Der erstgenannten „Kollisions“art widmet Hert nur noch den Rest des § 1: Wenn zwei oder mehr Gesetze desselben Gesetzgebers zusammentreffen und am gleichen Ort und zur gleichen Zeit nicht angewendet werden können, hilft nur eine billige Auslegung[363]. Hert „entschuldigt“ diese Art der Kollision mit einem Zitat des Aristoteles, wo es heißt: Das Gesetz geht vom Normalfall aus, wohl wissend, daß es manchmal nicht

---

[360] Heute dagegen soll — auch für den Richter — der Satz gelten: „Naturrecht bricht positives Recht“ (so Weinkauff, Der Naturrechtsgedanke in der Rechtsprechung des Bundesgerichtshofes, NJW 1960, 1689 ff., insbesondere S. 1691; dazu vgl. Wieacker, JZ 1961, 337 ff.).

[361] Heute sogenannte sachliche und zeitliche Kollisionen.

[362] Heute „räumliches Kollisionsrecht“.

[363] „Aequa interpretatione res est attemperanda.“

angewendet werden kann[364]; dieser Mangel liegt aber weder am Gesetz noch am Gesetzgeber, sondern einfach in der Natur der Sache. Hert erwähnt die seit Jahrhunderten unveränderten Sätze des zeitlichen Kollisionsrechtes[365] und stellt dann nach Cicero[366] einen Fall der sachlichen Normenhäufung dar: „Einst bestanden zwei Gesetze. Erstens: ‚Wer den Tyrannen tötet, ist wie ein Olympiasieger zu ehren und darf vom Magistrat nach eigenem Belieben eine Belohnung fordern (und muß sie auch erhalten).' Zweitens: ‚Nach der Ermordung des Tyrannen soll der Magistrat fünf direkte Blutsangehörige des Tyrannen töten.' — Nun geschah es, daß den Tyrannen seine eigene Frau tötete und als Belohnung ihren, gemeinsam mit ihm hervorgebrachten Sohn verlangte."[367] Soll nun der Sohn herausgegeben (Norm I) oder soll er getötet werden (Norm II)? Eine ausdrückliche Lösung bringen weder Hert noch Pufendorf, sondern nur eine „Gebrauchsanweisung" zur Lösung solcher Kollisionen: Man solle *dem* Gesetz den Vorrang geben, das sich auf das Größere, d. h. Nützlichere, Ehrenhaftere und Notwendigere beziehe; versage diese Regel, sei das spätere Gesetz vorzuziehen, sodann das Verbot dem erlaubenden Gesetz usw.[368].—

Soweit Herts Ausführungen zur Kollision zwischen Normen desselben Gesetzgebers. Auch heute gibt es derartige Kollisionen — z. B. zwischen erb- und gesellschaftsrechtlichen Normen —, die ebenfalls durch „billige Auslegung" gelöst zu werden pflegen. Daß Hert diese Kollisionen hier erwähnt, ist nicht verkehrt. Auch nach der Einengung des wissenschaftlichen Gegenstandes auf internationales, d. h. räumliches Kollisionsrecht, werden in den IPR-Lehrbüchern die Kollisionen nationaler Normen miteinander in Vorabschnitten abgehandelt („Sachliches und zeitliches Kollisionsrecht")[369].

§ 2: Jetzt kommt Hert zum Hauptthema, zur Kollision zwischen Gesetzen verschiedener Gesetzgeber:

Nach einem Exkurs ins Altertum — auch innerhalb der Machtblöcke Ägypten, Griechenland und Rom habe es schon verschiedene Rechtsordnungen gegeben —, beklagt Hert den Gesetzespartikularismus in Deutschland: „Wer wüßte denn nicht, daß jeder Fürst und jeder Staat mit etwas territorialer Machtstellung seine eigenen Gesetze, Bräuche und Gewohnheiten (mores, consuetudines) habe, ja, daß bisweilen sogar Städte und

---

[364] „... non ignorans sane quandoque deficere."

[365] „Priores leges ad posteriores trahuntur" u. ä. (D. 1. 3. 26—28).

[366] „De inventibus" lib. 2, 49; derselbe Fall bei Pufendorf lib. 5 cap. 12 § 23.

[367] Es handelte sich um Thebe, die 357 v. Chr. den Tyrannen über die thessalischen Städte Alexander ermordete.

[368] Das Letzte war auch bei den Italienern die Regel.

[369] Z. B. Kegel 15 ff.; Raape (1955) 12 (nur intertemporäres R.); ähnlich schon Gierke, der den „Zusammenstoß von Quellen desselben Rechtsgebietes" und den „Zusammenstoß von Quellen verschiedener Rechtsgebiete" behandelt (Deutsches Privatrecht (1895) S. 183 ff.).

Dörfer mit eigenen Gesetzen regiert werden!" Ähnliche Klagen würden auch über andere europäische Länder erhoben; so scheine Belgien (Niederlande) nicht nur mit der Zahl der Städte, sondern auch mit der Unterschiedlichkeit der Gesetze alle anderen Teile der Welt zu übertreffen[370].

§ 3: Nach diesem versteckten Hinweis auf die Notwendigkeit einer deutschen kollisionsrechtlichen Abhandlung geht Hert auf seine Vorgänger ein: Welches Gesetz bei jener (räumlichen) Kollision das stärkere sei, pflege zwar peinlich genau und differenziert (anxie), aber doch recht verschieden erörtert und beurteilt zu werden. Hert weist auf die „Dominidoctores" und ihre Kommentierungen zur „lex cunctos populos" hin. Aus der Reihe dieser Männer nun, meint Hert, könnten vier als außerordentlich herausgehoben werden, weil sie sich des Stoffes mit Überlegung und Urteilskraft (cum iudicio) angenommen und eine sorgfältige Arbeit niedergeschrieben hätten: ARGENTRAEUS ad consuetudines Britannicas[371], BURGUNDUS ad consuetudines Flandricas[372], RODENBURG in tractatione de iure, quod oritur ex ... conflictu[373] und ZIEGLER in dicastice[374]. Ihnen könne man noch PAUL VOETS „De statutis eorumque concursu"[375] und COCCEJIS sehr gelehrte (eruditissima) „Dissertatio de fundata in territorio ... potestate" tit. 5[376] an die Seite stellen.

Mit den Meinungen seiner Vorgänger befaßt sich Hert nur kurz: den meisten Jüngeren, so sagt Hert, habe die Unterscheidung zwischen „statuta realia, personalia et mixta" gefallen; und es sei tatsächlich bewundernswert, wie sich die Doctores mit deren Abgrenzung herumquälten[377]. So habe Burgundus d'Argentrés Auffassung von den „mixta" bekämpft; ob er aber die Sache selbst glücklicher erledigt habe, mögen andere entscheiden. Auch habe Rodenburg die statuta mixta nicht ohne Grund geradezu abgelehnt, und Paul Voet habe sie anders, als es gemeinhin geschehe, dargestellt.

Während Hert hierzu seine Meinung noch verschweigt, lehnt er zum Schluß dieses Paragraphen die Konzeption Ulrich Hubers ausdrücklich ab: der nämlich gehe einen ganz anderen Weg und trachte, die ganze Angelegenheit mit drei, seiner Meinung nach unumstößlichen Regeln zu erledigen. Hert zitiert die drei Regeln Hubers[378], bezweifelt jedoch, daß die

---

[370] So soll Corselius an Burgundus geschrieben haben.

[371] S. oben S. 8 ff.

[372] S. oben S. 13 ff.

[373] S. oben S. 20 ff.

[374] S. oben S. 52 ff.

[375] S. oben S. 22 ff.

[376] S. oben S. 61 ff.

[377] „Verum in iis definiendis mirum est quam sudent Doctores."

[378] Text s. oben S. 29. Für die dritte Regel zitiert Hert einen etwas anderen Wortlaut, wohl auf Grund einer früheren Ausgabe der Huberschen Abhandlung, die unter dem Titel „De iure publico univers." erschienen war; s. auch oben Anm. 139.

Lösung der Kollisionen aus dem „ius gentium“ oder einer wechselseitigen Nachsicht (indulgentia) abzuleiten sei, „zumal doch eine Kollision sehr oft auch innerhalb einer civitas auftrete“. Da sich Huber nur mit dem räumlichen Kollisionsrecht befaßt hat, ist das kein stichhaltiger Einwand. Beachtlicher ist Herts Frage: „Wenn allein die Nachsicht (conniventia[379]) der Völker die Geltung auswärtigen Rechtes stützen soll — wo ist dann überhaupt eine *rechtliche* Wirkung[380]?“

Mit dieser Ablehnung distanziert sich Hert völlig von der neueren niederländischen Lehre (comitas) und überhaupt von der Heranziehung völkerrechtlicher Sätze. Diese Haltung korrespondiert mit der Hochachtung, die Hert den drei Großen des 16. und 17. Jh. d'Argentré, Burgundus und Rodenburg[381] entgegenbringt. Hert ordnet sich damit schon hier in die Kette ein, die von dem Bretonen zu den beiden Niederländern führte.

Es ist nicht ersichtlich, aus welchem Grunde ihnen Hert seinen deutschen Zeitgenossen Caspar Ziegler beigeordnet hat, dessen Beitrag zum Kollisionsrecht verhältnismäßig gering und seinerzeit sonst kaum beachtet worden ist. Wollte Hert damit an Zieglers allgemeinem Ruhm partizipieren? Bewegten ihn Gründe der Kollegialität oder der Verehrung für den Lehrer aus der Wittenberger Studentenzeit? Oder hat Hert doch schon Zieglers Schritt auf dem Wege zur Verweisungsfreiheit sachlich zu würdigen gewußt? Auf alle Fälle springt diese Gleichstellung mit den „ganz Großen“ umsomehr ins Auge, als Hert seinen unmittelbaren Vorgänger Cocceji ins zweite Glied stellt, obwohl dessen Beitrag wertvoller war und auch Herts Ausführungen in weit reicherem Maße befruchtet hat[382].

B. Allgemeiner Teil

1. Darstellung der §§ 4—10 (sectio IV)

§ 4: Nach der besprochenen Einführung nimmt Hert nun Anlauf zu seiner eigenen Lösung: „Nobis paullo altius rem libet repetere.“ Dieser Satz ist in Berichten über Hert in der Regel mit einem ironischen Nebenton oder mit einem Vorwurf des Hochmutes zitiert worden; so schreibt

---

[379] Abgeleitet von „connivēre“ = „mit den Augen zwinkern“; vielleicht war die Wahl dieses Wortes (statt „comitas“ oder „indulgentia“) schon ein sprachlicher Trick, um die „comitas“-Lehre in das Gebiet des Unjuristischen zu verbannen und gar lächerlich zu machen.

[380] „Quae iuris erit efficacia?“ — Die gleichen Zweifel finden sich bei Abraham a Wesel (s. oben S. 27) und später (1841) bei Schaeffner (s. unten S. 170).

[381] Und sachlich dessen Verteidiger Abraham a Wesel (oben S. 26 ff.).

[382] S. oben S. 61 und unten S. 157 f.

Wächter: „... und auch Hert scheint auf sie (die pp. Theorie) etwas hoch herabsehen zu wollen[383]." Derartige Aussprüche scheinen auf einem Mißverständnis zu beruhen, denn Hert spricht nicht von einem höheren Standpunkt, sondern sagt: „Wir wollen die Sache einmal von Grund auf aufbauen, noch einmal ein wenig tiefgründiger in Angriff nehmen[384]." Kurz: Hert will die Sache einmal eingehend durchdiskutieren[385].

Die so angekündigte Grundlage leitet Hert aus drei Erscheinungsformen der Unterwerfung ab:

„Homines tribus fere modis summis subiiciuntur potestatibus: vel ratione personae suae, vel ratione rerum, vel denique ratione actuum."

Dazu führt Hert aus:

1. „*Persona* fit subdita ut plurimum propter domicilium[386]." Ausnahme: einer nimmt Wohnsitz nur für ein bestimmtes Einzelgeschäft.

Diese Unterwerfung unter die Wohnsitzgesetze leitet Hert in Übereinstimmung mit der seinerzeitigen Rechtslehre aus einem Vertrage ab, den der einzelne bei Begründung eines Wohnsitzes stillschweigend mit dem Landesherrn schließt. In Deutschland, fährt Hert fort, sei es nun üblich (mos), daß man nicht nur dem Landesherrn, sondern auch den niederen Gewalten, z. B. dem Gemeindemagistrat, unterworfen werde. Davon ausgenommen seien besonders privilegierte Personen, die die Stadtgerichtsbarkeit nicht anzuerkennen brauchten, sondern entweder ihre eigene Verwaltung hätten oder dem Landesherrn unmittelbar unterstellt seien; z. B. die „principum consiliarii vel ministri" und die Professoren der Akademien (Verweis auf Lauterbach).

---

[383] AcP 24, 278; ähnlich: Meili, Grundriß 37: „Laut § IV will Hert die Materie von einem höheren Standpunkt aus anfassen". Gutzwiller 330: „Hert kündigt an, er werde sich alle erdenkliche Mühe geben, ‚pour concevoir le problème avec des considerations plus élevées que ses prédécesseurs'." Ders. IPR 1525: „... auch Hert will das Fragegebiet von einem höheren Gesichtspunkt betrachten."

[384] „Altus" kann zwar „hoch" und „tief" (von oben gesehen) bedeuten. Die Komparativform in Verbindung mit geistigen Tätigkeiten wird jedoch regelmäßig im Sinne von „tiefschürfend, in die Tiefe gehend" gebraucht: „altius respicere" = „tiefer erfassen", „altior quaestio" = „tiefer eingehende Erörterung" (nach Heumann, Handlexikon zu den Quellen des Römischen Rechtes, 8 [1895] Jena). — Dieser Sinn wird auch durch das „repetere" nahegelegt, das „noch einmal durchnehmen" bedeutet. — Eine Übersetzung mit „von oben herabsehen" o. ä. erscheint danach als unrichtig.

[385] Im übrigen war die Wendung „paulo altius rem libet repetere" auch in der kollisionsrechtlichen Literatur schon vorgekommen: Stryk hatte seine Ausführungen mit dem gleichen Satz wie Hert eingeleitet, und wenig später tat es Johann Voet (vgl. oben S. 58 und S. 30).

[386] Zur Begründung eines Wohnsitzes gehörten „animus et factum"; so Hert, Dec. 542 n. 4.

Wer nun aber weder dem Landesherrn noch den unteren Behörden untertan sei, werde „peregrinus sive forensis ausländischer“[387] genannt, auch wenn er Glied eines anderen Landesteiles des Deutschen Reiches sei.—

2. „*Res* subiecta censetur[388], quoniam intra limites territorii alicuius sita est.“ Dabei komme es darauf an, ob es sich um eine „res soli“ oder um eine „res mobilis“ handele: hinsichtlich jener komme der Staatsgewalt (sc. des Lageortes) ein dauerndes[389], hinsichtlich dieser nur ein zeitweiliges Recht zu (temporarium ius), das durch eine Ausfuhr der beweglichen Sache sofort wieder erlösche; Ausnahme: eine bewegliche Sache befindet sich in einem bestimmten Gebiet zum dauernden Gebrauch und nimmt dadurch den Charakter einer unbeweglichen Sache an.—

3. „Ratione *actuum* subiiciuntur cuiusque generis personae, etiam advenae sive exteri, vel transeuntes vel negotiorum suorum causa ad tempus in civitate commorantes“, natürlich nur solange sie dort bleiben und wirken, z. B. Verträge schließen oder ein Delikt begehen. So sage schon Euripides' Medea: „So gleich' sich an der Gast / den Bräuchen dieser Stadt[390]!“ Grotius habe solche Personen ganz richtig „temporarii subditi“ genannt[391]. Eine eigene Begründung für diese zeitweilige Unterwerfung eines Fremden, die ja zwingend eintreten sollte, gibt Hert leider nicht.

Das also ist der erste Schritt in Herts Deduktion: Unterwerfung hinsichtlich der Person, der Sache und der Handlung. Schon jetzt glaubt man zu spüren, welches kollisionsrechtliche Ergebnis damit vorbereitet werden soll. Zu ihm sollen die folgenden §§ 5—7 das Zwischenglied sein.

§ 5: Aus den Thesen über die Unterwerfung zieht Hert den Schluß: „*Igitur* leges a summis potestatibus et statuta municipiorum vel in personas aut res constituuntur, vel actui formam circumponunt.“

Nun bringt Hert seine Dreiteilung der Normen:

„In personam constituitur lex, quando personam afficit et quidem primario; nihil enim obstat, si secundario sive per consequentiam vi legis ius aliquod vel acquirendi rem, vel disponendi de eadem tribuatur.“

Hauptbeispiel ist die Volljährigkeit/Geschäftsfähigkeit, deren Eintritt doch verschieden geregelt sei; Mündigkeit trete ein in Sachsen und Bayern

---

[387] Eines der seltenen *deutschen* Wörter in Herts Abhandlung.

[388] Hert spricht hier nicht, wie eingangs dieses Paragraphen, von der Unterwerfung einer Person hinsichtlich einer Sache, sondern von der Unterwerfung der Sache selbst.

[389] Dieses Herrschaftsrecht über die im Gebiet belegenen Immobilien war Allgemeingut der Statutisten; vgl. Gutzwiller, IPR 1522.

[390] Herts lateinische Form lautet: „Ergo urbis hospes moribus se accommodet.“

[391] Vgl. oben S. 16; Hert verweist außerdem auf Vasquius, Carpzov und Struvius, seinen Jenaer Lehrer. — Im gleichen Sinn ein Gutachten Herts vom 22. 4. 1707 (Resp. 14).

mit 21 Jahren, nach gemeinem Recht mit 25 Jahren, vielerorts auf jeden Fall mit Eheschließung[392].

Über die Verfügungsfähigkeit eines Minderjährigen schreibt Hert: „In formula hac: ‚minor bona non alienet' circa personam nihil constituitur, sed tantum qualitas rei adiicitur, per quam minor bona alienare nequeat. Verbo: minoris conditio non est in dispositione, sed tantum in enunciatione." Hert verweist auf Burgundus, der schon dieselben Worte gebraucht hatte[393], sowie auf d'Argentré und meint, dasselbe gelte auch für die Normen: „filiusfamilias potest testari"[394] und „uxor sine auctoritate mariti non contrahat nec alienet". Nicht wenige hätten sich gegenteilig entschieden, aber eben falsch; vgl. Surdus, cons. 257 n. 15[395].

In all diesen Fällen legt Hert also den Sachen die Eigenschaft zu, von Minderjährigen oder Ehefrauen nicht veräußert werden zu können; hinsichtlich der Person werde gar nichts bestimmt, sie werde nur erwähnt. Hert verweist noch auf Rodenburg (tit. 1 cap. 2) und Abraham a Wesel (art. 1 n. 14), die gemeint hätten, auf die Person beziehe sich ein Statut nur, wenn „über die Person in abstracto gehandelt werde, ohne jedwede Erwähnung von Sachen".

Herts Entscheidung zugunsten der Sachstatuten, durch die er übrigens incidenter anzeigt, daß er Bartolus' Wortinterpretation überwunden hat, ist nicht neu und verwundert deshalb nicht sehr. Auch ist sie im Hinblick auf die Definition der Personalstatuten systemgerecht. Hert hat sich, wie möglicherweise schon andere vor ihm, davon leiten lassen, daß es wichtiger ist, das eigene Gebiet und dessen Teile vor Verfügungen durch Minderjährige zu schützen, als den Untergebenen die Veräußerung auswärtiger Grundstücke zu erschweren, an denen dem hiesigen Territorialherrn nicht viel lag.

Hert schließt die Erörterung der Personalnormen vorläufig ab: es sei wohl überflüssig zu erwähnen, daß die Personalnorm (nur) von dem erlassen werden könne, der das Recht über die Person habe (ius in personam). Daher werde Stand und Eigenschaft einer Person nach den Gesetzen *des* Ortes geregelt, dem sich die Person durch ihren Wohnsitz unterworfen habe: hinc status et qualitas personae regitur a legibus loci, cui ipsa sese per domicilium subiecit; Hinweis auf D. 50. 1. 29. So könne es auch geschehen, daß einer, der hier volljährig sei, nach einem Wechsel des Wohnsitzes anderswo wieder minderjährig werde; Hinweis auf Lauterbach[396].

---

392 Berlich schrieb dazu: „apud omnes nationes et populos inductum sit, ut matrimonium sit modus solvendi patriam potestatem" (part. 2 concl. 11 n. 30 ff.); vgl. auch Conrad, a. a. O. 531; s. auch unten E 7 (S. 107 f.).

393 Vgl. oben S. 14.

394 Dieser umstrittenen Frage widmet Hert einen ganzen Fall: E 12 (s. unten S. 112 ff.).

395 Hier schreibt Surdus allerdings nur, daß ein Erbfolgestatut als Sachstatut Fremde binde. Über den filiusfamilias speziell findet sich nichts.

396 De domicilio § 70. — Savigny (167) führt Hert und Lauterbach als

§ 6: Über die zweite Gruppe von Normen schreibt Hert: „Rebus fertur lex, cum certam iisdem qualitatem imprimit, vel in alienando, vel in acquirendo." Als „Sachen" gelten dabei nur die Immobilien und die an einem Ort festgelegten Mobilien. Beispiele: großväterliches Vermögen darf nicht veräußert werden, oder: ein Grundstück darf nur nach gerichtlicher Auflassung übereignet werden (e. g. ut dominium rei immobilis venditae non aliter acquiratur, nisi facta fuerit iudicialis resignatio[397]).

Mit Zitaten vieler Autoritäten bringt Hert die allgemeine Meinung, daß „*mobiles* ex conditione personae legem accipiunt"[398]. Schon Carpzov habe dabei den Wohnsitz herangezogen[399].

Den beweglichen Sachen würden mitunter im Wege der Analogie die „res *incorporales*" gleichgestellt. Der von Hert dafür zitierte Lauterbach sagt aber nur: „res incorporales ... annumerantur vel mobilibus vel immobilibus (proprie enim talia non sunt)"[400]. Hert scheint hier jedoch eine Analogie zu den Mobilien zu bejahen[401].

Soweit die — im Sinne der überkommenen Statutenlehre orthodoxe — Behandlung der Sachstatuten.

§ 7: Zur letzten Gruppe äußert sich Hert nur kurz: „Actui lex formam dat, quando negotium aliquod ad usum civitatis certis circumscribit solennitatibus, puta cum de loco, de tempore, de modo actus statuit."

Zum Beispiel: ein Testament darf nur unter einer bestimmten Förmlichkeit errichtet oder ein Kaufvertrag nur schriftlich geschlossen werden, wie das vielerorts für Grundstücksverträge bestimmt ist[402]. Auch gehören hierher die „legis actiones", wie adoptio, emancipatio und ähnliche. Im übrigen gelte der Akt als dort vorgenommen (celebratus), wo er wirksam werde. Auch erstrecke er sich auf alle seine Nebenfolgen und -wirkungen; arg. D. 21. 2. 6[403].

Beispiele für die „ältere Lehre" an, die er nun verwirft: „Für den Minderjährigen, der an seinem Wohnsitz das gesetzliche Alter der Volljährigkeit erreicht, hat die dadurch erlangte Selbständigkeit ganz die Natur eines erworbenen Rechtes, welches ihm also durch die bloß zufällige Veränderung des Wohnsitzes nicht wieder entzogen werden kann" (S. 168). Zu allem vgl. Lainé II. 200.

[397] Das galt offenbar nicht als Vorschrift über die Form, sondern über die Art des Eigentumserwerbes. Vgl. den Unterschied zwischen § 873 und § 925 BGB.

[398] Ebenso Hert, Dec. 600 n. 7 aus dem Jahre 1702. — Hert macht also die Fiktion Rodenburgs u. a. nicht mit (vgl. oben S. 21). — Mit „Person" war der Eigentümer gemeint; so auch Wächter AcP 24, 293.

[399] Z. B. Def. for. pars 3 const. 38 def. 16 n. 7; vgl. auch oben S. 43.

[400] „Compendium de divisione rerum" (zu D. 1. 8) a. E.

[401] Ohne ausdrückliche Entscheidung auch Hert, Resp. 171 n. 12: „Nomina et actiones neque inter res mobiles neque immobiles referuntur sed tertiam speciem constituunt."

[402] Das ist also reine Formvorschrift (s. oben Anm. 397).

[403] Die berühmte Lex „si fundus venierit, ex consuetudine eius regionis in qua negotium gestum est pro evictione caveri oportet" (Gaius).

Mit diesem auffallend kurzen und darum für die Weiterführung der Gedanken recht mageren Abschnitt schließt Hert seine Erörterung über die Objekte der Normen ab.

§ 8: In den §§ 8—10 formuliert Hert seine drei Kollisionsregeln[404], „vor allem, um mit ihnen die dann folgenden berühmten Rechtsfälle (insignes controversiae) entscheiden zu können"; aus ihnen, betont er, werde auch erhellen, daß der Schluß von der Zuständigkeit des Gerichtes auf die Beachtlichkeit der (dort gültigen) materiellen Norm nicht immer (!) berechtigt sei.

Die erste Regel soll lauten:

„Quando lex in personam dirigitur, respiciendum est ad leges illius civitatis, quae personam habet subiectam"—

„Ist ein Gesetz auf die Person gerichtet, so muß man die Gesetze des Staates berücksichtigen, dem die Person unterworfen ist"[405].

Der Grund für diese Regel liege auf der Hand: die Person als solche sei allein dem Herrscher untertan, dem sie sich (durch Wohnsitzbegründung) unterworfen habe. Dessen Gesetze begleiteten die Person überallhin, soweit sie der Person eine bestimmte Eigenschaft gäben (qualitatem sive characterem imprimere). Ein auswärtiger Staat hat nämlich, erklärt Hert, über den für ihn Fremden Gewalt nur hinsichtlich der dort belegenen Immobilien und dort vorgenommenen Handlungen; im übrigen bleibe die Person ihrem Vaterland unterworfen, „si non actu semper secundo, certe actu primo"[406]. Hert verweist auf Baldus und Rodenburg und entscheidet sich damit für die grundsätzlich extraterritoriale Anerkennung von Personalstatuten. Paul Voets enge Meinung[407] lehnt Hert ausdrücklich ab.

Daß Gesetze, die Personen „habilitare vel inhabilitare", nicht auf auswärts gelegene Grundstücke anzuwenden sein sollen[408], widerspreche dem Gesagten nicht: „denn wir geben ja selbst zu: wenn der auswärtige

---

[404] Besprechung der Regeln s. unten S. 100 ff.

[405] Kritik dieser Formulierung vgl. unten S. 100 f.

[406] Diese Stelle ist schwer verständlich (auch Gamillscheg 169 spricht von einem „dunklen Grund"). Man wird über die Grundbedeutung von „actus" = Handlung kaum hinwegkommen und unter der „ersten Handlung" die Wohnsitzbegründung, unter der zweiten Handlung z. B. das auswärtige Rechtsgeschäft verstehen müssen, durch das die Person insoweit der dortigen Staatsgewalt unterworfen wird; vgl. auch den ähnlichen Text bei Hert § 10 (unten S. 93). — Möglicherweise heißt die Stelle jedoch: „in erster Linie . . . in zweiter Linie . . ."; so ähnlich hat sich ein Nachfolger Herts, Riccius (unten S. 163), ausgedrückt. Gemeint ist vielleicht das Gleiche, das Kahn (JhJb 39 [1898] S. 3) „primäre und subsidiäre Anknüpfung" nennt.

[407] S. oben S. 24 f.

[408] So die „Brocardica Dd." — das „Brocardicum iuris" war eine nach Burchard von Worms benannte Sammlung von Rechtsregeln ohne gesetzliche Autorität — und Mynsinger, Mevius, Bartolus, Gaill, Faber.

Staat hinsichtlich der (dort belegenen) Immobilien etwas unmittelbar bestimmt, dann muß dieses Gesetz beachtet werden." Hert verweist auf den folgenden § 9 und auf Burgundus (tract. 1 n. 8); er betont aber, daß sein Grundsatz — Extraterritorialität — nur für die reinen Personalnormen gilt: „At nos loquimur de lege, imprimente notam sive qualitatem subditi personae, quam ubique circumferat, etiamsi in alio territorio commoretur, et vi eius ius aliquod agendi vel non agendi, saltem per consequentiam nanciscatur[409]."

Zur Erläuterung bringt Hert einige Beispiele:

1. Ein Ehrloser (infamis) gilt überall als solcher (und kann also nirgends Verträge schließen); Verweis auf Barbosa und Carpzov. Das Gleiche gelte für am Wohnort wegen Verschwendung Entmündigte oder für voll- oder minderjährig Erklärte, auch wenn man anderswo anders zum „prodigus" erklärt werde, wie zum Beispiel in Frankreich „beim Klange der Trompete auf dem Markt oder am Kreuzweg"; so berichte es Lucien Soefue.

Hert erwähnt, daß Paul Voet diese extraterritoriale Wirkung für den Verschwender „ex humanitate" gefolgert habe. Mit Abraham a Wesel zieht aber Hert als Begründung die Rechtskraft des Entmündigungsbeschlusses vor[410].

2. Ein am Wohnort bestellter Vormund kann auch die anderswo gelegenen Sachen verwalten (nach Cothmann).

3. Daß eine der Person einmal zugeordnete Eigenschaft (impressa nota) nicht mehr geändert werden kann, gilt auch, wenn sie Privilegien mit sich bringt, wie vielerorts der Adel[411].

4. Personalstatuten wirken dann nicht extraterritorial, wenn sie mit dem öffentlichen Recht einer anderen Gemeinde in Widerspruch stehen. Beispiel: Anderswo wird ein Protestant zum „haereticus" erklärt; ein solches Gesetz achtet man bei uns mit Recht nicht. Auch gelten, wie allgemein bekannt ist, Behördenpersonen außerhalb ihres Gebietes als privat.

5. Berühmte Zweifelsfragen bilden die Fälle, daß sich eine Person ihrer Unterwerfung entwindet, sie aufgibt (exuere), oder daß sie zwei Wohnsitze hat, was ja möglich ist. Zum ersten Fall hatte Hert schon in § 5 geschrieben, man könne sehr wohl durch Wohnsitzwechsel seine Volljährigkeit verlieren. Hier fügt er in Anlehnung an Vietor[412] eine Einschränkung für den Fall hinzu, daß dem Geschäftspartner bereits ein „ius quaesitum" zustehe. Hert will also vermeiden, daß man sein Recht dadurch verliert, daß der Kontrahent plötzlich in seiner Geschäftsfähigkeit beschränkt wird.

---

[409] Dazu s. unten Anm. 881 (Kritik Wächters).

[410] Eine zweite Ablehnung der comitas-Lehre (vgl. oben S. 83 f.). Eine Begründung dafür, daß der auswärtige Staat den Entmündigungsbeschluß achten muß, bringt Hert damit nicht.

[411] Vgl. hierzu E 6 (unten S. 107).

[412] „Epitomae decisionum" conclusio 67 a. E.

Zu dem Fall der zwei Wohnsitze meine Cocceji am Beispiel der Erbfolge, bei beweglichen Sachen sei es klar, daß sie den Gesetzen des Wohnortes unterstellt seien, an dem sie sich befänden. Dagegen sei bei unkörperlichen Gegenständen, die der Person innewohnten, z. B. dem Namen, auf die Gesetze des früheren Wohnsitzes zu achten; das dort einem Einwohner entstandene Recht (ius quaesitum) könne ihm nicht durch den Erwerb eines weiteren Wohnsitzes abhandenkommen[413].

Nach alledem entscheidet sich Hert hier bei den Personalstatuten grundsätzlich für eine „extraterritoriale" Wirkungsmöglichkeit des Wohnsitzrechtes. Ausnahme: Zwingende Sachstatuten des auswärtigen Lageortes oder öffentliches Recht einer anderen Gemeinde können zu einer Nichtbeachtung der Personalnorm führen[414].

§ 9: Als zweite Regel soll gelten:

„Si lex directo rei imponitur, ea locum habet, ubicunque etiam locorum et a quocunque actus celebretur" —

„Wenn ein Gesetz unmittelbar auf die Sache selbst gerichtet ist, gilt es (sc. für die im Geltungsbereich liegenden Immobilien!) unabhängig vom Ort und von den Partnern des Rechtsgeschäftes[415]."

Für diese Regel[416] beruft sich Hert auf eine Reihe von (auffälligerweise vorwiegend deutschen) Wissenschaftlern, u. a. Reinking mit Zit., Colerus und Gaill; auch zieht er den Sachsenspiegel heran (Landrecht III. 33 und I. 30)[417].

Den Grund für seine These sieht Hert darin, daß sich die Staatsgewalt auf alle unbeweglichen Sachen innerhalb des Staatsgebietes erstrecke[418]; „denn es ist ganz entscheidend, daß die Grundstücke, auch die der Privaten, sorgfältig verwaltet werden (accurata dispensatio)"; Verweis auf Inst. Iust. 1. 8. 2 über die Sozialgebundenheit des Eigentums. Hert spricht damit das Motiv für die allgemein anerkannte Grundregel über die lex situs klar aus.

Sodann bringt Hert einige Einzelheiten:

1. Die Regel der lex situs erleide eine Einschränkung bei Normen, die eine abweichende rechtsgeschäftliche Disposition nicht ausschlössen; so bezögen sich z. B. die Gesetze über die Erbfolge auf Sachen (sind also

---

[413] Hinweis auf die Meinung Abraham a Wesels, „De societate connubiali" 1 n. 103; vgl. oben S. 28 f.

[414] Weitere Bemerkungen unten S. 100 ff.

[415] Besprechung dieser Regel unten S. 101.

[416] Vgl. auch Hert, Dec. 753 vom 11. 8. 1695: „In immobilibus sequamur iura rei sitae, per vulgata."

[417] S. oben S. 33.

[418] Ebenso schon in § 4 (s. oben S. 86); deshalb ist die Ergänzung in der Übersetzung der Regel gerechtfertigt.

„Sachstatuten"), schlössen jedoch die Möglichkeit, ein Testament zu errichten, nicht aus[419].

2. Das Gesetz selbst könne bestimmte Personen von der Bindung ausnehmen. So habe für die Erbfolge der Juden nicht das ius civile, sondern das mosaische Recht gegolten[420].

3. Zum Abschluß dieses Kapitels geht Hert auf das Vergeltungsrecht ein: dieses „ius retorsionis" führe manchmal dazu, daß ein Sachstatut nicht beachtet werde. Hert verweist auf Mevius[421], bei dem es heißt: „Das Vergeltungsrecht ist in einigen Gebieten für den Fall eingeführt, daß am Lageort die eigenen Bürger strengeren Gesetzen verpflichtet sind", d. h.: dann sollen die Grundstückseigentümer aus jenem Gebiet auch hinsichtlich ihrer hier belegenen Grundstücke schlechter behandelt werden. Diese Vergeltung, die seinerzeit nicht nur theoretisch war[422], bejaht Hert auch für den Fall, daß das Recht der Provinz, die „Vergeltung" üben will, Singulärrecht ist und vom gemeinen Recht abweicht. Denn der Landesherr könne eben, meint Hert, für Fremde bestimmen, daß sie in seinem Lande ein bestimmtes Recht nicht genießen sollen. Freilich sei die Wirkung eines solchen Rechtes eng auf das eigene Territorium beschränkt — „selbstverständlich", möchte man sagen, denn es geht hier um die Anwendung der „lex situs". Der gleichen Meinung seien auch Reinking, Carpzov und Grotius gewesen; a. M. Bartolus u. a.

Soweit Herts verhältnißmäßig kurze Ausführungen zur Regel über die „lex situs".

§ 10: Herts dritte Regel lautet:

> „Si lex actui formam dat, inspiciendus est locus actus, non domicilii, non rei sitae"—

> „Wenn ein Gesetz für eine Handlung eine Form bestimmt, ist weder der Wohnsitz- noch der Lageort, sondern allein der Handlungsort zu berücksichtigen."

„Id est", erläutert Hert, „si de solennibus quaeratur, si de loco, de tempore, de modo actus, eius loci habenda est ratio, ubi actus sive negotium celebratur[423]." Diese Regel, fährt Hert fort, sei seines Wissens bei allen unbestritten und unzweifelhaft, ihre Begründung folge aus § 5

---

[419] Man ist versucht zu sagen: das ist doch kein Fall der lex situs mehr; wenn keine gesetzliche Erbfolge eintritt, ist es ein ganz anderer Tatbestand. Für Hert aber ist die gesetzliche eine hypothetisch gewillkürte Erbfolge, und deshalb dient diese Stelle tatsächlich der Vorbereitung seiner Thesen über die gesetzliche Erbfolge (vgl. dazu E 16, unten S. 117 ff.).

[420] Beiläufig ein Beispiel für „personales Kollisionsrecht".

[421] Ius Lubec. quaest. 6 n. 46.

[422] Wie es heute der Fall ist (Kegel 174); s. E 54, unten S. 144 f.

[423] Im Gegensatz zur Regel selbst ist diese „Erläuterung" eine „Kollisionsnorm", die auch moderner Kritik standhält; vgl. unten S. 100 ff.

(wohl: § 4). Außerdem verweist Hert auf die „lex si fundus"[424] und auf eine ganze Reihe seiner Vorgänger, insbesondere auf die Deutschen Brunnemann, Reinking, Carpzov, Mevius und auch auf Paul Voet. Incidenter lehnt Hert damit schon Burgundus' enge Einzelmeinung (Form nach Lagerecht) ab.

Es folgen dann drei Beispiele, die anscheinend wahllos aus den Quellen herausgegriffen sind; auch zeigen schon sie, wie mit der Regel Fälle gelöst werden, auf die sie allenfalls analog paßt:

1. Testamentsurkunden müssen nach den Gesetzen des Eröffnungsortes eröffnet werden (Hinweis auf C. 6. 32. 2).

2. „Honoraria" (Gerichts- und Rechtsanwaltsgebühren) müssen nach der consuetudo *des* Gerichtes festgesetzt werden, vor dem der Prozeß stattfindet (Hinweis auf D. 50. 13. 1).

3. Eine Ehe, die nach den Formvorschriften *des* Ortes geschlossen worden ist, an dem sich die Ehegatten (sc. bei der Eheschließung) aufgehalten haben, kann nicht unter dem Vorwand aufgelöst werden, daß am Wohnsitz oder im Heimatland des Ehemannes andere Formvorschriften gälten.—

Nach dieser Kasuistik geht Hert wieder zur Theorie zurück und nennt je sechs „Erweiterungen" *(„ampliationes")*[425] und sechs „Beschränkungen" *(„limitationes")* seiner dritten Regel:

a) die „ampliationes"

1. Die Regel erfasse auch einen Fremden, der ein förmliches Rechtsgeschäft schließe. Der Fremde bleibe zwar Untertan seines Heimatlandes, hinsichtlich der zweiten Handlung (nämlich des Geschäftsabschlusses[426]) werde er aber zeitweiliger Untertan des Handlungsortes[427]; wenn der Fremde für Geschäfte einen bestimmten Marktplatz wähle (forum sortitur), werde er den dortigen Statuten verbunden.

Diese „Erweiterung" ist die zwingende Folge des Satzes, daß die Regel unbeschadet des Wohnortes gelten solle. Auch birgt sie ja gerade den praktischen Wert der Regel, denn Einheimische wären ohnedies unterworfen[428].

---

[424] D. 21. 2. 6; Text s. oben Anm. 403. — Daß diese Regel über Formen damit nicht begründet werden kann, hat schon Wächter nachgewiesen (AcP 24, 246 ff.).

[425] Bedeutet: Fälle, in denen die Regel auch gelten soll.

[426] Zur Übersetzung und Auslegung der Stelle vgl. oben Anm. 406; der Text lautet hier: „ut supra diximus, de actu primo est intelligendum, quo ad actum vero secundum subditus illius loci fit temporarius, ...".

[427] Ebenso Hert, Resp. 14 n. 5. Vgl. hierzu auch Herts „Dissertatio de subiectione territoriali" von 1698, insbesondere §§ 9 ff.; „subditi praeterea alii temporarii sunt, alii perpetui" (§ 9 a. A.); die Diss. ist enthalten in den „Commentationes ..." Band I Teil 2 (1737: S. 257 ff.; Zitat: S. 267).

[428] Lainé (II. 408) gibt zu, daß diese Regel besonders auf die modernen Autoren großen Eindruck gemacht habe, er meint aber, sie sei im Grunde ohne Wert: „c'est une formule absolument vide (leer)".

2. Die Regel gilt auch für die Haupt- und Nebenfolgen des Rechtsgeschäftes (consequentia sive profluentia); Hinweis auf die „lex si fundus" (D. 21. 2. 6). Z. B. bestimmten sich die „naturalia", etwa die Höhe der Zinsen oder die Erfüllungsleistung nach dem Recht des Vertragsortes. Das gelte auch, wenn als Gerichtsstand der (davon möglicherweise abweichende) Erfüllungsort vereinbart sei. Denn während Blickpunkt des Urteiles in erster Linie die Vollstreckung sei, sei der hier interessierende Hauptzweck des Gesetzes zu erreichen, daß das Rechtsgeschäft gehörig und in der vorgeschriebenen Form geschlossen werde (ebenso Barbosa, Johann a Sande; a. M. Burgundus, Brunnemann). Zu den Rechtsfolgen eines Rechtsgeschäftes zählt Hert jedoch nicht, was von außen oder als Unfall passiert (extrinsecus et ex accidenti subsequentia); denn Mevius bemerke ganz richtig, daß Fremde oft Schaden anrichteten[429].

Zusammengefaßt: Hert beurteilt Haupt- und Nebenfolgen eines Rechtsgeschäftes, ausschließlich der Schadenersatzansprüche, nach dem Recht des Vertragsschlußortes, unabhängig von der Vereinbarung eines anderswo gelegenen Gerichtsstandes.

3. Die dritte Regel soll auch dann gelten, wenn Sachen in einem anderen Gebiet liegen (Zit.: Reinking). Das habe schon Salicet[430] sehr gut am Beispiel des Testamentes gezeigt, das nach den Formvorschriften des Handlungsortes errichtet werde: „Statutum hoc non disponit de bonis principaliter, sed sufflat spiritum in testamentum, illud validando." Aus D. 2. 1. 20[431] könne dem nichts entgegengesetzt werden, denn es gehe hier allein um die Form eines Rechtsgeschäftes, und das Geschäft gelte, formrichtig geschlossen, überall. Diese (freilich hier nicht begründete) extraterritoriale Wirkung auf auswärtige Grundstücke meint Hert ausdrücklich nur für *Form*vorschriften. *Ob* über ein Grundstück überhaupt verfügt werden darf, entscheidet sich nicht nach dem Handlungsstatut, sondern nach dem des Lageortes[432].

4. Die Regel gilt nicht nur in der freiwilligen Gerichtsbarkeit, wie es Philippi[433] zu meinen scheine, sondern auch für die übrigen Rechtsgebiete.

5. Die Regel gilt unabhängig von dem Ort des Gerichtes, vor dem die Sache verhandelt wird[434].

6. Die Regel soll auch dann gelten, wenn sich Private bei Vertragsschluß den Gesetzen entziehen wollen (si privati suis pactis legi velint detrahere). Das begründet Hert mit D. 2. 14. 38 (Papinianus), wo es heißt: „Ius publicum privatorum pactis mutari non potest." Hert stellt

---

[429] Vgl. oben S. 46.

[430] Zu C. 1. 1. 1. n. 12.

[431] (Paulus): „Extra territorium ius dicenti impune non paretur. idem est et si supra iurisdictionem suam velit ius dicere."

[432] Vgl. Herts § 9 (oben S. 91 f.).

[433] Ein sonst nicht Genannter; unklar, ob Johann Ph. (1607 bis 1674) oder Friedrich Ph. (1650—1724) gemeint ist.

[434] Das hatte Hert schon oben betont.

also die Formvorschriften und damit seine Kollisionsregel — Maßgeblichkeit der lex loci contractus — als zwingende Regel dem öffentlichen Recht gleich. Zumindest die Form können die Partner also nicht frei wählen, sie wird zwingend durch das Ortsrecht bestimmt[435].

b) die „limitationes"

1. Die dritte Regel gilt nicht für Fremde, die dem Zivilrecht des Aufenthaltsortes nicht verpflichtet sind (obstrictus), z. B. Gesandte und deren Gefolge[436]. Alle anderen, auch die sonstigen Privilegierten, z. B. die Geistlichen, müßten jedoch die örtlichen Formstatuten beachten.

2. Die Regel gilt nicht, wenn eine Formvorschrift dem öffentlichen Recht eines anderen Staates widerstreitet, z. B. wenn sie ein Privileg mit sich bringt[437]. Denn es ist nicht selten wahr, daß Privilegien „Steine des Anstoßes und schädliche Quellen harter Streitereien" seien[438]. Soweit Privilegien in Frage stehen, hat also ein Akt nur auf Grund der Gesetze des Wohnortes Gültigkeit.

3. Die Regel gilt auch dann nicht, wenn ein Gesetz nicht nur über Förmlichkeiten, „sed etiam de rebus, quae in actum deducuntur, principaliter disponat". Dann habe das Gesetz keine Geltungskraft außerhalb des Territoriums (insbesondere nicht für auswärts gelegene Sachen; vgl. auch Herts zweite Regel § 9).

4. Die Regel gilt nicht, wenn ein Fremder das Ortsstatut nicht kennt. Verweis auf die Consult. Holland. und auf Mevius. In diesem Fall läßt Hert anscheinend — und zwar im Gegensatz zur herrschenden Lehre — die Beobachtung des Heimatstatutes genügen[439].

5. Die Regel, insbesondere soweit sie für Fremde gelten soll, versagt auch dann, wenn eine Formvorschrift den einheimischen Bürgern als ein Vorrecht gegeben ist, d. h. wenn sie allein ihnen zugutekommen soll[440], oder wenn für Fremde „iura singularia" festgelegt seien. So sei, wie Johann Seldenus berichte, in England für fremde wie einheimische Kaufleute, die miteinander zu verkehren pflegten, ein besonderes Recht in Gebrauch, das sogenannte „Handelsrecht", „ley marchant & ley nature". In diesen Fällen ist Anknüpfungspunkt die Person; deshalb muß die Regel, die von einer räumlichen Beziehung ausgeht, versagen.

6. Die letzte „limitatio" ist noch recht wichtig: „Non valet (sc. haec regula), si actus a solo agente dependeat, v. g. testamentum, et hic sit exterus; vel si actus inter duos celebretur, v. g. pactum, et uterque paciscens sit exterus et unius civitatis cives." Ein solcher, nach dem gemein-

---

[435] Vgl. jedoch auf dieser Seite unten zu 6.

[436] Verweis auf Grotius 2. 18. 4. 5; vgl. auch Hert oben sectio IV § 4 Ziffer 1 (oben S. 85) und E 21 (unten S. 117).

[437] Vgl. E 6 (unten S. 107).

[438] „Lapides scandali et noxia dissidiorum seminaria".

[439] Deshalb wohl erwähnt Lainé (II. 412) diese Meinung ausdrücklich; vgl. auch Gamillscheg 169.

[440] „Privilegii loco data sit civibus"; Verweis auf Paul Voet, sect. 9 cap. 2 § 3.

samen Heimatrecht geschlossener Vertrag werde im Heimatland zweifellos Gültigkeit haben; Hert sagt also nicht, daß er überall gelte. Gleichwohl ist diese Meinung beachtlich, weil sie gegenüber der überkommenen Lehre etwas Neues bringt. Hert hat sich wohl davon leiten lassen, daß ein Rechtsstreit zwischen den Vertragspartnern regelmäßig im Heimatland abgewickelt wird; vielleicht schwingt hier auch noch die Vorstellung vom System der persönlichen Rechte mit[441]? — Erst nach Niederschrift dieser Auffassung habe er, versichert Hert, die gleiche Meinung bei Ziegler entdeckt[442/443].

Damit schließt Hert die Erörterung seiner Kollisionsregeln und gleichzeitig seinen „Allgemeinen Teil" ab.

2. Zusammenfassung der Ergebnisse des Allgemeinen Teils

Nach der Meinung Herts sind also anzuwenden:

I. Das Recht des Wohnsitzes

a) der Person: für die persönlichen Eigenschaften, z. B. Volljährigkeit, Geschäftsfähigkeit, Adel, gleichgültig, ob sie im Einzelfall auf Gesetz oder hoheitlichem Einzelakt beruhen;
1. Ausnahme: Gesandte und andere Privilegierte, die nach Heimatrecht beurteilt werden;
2. Ausnahme: wenn eine lex situs oder auswärtiges öffentliches Recht zwingend etwas anderes bestimmt;

b) des Eigentümers: für Mobilien und unkörperliche Gegenstände;

c) des Erblassers: für die ganze Intestaterbfolge;
Ausnahme: zwingende Verbotsnorm (lex situs) bei Immobilien.

II. Das Recht des Lageortes
für die Beurteilung der Rechtslage
a) von unbeweglichen Sachen
b) von beweglichen Sachen, die zum dauernden Gebrauch an einen bestimmten Ort festgelegt sind;
— beides einschließlich der Veräußerbarkeit der Sachen und der Veräußerungsbefugnis des Verfügenden, Bestimmungen über die Notwendigkeit einer Auflassung etc.—

III. Das Recht des Handlungsortes
für die Beurteilung der Form, unabhängig vom Wohnsitz der Partner und vom Lageort;

---

[441] Darüber vgl. oben S. 32.

[442] Dicastice concl. 15 § 11 (s. oben S. 53).

[443] Diese Ausnahme vom Zwang der lex loci actus übersieht Wächter (AcP 24, 290) und wirft Hert unberechtigterweise einen „saltus in demonstrando" vor. An anderer Stelle (AcP 25, 47) referiert W. Herts Meinung, kritisiert jedoch, Hert gehe zu weit. Hert hat aber m. E. die Möglichkeit, auch dann Ortsform zu nehmen, nicht ausgeschlossen.

Ausnahme: bei einseitigen Rechtsgeschäften genügt die Beachtung der Heimatform, bei Verträgen die Form des gemeinsamen Heimatrechtes der Partner.

3. Besprechung der Ableitung und der Regeln

Vor der Beschäftigung mit Herts Fallsammlung zunächst einige Gedanken zu den §§ 4—10, die doch einen in sich geschlossenen „Allgemeinen Teil" des Kollisionsrechtes darstellen. Einmal interessiert dabei die Schlüssigkeit der in den §§ 4—10 enthaltenen Deduktion (a), zum anderen die „Richtigkeit" der Regeln (b).

a) Schlüssigkeit der Ableitung

Vergegenwärtigen wir uns noch einmal den Gedankengang, auf dem Hert zu seinen drei Kollisionsregeln gelangt ist:

1. Der Mensch kann einer Staatsgewalt auf dreierlei Weise unterworfen sein:
hinsichtlich seiner Person auf Grund des Wohnsitzes,
hinsichtlich seiner (eigenen, unbeweglichen) Sachen durch deren Lage,
hinsichtlich seiner Handlungen auf Grund einer diesbezüglichen, zeitweiligen Unterwerfung am Handlungsort = § 4[444];

2. also richtet der Gesetzgeber als Machthaber seine Gesetze auf die Person, auf die Sachen oder auf die Handlungen = §§ 5—7[445];

3. also gilt für die persönlichen Angelegenheiten das Recht des Wohnsitzes, für die Sachen das Recht des Lageortes und für die Handlungen das Recht des Handlungsortes = §§ 8—10[446].

Zu 1.: Ausgangspunkt und Fundament des Allgemeinen Teiles ist damit die Unterwerfung unter die Staatsgewalt[447]. Zumeist beruhte die Unterwerfung, die man sich in verschiedenen Formen und Stärken vorstellte[448], auf einem dahingehenden Vertrag mit dem Herrscher: „Modus constituendi subiectionem est pactio expressa vel tacita[449]." So war die Unterwerfung des Menschen hinsichtlich seiner Person Folge einer in die Begründung eines Wohnsitzes hineingelegten Unterwerfungserklärung: „Haec (sc. jene pactio) fit domicilii constitutione[450]. Hinc vulgo traditur:

[444] Oben S. 85 f.
[445] Oben S. 86 ff.
[446] Oben S. 89 ff.
[447] Sie entwickelte sich zu Herts Zeit gerade zu einer „absolutistischen"; vgl. Fehr, a. a. O., 181, 193.
[448] Vgl. Hert, Resp. I. 46 n. 9: „Wiewohl bekannt ist, ut superioritas territorialis non existat unius generis, quandoquidem alia plena est, alia minus plena, ita et subiectionem variare, ..."
[449] Hert, Dissertatio de subiectione territoriali, § 12 (in: „Commentationes" I. II; 1737: S. 271).
[450] Die „Staatsangehörigkeit" entwickelte sich ja erst später.

domicilium veram et micam esse causam, quae faciat subditum proprie dictum (im Anschluß an Lauterbach, de domicilio c. 8 § 10)[451]." Ähnlich folgte die Unterwerfung hinsichtlich der Handlungen aus einer — nicht näher begründeten[452] — einstweiligen und teilweisen Unterwerfungserklärung des Handelnden (beim Betreten des Gebietes). Für die Immobilien dagegen bedurfte es keiner solchen Unterstellung; hier folgte die Unterwerfung nämlich schon aus der Eigenschaft der Staatsgewalt als Territorialgewalt[453]. Denn zu den Essentialia eines Staates gehörte auch damals das Staatsgebiet[454]; das aber wurde ja bei den — oft recht kleinen — Staatsgebilden aus einer Anzahl von Grundstücken gebildet, die unmöglich fremder Staatsgewalt, sei es auch nur in Form der Privatgesetzgebung, unterliegen konnten[455]. Außer dieser Furcht vor Aushöhlung und „Eroberung" auf privatrechtlichem Wege spielten sicher auch Gesichtspunkte der Sozialgebundenheit des Grundeigentums mit[456].

Da die Unterwerfung — unbeschadet der seinerzeitigen staatsrechtlichen Diskussion über ihre Begründung — ein unumstößliches Faktum war, konnte sie auch für die kollisionsrechtliche Ableitung eine sichere Ausgangsposition bieten. Neu war diese Begründung freilich nicht; denn „es gibt wohl keine Regel des IPR, die nicht im Laufe der Zeit mit der freiwilligen Unterwerfung der Parteien unter das von ihr bezeichnete Gesetz begründet worden wäre[457]." Insbesondere hatte ja soeben Heinrich von Cocceji in seiner Dissertatio über die Staatsherrschaft diese Deduktion

[451] Hert in der „Dissertatio de subiectione terr."; s. vorletzte Anmerkung.

[452] Bezugnahme auf antike Dramen und Grotius genügten Hert; s. auch oben S. 86.

[453] So Hert selbst in § 4 (oben S. 86, dort auch Anm. 389). — Daneben gab es auch für Immobilien Unterwerfungserklärungen; vgl. Hert, Resp. I. 46 n. 10: „iam et datur tantum subiectio ratione rerum, non personae, et propterea homagium (das war eine eidliche Versicherung des Gehorsames und der Treue) non semper personale, sed et interdum reale est"; vgl. auch Hert, Resp. I. 266: der Vasall, der nicht auf den Lehensgütern wohnt, ist ein „subditus realis".

[454] S. Fehr, a. a. O. 106.

[455] Z. B. Surdus, cons. 257 n. 15: „Es ist ein Hauptanliegen des Staates, über die in seinem Gerichtssprengel belegenen Sachen zu bestimmen"; ebenso Hert oben S. 91. Ein Beispiel aus der deutschen Stadtgesetzgebung bietet das Regensburger Statut (nach Catellani, a. a. O. I. 404): „Es soll kein Bürger oder Bürgerin allhier einig liegend Gut, so in dieser Stadt gelegen, jemandem anders, dann der auch ein Bürger allhier, un in allem bürgerlichen mitleiden ist, ohne Vorwissen und Vergünstigung E. E. Raths verkaufen, und ob es darüber geschehen, so solle es doch von (Unwirksamkeit) und kraftlos sein ..." — Im übrigen scheint seinerzeit die Vorstellung der Beziehung der Staatsgewalt (= eines Gesetzes) unmittelbar zu einem Grundstück nicht abwegig gewesen zu sein; vgl. hierzu Gierke, Deutsches Privatrecht, I, 211 und Neumeyer, Die gemeinrechtliche Entwicklung, I, 19.

[456] Vgl. Hert IV § 9 (oben S. 91).

[457] So mit Recht Gamillscheg 113 mit Beispielen.

für das Kollisionsrecht vollzogen[458]. Herts Verdienst ist also nicht die Entdeckung dieser Grundlage, sondern ihr Ausbau zu einem geschlossenen Allgemeinen Teil des Kollisionsrechtes.

Freilich mag verwundern, daß sich Hert auf drei Arten von Unterwerfung beschränkt hat: warum soll der Mensch nicht auch hinsichtlich der Mobilien, der Steuern, der Sicherheit und Ordnung oder seiner Straftaten unterworfen sein? Ein Grund aus der Sache selbst ist nicht ersichtlich. So bleibt der Verdacht, daß Hert[459] vom erwünschten Ergebnis her — Dreizahl der Regeln — argumentiert hat. Psychologisch tragendes Element mag dabei die Dreiteilung der Privatrechtsnormen gewesen sein, die Hert nun als zweites Glied seiner Gedankenkette bringt.

Zu 2.: Aus der dreigestaltigen Unterwerfung schließt Hert, daß der Gesetzgeber seine Gesetze — Ausfluß seiner Herrschergewalt — auf diese drei Gruppen von Objekten richtet. Zumal Hert selbst darauf Bezug nimmt, ist Quelle dieser Dreiteilung wohl weder die mittelalterliche Dogmatik noch gar eine dahingehende staatsrechtliche Doktrin, sondern einfach Gaius' Satz: „Omne ius quo utimur vel ad personas pertinet vel ad res vel ad actiones[460]." Hierin dürfte überhaupt die Wurzel für die Dreiteilung der Gesetze liegen, von der sich auch[461] die Kollisionsrechtler nicht lösen konnten, solange sie vom Gesetz her argumentierten.

Gegen diese Dreiteilung der Sachnormen ist außer ihrer Unvollständigkeit nichts einzuwenden; daß sich die Gesetzgeber danach richten, wie Hert sich ausdrückt, ist dagegen unglaubhaft. Statt „igitur ..." müßte es deshalb wohl besser „nam, enim" heißen, wenn Grund und Folge für die Dreizahl der Unterwerfungsarten richtig erscheinen sollen.

Zu 3.: Mit dem dritten Schritt zieht Hert die für das Kollisionsrecht wichtigen, praktischen Schlüsse und formuliert die drei Regeln, deren Inhalt nach dem Vorangegangenen schon nicht zweifelhaft sein konnte. Aus dem Satz: „Die Person ist dem Wohnsitzherrscher unterworfen" läßt sich schließen: „Ein von ihm erlassenes, auf die Person gerichtetes Gesetz trifft diese Person"; und auch umgekehrt und allgemein gefaßt: „Bei persönlichen Angelegenheiten muß man die Wohnsitzgesetze beachten." Freilich: diese Folgerungen hätte Hert auch schon aus den Thesen über die Unterwerfung selbst ziehen können, ohne Erwähnung der Dreiteilung der Normen (zweiter Schritt); z. B.: „Wenn die — d. h. jede — Person dem Wohnsitzherrscher unterworfen ist, regelt sich das Dasein der Person nach den Gesetzen des jeweiligen Wohnsitzherrschers." Das wäre eine folgerichtig aus dem ersten Glied der Deduktion abgeleitete Kollisions-

---

[458] Vgl. oben S. 62 ff.

[459] Anders H. Cocceji, der nicht zu nur drei Regeln kam.

[460] D. 1. 5. 1.; aus dem ersten Buch von Gaius' Institutionen.

[461] Noch im BGB ist die Dreiteilung erkennbar, wenn es in den §§ 1—89 über die Personen, in den §§ 90—103 über die Sachen und in den §§ 104—185 über (rechtsgeschäftliche) Handlungen Bestimmungen trifft.

regel[462]. Sie hätte außerdem den Vorteil, nicht von der Norm her formuliert zu sein und so nicht zu Mißverständnissen und Rügen Anlaß geben zu können, von denen nun die Rede sein soll.

b) Besprechung der Regeln

Die drei Regeln, die Hert in den §§ 8—10 formuliert hat, sind das Herzstück seiner Abhandlung: Ergebnis und Zentrum des Allgemeinen Teils sowie Grundlage für den Besonderen, die Fallsammlung. Die folgende Betrachtung soll nur der Frage gelten, ob die Regeln in sich schlüssig und ob sie „richtig gedacht" sind[463].

1. Die erste Regel[464] scheint zwei unterschiedliche Gedanken miteinander zu verbinden: Der Vordersatz „Wenn sich ein Gesetz auf die Person bezieht" läßt nämlich offenbar nur die Aussage zu, daß es anwendbar ist, wenn die betreffende Person der betreffenden Staatsgewalt (durch den Wohnsitz) unterworfen ist. Zu dem Hauptsatz dagegen würde passen: „Wenn es um persönliche Angelegenheiten geht" (ist auf die Wohnsitzgesetze zu achten). Das Erste würde in der modernen Terminologie eine „einseitige", das Zweite eine „allseitige Kollisionsnorm" darstellen. Die Verquickung beider Ausdrucksweisen in einer Regel ist jedoch unzulässig[465]. Was wird Hert nun gemeint haben? M. E. eine allseitige Kollisionsnorm[466]. Der Vordersatz soll sich nicht auf ein bestimmtes Einzel-

---

[462] Hert selbst schreibt in IV § 5 (am Anfang der Deduktion also!): „... status et qualitas personae regitur a legibus loci, cui ipsa sese per domicilium subiecit."

[463] An diesem Punkt sei besonders auf die Kritik Gamillschegs an der Statutenlehre hingewiesen (S. 72 ff.). Gamillscheg rügt vor allem „drei große Mängel": 1. die Doppelspurigkeit der Betrachtungsweise, 2. die unglückliche Terminologie und 3. die fehlende Unterscheidung zwischen objektivem und subjektivem Recht, Gesetz und Richterspruch, allgemeiner Norm und Einzelfallgestaltung durch Hoheitsakt. — Hier interessiert vor allem Punkt 1: Zunächst fragten, meint Gamillscheg, die Statutisten nach der Anwendbarkeit des Einzelstatuts im Verhältnis zum gemeinen Recht; sodann seien sie bei der Frage, welches der möglichen Statuten anzuwenden sei, umgesprungen auf eine Betrachtung vom Rechtsverhältnis aus (z. B. Bartolus: „quid de contractibus?", s. auch oben S. 4). Beide Betrachtungsweisen hätten die Statutisten dann miteinander vermengt; als Beispiel dafür nennt Gamillscheg u. a. Herts erste und dritte Regel (75 und 78).

[464] Text oben S. 89.

[465] Ebenso zu Recht Gamillscheg 75. — Soweit Gamillscheg darüber hinaus zu rügen scheint, daß Hert das Wort „lex" in dieser Regel in verschiedenem Sinn gebraucht habe, kann ich ihm nicht folgen; entgegen dem durch Gamillschegs Übersetzung („Wenn das Gesetz die Person betrifft, dann gilt die lex domicilii") verursachten Schein spricht Hert hier nämlich immer von „lex" als von einer Sachnorm (Gamillscheg 75 und 78).

[466] Das beweisen die vielen Fälle, in denen Hert „allseitig" formuliert; z. B. oben Anm. 416 sowie S. 92 und unten S. 101; Wächter will das anscheinend nicht zugeben (AcP 25, 10 Anm. 182).

gesetz beziehen, sondern ausdrücken: „Wenn es um Angelegenheiten von Personen geht, sind die Wohnsitzgesetze heranzuziehen[467].“ Die von Hert gewählte Formulierung bleibt freilich ungenau[468].

2. Eine solche innere „Unrichtigkeit“ findet man in der zweiten Regel[469] nicht; dafür ist diese Regel unvollständig. In den Text „Ein auf die Sache gerichtetes Statut gilt unabhängig von den Personen und vom Ort des Vertrages“ muß man nämlich einmal ergänzen: „... (gilt) für die im eigenen Territorium gelegenen Sachen ...“; zum anderen ist es eben nur eine Aussage über die Anwendung eines Gesetzes, eine sogenannte einseitige Kollisionsnorm, so daß ein Konflikt zwischen zwei Betrachtungsweisen hier gar nicht denkbar wäre[470]. Im praktischen Fall jedoch hat Hert auch diese Regel — man möchte sagen: „selbstverständlich“ — wie eine allseitige angewendet[471]: war ein Grundstück im Streit, suchte er anhand dieser Regel die zugehörige „lex situs“.

3. Die dritte Regel über die Handlungsstatuten[472] ähnelt im Aufbau der ersten und gibt deshalb Anlaß zu der gleichen Kritik[473]. Interessant ist hier, daß Hert die „Unzulänglichkeit“ der Regel selbst erkannt zu haben scheint; denn er setzt unmittelbar eine „Erläuterung“ hinzu, die ihrerseits eine einwandfreie allseitige Kollisionsregel darstellt: „Wenn es um die Form ... geht, ist der Handlungsort zu berücksichtigen[474].“ Auch das ist ein Beweis dafür, daß Hert nicht das Vermögen abging, Kollisionsregeln „allseitig“ zu denken; er hat nur unglücklich formuliert[475]. Für die dritte Regel im besonderen kommt hinzu, daß Hert sie im sachlichen Umfang zu eng gefaßt hat; denn er löst in der Folge mit ihr Fälle, in denen von einer Formvorschrift nicht die Rede sein kann[476]. Diese enge Fassung hat ihren Grund wohl darin, daß sich die Formstatuten bei Grotius und Rodenburg soeben als dritte Gruppe neben die Personal- und Realstatuten gesetzt hatten. So sehr stand Hert nun im Banne der großen Vorbilder, daß er vergaß, seine Regel, dem erweiterten

---

[467] Auch Gamillscheg (79) räumt ein, daß manche Statutisten bei ihrer Argumentation nicht ein einzelnes Statut im Auge gehabt haben, sondern alle Gesetze dieser einen Art. Solch ein Fall ist Herts Regel.

[468] Daß diese Formulierung vom Gesetz her ihren tieferen Grund in der Normendreiteilung des Gaius hat, wurde schon erwähnt (oben S. 99).

[469] Text oben S. 91.

[470] Das Lob, das Gamillscheg 75 incidenter dieser Regel zollt, ist deshalb einzuschränken.

[471] Vgl. auch die „tadellose“ Formulierung, die Hert (in Dec. 753) gewählt hat: „In immobilibus sequamur iura rei sitae“ (vgl. auch oben Anm. 416).

[472] Text oben S. 92.

[473] Deshalb wird auf die Bemerkungen zur ersten Regel pauschal Bezug genommen.

[474] Oben S. 92.

[475] Das freilich bleibt ihm „vorzuwerfen“, denn er wollte doch Ordnung schaffen.

[476] So die meisten Fälle des Vertragsrechtes, unten S. 135 ff.

Anwendungsbereich entsprechend, auf alle Handlungsnormen auszudehnen.

Ergebnis: Nach alledem kann man nicht umhin festzustellen, daß Hert bei der Formulierung der Regeln selbst nicht die glücklichste Hand gehabt hat. Zu stark war für ihn[477] das Dogma der Normendreiteilung (D. 1. 5. 1), als daß er sich von einer auf ihr basierenden Formulierung hätte lösen und die Regeln als so allseitig hätte ausdrücken können, wie er sie gemeint zu haben scheint: deshalb hat er die Regeln vom Gesetz aus formuliert, deshalb ist er zu einer Dreizahl von Regeln gekommen[478].

Die „Vorwürfe", die Regeln seien in sich unrichtig, unvollständig oder nicht weit genug gefaßt, haben jedoch zum größten Teil nur theoretischen Wert[479]: Hert und weitere 150 Jahre Kollisionsrecht haben nämlich diese Regeln als durchaus allseitig angewendet und empfunden. Dafür bringt die nun folgende Fallsammlung eine Fülle von Beispielen.

C. Besonderer Teil (§§ 11—74)

In den §§ 11—73 des vierten Abschnittes bringt Hert 63 Fälle[480] mit Lösungen; „denn", so meint er, „man könnte ja in einer so diffusen Materie gar leicht einem Irrtum unterliegen, wenn man ohne die Lösung einzelner Fälle nur an allgemeinen Regeln hängen bliebe[481]."

Vorbemerkung

Einige Worte zunächst zu der Frage nach dem Ursprung der Fälle: Hat Hert sie erdacht[482] oder der Praxis entnommen[483]?

Diese Frage kann nicht für alle Beispiele einheitlich beantwortet werden.

1. Einige Fälle bestehen aus einer allgemeinen und schon bekannten kollisionsrechtlichen Frage, die Hert nur in Fallform gegossen hat; z. B.: „Caius intestatus moritur in quodam territorio, in alio partem bonorum habet, utriusque iura discrepant a iuribus domicilii; quaeritur, secundum quas leges successio deferatur[484]?" Solche „Fälle" stehen oft als Grundfälle am Anfang eines neuen Sachgebietes und enthalten die Darstellung des wissenschaftlichen Streitstandes sowie Herts eigene Meinung[485].

---

[477] H. Cocceji hatte sich davon gelöst!

[478] Gäbe es wirklich nur drei Gruppen von Sachnormen und wäre auch ihre Abgrenzung global unstreitig (so daß keine Qualifikationsschwierigkeiten aufträten), dann — aber eben nur dann — wäre Herts System ideal.

[479] So mit Recht Gamillscheg 78.

[480] „Insignes controversiae" (Hert IV § 8) und „casus insignes practici" [Hert in der Überschrift zu sectio IV (1700 und 1716)].

[481] Hert IV § 11.

[482] So Wolff (1954) S. 18 Anm. 21; Wächter hielt die Fälle für „fingiert" (AcP 24, 260 Anm. 63; ebenso dort S. 285).

[483] So Gamillscheg 168, Kegel 53; unentschieden Gutzwiller 330 Anm. 2, der von „63 espèces pratiques" spricht.

[484] Hert E 16 (= IV § 26; s. unten S. 117 ff.).

[485] Weitere Beispiele: E 1, 8, 13, 36 (37—39), 60.

2. Die Mehrzahl sind Einzelfälle, die Hert aus verschiedenen Quellen zusammengetragen hat und die meist auf einen konkreten Rechtsfall zurückgehen. Als Quellen standen ihm einmal die Schriften der Kollisionsrechtler zur Verfügung, in denen verschiedene bekannte Streitfragen, unseren heutigen Schulfällen vergleichbar, von Buch zu Buch weiterwanderten und immer wieder diskutiert wurden; so läßt sich mancher Fall durch vier bis fünf Hände zurückverfolgen, ohne daß immer der vorletzte Schriftsteller genannt würde. Diese altüberlieferten Fälle[486] haben ihren Ursprung zumeist in der Praxis der Norditaliener oder frühen Franzosen[487]. Weiteres Material schöpfte Hert unmittelbar aus der Rechtsprechung des deutsch-niederländischen Raumes, die ihm aus den Entscheidungssammlungen der Kameralisten bekannt war; insbesondere kannte er die Rechtsprechung des Reichskammergerichts durch Mynsinger und Gaill, des Leipziger Schöppenstuhls durch Carpzov, des Wismarischen Gerichtshofes durch Mevius, der Frankfurter Juristenfakultät durch Brunnemann, des Belgischen Obergerichtes durch Christijnen und des Friesischen Gerichtshofes durch Johann a Sande. Diese Entscheidungen bringt Hert nun entweder in einer konkreten Fassung[488], oder er formt auch sie zu einer allgemeinen Frage um[489].

Daneben bot die überreiche Literatur der Kommentare, Disputationen und Dissertationen, „Observationes“ und „Consilia“ eine Fundgrube, aus der Hert einige Fälle herausholte, die nicht auf einen konkreten Rechtsfall zurückzugehen scheinen[490].

Zusammenfassend ist zu sagen, daß neben einigen, von Hert als Fälle geformten allgemeinen Fragen die überwiegende Anzahl der Beispielsfälle praktische Rechtsstreitigkeiten darstellt, die Hert unmittelbar einem Rechtsprechungsbericht entnommen hat oder die mittelbar, durch den Bericht anderer Rechtswissenschaftler, auf ihn gekommen sind. Dabei hat Hert in den meisten Fällen versucht, den konkreten Fall in einen allgemeinen Tatbestand zu kleiden. Herts Leistung war also weniger das Erfinden der Falltatbestände als vielmehr die Zusammenstellung und Lösung des vorhandenen Materials, die zu einem schon öfters als positiv anerkannten[491] Charakteristikum der Hertschen Arbeit geworden ist. Daß Hert selbst diesem Teil keine Nebenrolle zugedacht hatte, hat er in § 8 (Sectio IV) durchblicken lassen: er wolle, schreibt er dort, drei Regeln formulieren, „in erster Linie, um unten die berühmten Fälle lösen zu können“.

---

[486] Nicht nur die sog. „quaestiones famosissimae“: das filiusfamilias-Statut (E 12), der Erbausschluß der ausgesteuerten Tochter (E 31), das englische Erbstatut (E 28).

[487] Z. B. E 4, 5, 7—12, 29, 47, 48.

[488] Z. B. E 20, 26, 32—34, 44.

[489] Z. B. E 2, 3, 14, 15, 25, 27, 35, 49.

[490] Z. B. E 21, 22, 51, 52, 55 (auch E 36—39).

[491] Z. B. Gutzwiller 330, insbesondere Anm. 2.

Darstellung der Fälle

Die nun zu besprechenden 63 Fälle hat Hert offenbar im großen und ganzen nach Sachgebieten geordnet, nicht ausdrücklich und auch nicht ganz sauber, aber doch so, daß sich eine bestimmte Folge von Sachkomplexen herausfinden läßt:

I. Personenrecht (E 1—7)[492]
II. Strafrecht (E 8—11)
III. Erbrecht (E 12—21, 24—28, 30—34, 40)
IV. Familienrecht (E 29, 35—39, 41, 50)
V. Vertragsrecht (E 42—49, 51, 52, 55, 56)
VI. Staatsrecht (E 22, 23, 53)
VII. Prozeßrecht (E 54, 57—63)

Gemäß dieser Einteilung, mit der der Verfasser Hert keine Gewalt anzutun hofft, sei der „Besondere Teil" der Arbeit Herts besprochen[493].

I. Personenrecht

Übersicht:

E 1 Volljährigkeit
E 2 Volljährigkeitserklärung durch Hoheitsakt
E 3 Erbunfähigkeit einer Nonne
E 4 Legitimierung der Geburt durch Hoheitsakt
E 5 Legitimation durch nachfolgende Eheschließung
E 6 Adelseigenschaft
E 7 „filiafamilias"

E 1: Volljährigkeit (§ 11)[494]

A. „Aetas, quae iure minorum gaudet, varie definitur, ut supra diximus. Iam quaestio est, cuius loci iura intueri debeamus? Iura iudicii, ubi controversia tractatur, voluit inspici Glossator. Contra locum contractus Costalius et Busius ad l. 6. D. de evictionibus. Verum nos existimamus, domicilii iura heic esse potiora, per regulam in § IIX."

B. Herts Lösung ist die notwendige Konsequenz aus seiner ersten Regel (oben S. 89). Hert läßt dabei die Wohnsitzgeschäftsfähigkeit mit

---

[492] „E" bedeutet hier und anderswo „exemplum" = „Fall", durchgezählt von 1 bis 63; da die Fallsammlung in § 11 beginnt, entspricht „E 1" „§ 11" usw.

[493] Es wird daran erinnert, daß Herts Fakultätssprüche (Responsa und Decisiones) hier mit eingearbeitet werden; s. oben Anm. 317.

[494] Um den Charakter der Hertschen Fälle zu zeigen, wird dieser kurze Fall im vollständigen Urtext wiedergegeben. — Im folgenden sollen Abschnitte A und B, soweit möglich, den Bericht des Falles (A) und seine Besprechung (B) trennen.

der h. M.[495] offenbar auch für auswärtige Grundstücke maßgebend sein, da er sie nicht, wie Burgundus, ausnimmt[496].

E 2: Volljährigkeitserklärung durch Hoheitsakt (§ 12)

A. Dasselbe gilt nach Hert für den Fall, daß der Jüngling „Titius veniam aetatis impetrat a suo Principe“: wenn er auswärts kontrahiere, wo er an sich noch nicht volljährig wäre, könne er nicht die ‚restitutio in integrum‘ verlangen; m. a. W.: der von ihm geschlossene Vertrag ist vollgültig. Hert stützt sich dabei wieder auf seine erste Regel, auf Ulrich Huber und auf die Consultatien Holland[497], wo es (in einem seltsamen Sprachgemisch) heißt: „Minor hebbende van den Prince van den Lande, sub quo degit, veniam aetatis verkroegen, werd in omni loco et negotio vor maerderjarig (volljährig) gehouden.“

B. Die von dem zuständigen, d. h. dem am Wohnsitz herrschenden Princeps kraft Einzelaktes verliehene Volljährigkeit wirkt also, ebenso wie die auf Grund Gesetzes erlangte, überall. Gamillscheg[498] hat gegen die Statutisten den Vorwurf erhoben, sie unterschieden nicht genügend die Wirkung eines Gesetzes von der eines einzelnen Hoheitsaktes. Hert hat zwar zwei Fälle gebildet und dadurch den Unterschied deutlich gemacht, er hat aber die Ergebnisse aus derselben Regel abgeleitet, in der doch nur von Wirkungen der Gesetze die Rede war. Damit ist er demselben Fehler verfallen wie viele andere.

E 3: Erbunfähigkeit einer Nonne (§ 13)

A. „Titia stirbt in Holland[499] und hinterläßt eine reiche Erbschaft. Ihre Schwester, Nonne in Brabant und nach dortigen Gesetzen erbunfähig, will die Erbschaft antreten.“

Nach Hert geht das nicht: die Schwester gelte sozusagen als tot, da sie am Wohnort „haereditatis acquirendae incapax“ sei. Diese Rechtslage müsse auch auswärts gelten, „zumal in Batavia[500], wo man Nonnen hasse (ubi status Monialium exosus est)“. So hätten die Jurisconsulti Batavi[501] entschieden.

B. Die genannte „incapacitas“ als persönliche Eigenschaft aufzufassen, lag nahe. Interessant, wie Hert dieser klaren Entscheidung zugunsten des Personalstatutes, in der die Lehre vom bürgerlichen Tod nachklingt, ein Rechtfertigungsmotiv anhängt: in Batavia habe man Nonnen sowieso nicht gern!

---

[495] Vgl. u. a. Rodenburg und Abraham a Wesel, oben S. 21 und S. 27.

[496] Nur die in der Ausgabe von 1737 in einer Anmerkung zitierte Entscheidung 125 von Stokmann (s. oben S. 19 f.) enthält die enge Auffassung.

[497] Pars 4 cons. 166.

[498] S. 87, wo er die hier besprochene Stelle in Anm. 65 nennt.

[499] Gemeint ist hier und später die Provinz Holland, das Gebiet zwischen der Zuider See und dem Mündungsgebiet des Rheins; dort galt gemeines Recht.

[500] Provinz am Rheindelta.

[501] Pars 4 consult. 244.

E 4: Legitimierung der Geburt durch Hoheitsakt (§ 14)

A. Schenkt der Princeps einem ihm Untergebenen das Recht der legitimen Geburt[502], so gilt das überall. Hert stützt sich auf Anton de Rosellis[503] und auf seine erste Regel.

Paul Voet[504] sei hier anderer Meinung, „sed ex falso principio".

B. Ein zweiter Fall auswärtiger Wirkung eines Hoheitsaktes[505]. Hert dürfte den Fall von H. Cocceji[506] übernommen haben; zu dessen Einschränkung hinsichtlich auswärtiger Grundstücke äußert sich Hert jedoch nicht.

E 5: Legitimation durch nachfolgende Eheschließung (§ 15)

A. „In England gibt es keine ‚Legitimation durch nachfolgende Eheschließung'[507]. Kann nun der Sohn seinen natürlichen Vater, der ihn in England vor der Eheschließung gezeugt hatte, (wenigstens) hinsichtlich der außerhalb Englands belegenen Sachen beerben?" Das Pariser Auditorium habe diese Frage bejaht[508].

Richtiger verneine man sie, denn jenes englische Gesetz widerstreite nicht der „aequitas naturalis". Etwas anderes gelte nur, fährt Hert fort, wenn das Recht des auswärtigen Staates (sc. wo die Sachen liegen) auch die unehelichen Kinder zur Erbfolge zulasse.

B. Wieder wirkt der Personenstand nach Herts erster Regel extraterritorial. Schaeffner[509] berichtet zustimmend von einem ähnlichen, 1827 entschiedenen Fall: die durch die „lex originis" (Englands) imprimierte Unfähigkeit, legitimiert zu werden, hindere die Legitimierung durch nachfolgende Eheschließung, auch wenn die Ehe später in Schottland geschlossen werde (wo es offenbar dieses Rechtsinstitut gab).

Bemerkenswert ist, wie Hert die englische Norm an der „aequitas naturalis" mißt[510] — ein naturrechtlicher Vorfahre des Art. 30 EGBGB!

---

[502] Eine dem römischen Recht entlehnte Möglichkeit (legitimatio per rescriptum principis), die in Deutschland nur zögernd Eingang fand; vgl. hierzu Conrad, a. a. O. I. 547.

[503] Italienischer Rechtsgelehrter des 15. Jh. (1466 gest.).

[504] Sect. IV. cap. 3 § 15; dort hat Voet eine extraterritoriale Wirkung der Legitimierung abgelehnt, weil sie doch in erster Linie Rechte gewähre, die dem Legitimierten eigentlich gar nicht zustehen; deshalb glaubte er, „illam legitimationem ad honores subeundos et haereditatem extra territorium capiendam non sufficere".

[505] Wie oben E 2 (S. 105).

[506] A. a. O. tit. 5 § 7.

[507] Auch in Deutschland war dieses Rechtsinstitut erst im 12. Jh. vom römischen Recht übernommen und eingeführt worden; Conrad, a. a. O. I. 547.

[508] Quelle: Lucien Sofue, Nouveau recueil de plusieurs questions notaben. tom. 2 c. 4 c. 20 (nach Hert).

[509] A. a. O. S. 52.

[510] Das ist ein von den Italienern stammendes und besonders bei Dumoulin zu beobachtendes Kriterium; vgl. Gamillscheg 93.

E 6: Adelseigenschaft (§ 16)

A. Den Wirkungsbereich einer Nobilität beschränkt hier Hert auf das Territorium: „nobilitas est privilegium, quod extera civitas respicere haut tenetur." Ausnahme bei „pactum aut mutua conventio" (sc. zwischen den verschiedenen Staaten).

Noch viel weniger[511] könne eine auswärtige civitas einem Einheimischen ein Privileg mit Wirkung im Heimatland gewähren. Dafür bringt Hert u. a. folgendes Beispiel[512]: Der Deutsche Kaiser (Rudolf II.) habe 1596 dem Engländer Thomas Arundelius nach einem Krieg in Ungarn Ehren und Titel „S. R. Imperii Comitis" verliehen. Königin Elisabeth I. von England habe ihm die Führung dieses Titels verboten: „nollem oves meas alieno stigmate iniure."

B. Privilegien brauchte ein auswärtiger Staat also nicht zu beachten. Das Motiv war Schutz vor dem Hereinfluten fremder Titel, Ehren und Privilegien[513], die ja leider, wie Grotius meinte, im Inland einiges Gewicht hätten. Schon in § 10 hatte Hert auswärtigen Privilegien, deren Form dem hiesigen öffentlichen Recht widersprechen, eine Geltung abgesprochen. Hier, in E 6, stellt Hert klar, daß die auswärtige Geltung eines Privilegs die Ausnahme ist — nur bei Vertrag zwischen den betreffenden Staaten[514].

Alledem scheint freilich Herts in § 8 geäußerte Meinung entgegenzustehen, daß jede Person die ihr einmal aufgeprägte „nota" mit sich herumtrage, auch wenn sie — „ut in locis multis Nobilitas" — ein Privileg mit sich bringe. Dieser Schein trügt: Nach dem Recht des privileggebenden Wohnsitzstaats behält die Person ihre Sonderstellung; hier — in E 6 — ist nur gesagt, daß der auswärtige (Gast-)Staat nicht verpflichtet ist, diese privilegierte Stellung zu beachten.

E 7: Filiafamilias (§ 17)

A. „Ein Mädchen erhält mit ihrer Heirat kraft eines bestimmten Statutes eine eigene Rechtsstellung (filiafamilias nupta statuto fit sui iuris).

Erste Frage: Kann sie über ihre Sachen, gleich wo sie liegen, wirksam testieren?

Zweite Frage: Kann ihr Vater in einem Gebiet, wo sie noch als ‚filiafamilias' gilt, den Nießbrauch an ihrem Erwerb verlangen?"

Beide Fragen seien aus demselben Prinzip zu entscheiden, meint Hert: „Ius nempe datum est personae" und erstreckt sich (eben als Personalstatut) nur „per consequentiam" auf die anderswo gelegenen Sachen.

---

[511] „Multominus."

[512] Übernommen von Cambdenus „ad annales 1596"; Cocceji bringt dasselbe in tit. 5 § 7.

[513] Vgl. noch Art. 109 VI WeimReichsVerf. vom 11. 8. 1919: „Kein Deutscher darf von einer ausländischen Regierung Titel oder Orden annehmen."

[514] Diese „conventio" hat mit der „comitas" nichts zu tun.

Hinweis auf § 8 (1. Regel) und auf Franchis[515], von dem er diesen Fall übernommen hat.

B. Nach römischem und gemeinem Recht wurde ein Mädchen bei seiner Heirat nicht unmittelbar kraft Gesetzes „sui iuris". Das mittelalterliche deutsche Recht[516] und viele Partikularrechte jedoch[517] gewährten der jungen Frau ohne Hoheitsakt die volle, nicht durch väterliche potestas beschränkte Rechts- und Geschäftsfähigkeit.

Daß diese, den persönlichen Status der Frau ganz verändernde Regelung nach Herts erster Regel personal ist und „extraterritorial" wirkt, ist nicht verwunderlich. So schließt sich Hert Franchis' Meinung zu Recht an[518].

Zusammenfassung für das Personenrecht

Mit diesen sieben Fällen hat Hert seine erste Regel praktiziert: Wenn es um die Person geht, gilt Wohnsitzrecht. Die danach bestimmten persönlichen Eigenschaften sind, auch wenn sie auf Hoheitsakt beruhen, überall anzuerkennen; Ausnahme: Privilegien brauchen von auswärtigen Staaten nicht notwendig beachtet zu werden.

Die Geschäftsfähigkeit richtet sich auch bei Geschäften über auswärtige Grundstücke nach Wohnsitzrecht (a. M. Burgundus).

II. Strafrecht[519]

Übersicht:

E 8 Strafbarkeit und Konfiskation
E 9 Strafbarkeit bei Auslandstat
E 10 Strafbarkeit bei zwei Tatorten
E 11 Auslieferung

E 8: Strafbarkeit und Konfiskation (§ 18)

A. „Eine Handlung ist bei uns strafbar, anderswo nicht; oder" — und damit geht Hert unvermittelt zu einem von Alber. Gentili[520] übernommenen Fall über: — „kann der spanische Fiskus in Brasilien gesetzwidrig gekaufte Waren auch noch in England herausverlangen?" Mit Recht bejahe Gentili die Frage, denn die Handlung sei ja schon in Brasi-

---

[515] Vincentius von Franchis, 1531—1601; hier: Decisiones sacri regii consilii Neapolitani, dec. 546, n. 9 ff.

[516] Conrad, a. a. O. I. 531.

[517] Abraham a Wesel (Comment. zu art. 13 n. 12) und Berlichius (Conclusio 11 n. 30) bestätigen, daß dieser Rechtszustand dadurch in fast ganz Europa bestand; vgl. auch Zitat in Anm. 392.

[518] Näheres hierzu und zu dem Fall über den filiusfamilias (E 12) siehe unten S. 112 ff.; zum Nießbrauch am Kindesvermögen vgl. auch Wächter, AcP 25, 363.

[519] Die Reihenfolge Personenrecht — Strafrecht findet sich auch bei Cocceji, dessen tit. VI Herts strafrechtliche Ausführungen überhaupt stark befruchtet hat.

[520] 1552—1608, italienischer Professor in Oxford; Fundstelle: „Advocatio Hispanica" lib. 1 cap. 13; kommentiert von F. F. Abbott in "The Classics of International Law" ed. by James Brown Scott, S. 29 a ff.

lien vollendet gewesen. Nachdem die Ware in diese rechtswidrige Lage gefallen sei (in statum commissum), stehe einer Vollstreckung in England nichts entgegen[521]. Die Meinung, die sich darauf stützt, daß das Konfiskationsrecht (ohnehin) dem Landesherrn des Aufgreifungsortes zustehe, lehnt auch Hert ab und weiß sich darin hinsichtlich der Mobilien mit den meisten[522] einig.

B. Eine Lösung für die am Anfang aufgeworfene Frage nach dem anwendbaren Strafgesetz findet man hier allenfalls zwischen den Zeilen. Statt einer ausdrücklichen Lösung bringt Hert den seinerzeit oft erörterten Konfiskationsfall, bei dem Gentili sogar einen Übergang des Eigentums auf den Käufer verneint hatte. Herts Lösung scheint auf zwei Füßen zu stehen: einmal ist das Delikt dort begangen und zum zweiten trägt die Sache ihren Deliktsmakel mit sich herum. Freilich äußert sich Hert nicht zu der Frage, warum die Sache (Mobilien) diese schlechte Eigenschaft durch den Transport nicht verliert.

E 9: Strafbarkeit bei Auslandstat (§ 19)

A. „Caius begeht außerhalb seines Heimatlandes eine Straftat und wird bestraft. Kann die Strafe nach der Rückkehr des Täters erhöht (‚aufgefüllt') werden, wenn im Heimatland ein schwererer Strafrahmen festgelegt ist[523]?"

Hert antwortet: Wer ein Delikt begeht, kontrahiert gewissermaßen mit der dafür angedrohten Strafe und ist ihr verfallen[524]. Deshalb müsse gemäß seiner dritten Regel weder der Wohnsitz- noch der Ergreifungsort, sondern allein der Tatort beachtet werden; darin seien sich die Gelehrten einig.

Außer der gemeinhin vertretenen Einschränkung — entschuldbare Unkenntnis des Statuts schützt vor statutarischer Strafe — übernimmt Hert von Covarruvias und H. Cocceji drei weitere „limitationes", nach denen bei auswärts begangenen Taten ausnahmsweise das eigene Strafrecht benutzt werden könnte:

1. Das verletzte Rechtsgut befindet sich im Inland, wie zum Beispiel in dem Ehebruchsfall Zieglers[525];

2. Das Gesetz zielt gerade auf den Schutz des eigenen Staates ab und die auswärts begangene Tat bezweckt hier Schaden und Aufruhr (turbamentum ordinis), gerade als wäre der Täter nach auswärts gegangen, um mit dem Gesetz sein Spielchen zu treiben.

---

[521] Gentili schreibt a. a. O.: Diese Strafe zieht die Vollstreckung nach sich, zu ihr müsse England Hilfestellung leisten, und zwar ohne neue Klage: „quia imponatur poena occasione rei et eadem rem respiciat."

[522] So Anton Faber, Myler, Tiraquel, Farinac.

[523] „Caius extra patriam delinquit, et punitur; quaeritur, an si gravior poena huic delicto in patria esset statuta, quod deest illi poenae, suppleri ibidem possit?"

[524] „Cum poena ... quasi contrahit, eique redditur obnoxius."

[525] S. oben S. 54 f.

3. Das Gesetz ist nur dazu da, um die Sitten der Untergebenen zu bessern, z. B. durch Verbot von Trunkenheit, Flüchen und Meineiden.

In all diesen Fällen, fährt Hert fort, sei es kaum zweifelhaft, daß der Untertan am Heimatort auch dann bestraft werden könne, wenn er die Tat auswärts begangen habe. Daraus wiederum folge, daß die anderswo normierte Strafe nach Heimatrecht vermehrt werden könne[526]. Denn der Herrscher könne einem Untergebenen auch für die Zeit auswärtigen Aufenthaltes durch ausdrückliche Bestimmung Pflichten auferlegen; Verweis auf Zoesius, von dem Hert diese — dort ganz ähnlich gefaßten — Gedanken übernommen zu haben scheint.

B. In diesem Fall behandelt Hert zweierlei: einmal nennt er drei Fälle, in denen der Einheimische auch bei auswärtiger Tat nach Heimatrecht bestraft werden kann — Durchbrechung der Regel vom „locus delicti" zugunsten des Schutz- und Personalitätsprinzips[527]; zum anderen bejaht er die Möglichkeit, dem Täter nach einer auswärtigen Bestrafung[528] die Differenz zum einheimischen Strafrahmen noch aufzuerlegen. Das Verbot des „ne bis in idem" ist hier deshalb nicht verletzt, weil der Täter beim ersten Mal auswärts bestraft worden ist[529].

E 10: Strafbarkeit bei zwei Tatorten (§ 20)

A. „Ein Delikt ist an zwei Orten begangen, an denen dafür verschiedene Strafen angedroht sind; es ist z. B. hier begonnen und dort vollendet[530]. Kann der Täter, wenn er schon mit der leichteren Strafe belegt worden ist, noch mit der schwereren bestraft werden[531]?"

H. Cocceji habe das im Anschluß an Baldus u. a. bejaht und gesagt, das Auffüllen sei ja bei Geldstrafen besonders leicht möglich[532]. Tabor sei anderer Meinung, wenn die Tat eine einheitliche sei und weil eben der andere Richter zuvorgekommen sei.

Hert weist noch auf Mauritius[533] hin, der am angegebenen Ort einen frühen Beitrag zur Lehre vom Fortsetzungszusammenhang liefert: Mehrere Ehebruchshandlungen, „ad unum finem effectumque ac objectum pertinentia", gelten als e i n „delictum in iure".

Hert schließt sich der zweiten Meinung an: „propter auctoritatem rei iudicatae."

---

[526] „Omnino sequitur, poenam alibi statutam ex legibus patriae augeri posse."

[527] Vgl. heute § 4 Abs. 2 Ziff. 2 und Abs. 3 Ziff. 1, 2, 5, 6 StGB.

[528] Das „extra patriam delinquit et punitur" wird man nicht anders verstehen können; die Formulierung „poenam passus est" (sogleich E 10) ist in dieser Hinsicht klarer.

[529] Vgl. heute die ähnliche Regelung in § 7 StGB (und § 153 b StPO).

[530] „In uno (loco) inchoatum, in altero completum."

[531] „Si reus leviorem (poenam) passus est, num in altero (loco) adhuc puniri queat?"

[532] Vgl. oben S. 65.

[533] Erich Mauritius, 1631—1691; Fundstelle: a. a. O. p. 1 cons. 12 n. 6.

B. Hert achtet also in diesem Fall, in dem kein (außerordentlicher) Schutzzweck die nochmalige, ergänzende Bestrafung erfordert[534], die Rechtskraft eines auswärtigen Strafurteiles, durch das der Täter schon für die Tat abgeurteilt worden ist. Wer von den beiden — zuständigen — Richtern zuerst kommt und mit seinem anwendbaren Gesetz urteilt, dessen Entscheidung bleibt bestehen[535] und schließt eine weitere Entscheidung durch den anderen, an sich auch zuständigen Richter mit dessen materieller Strafnorm aus.

E 11: Auslieferung (§ 21)

A. „Ein Fremder, der hier um Asyl gebeten hat, wird wegen einer nur nach seinem Heimatrecht strafbaren Tat angeklagt. Soll er ausgeliefert oder bestraft werden?"

Grotius habe diese Frage bejaht, da ja die Sache nach dem Recht *des* Staates zu beurteilen sei, aus dem der Täter komme[536].

Hert verweist auf seine dritte Regel und antwortet: wenn sich der Herrscher dafür (d. h. überhaupt für eine strafrechtliche Verfolgung) entscheidet, muß der Fremde auf Grund der Strafstatuten des Begehungsortes bestraft werden, auch wenn die Tat nach gemeinem Recht nicht strafbar ist. Was Clarus, Carpzov und Ziegler hiergegen anführten, sei nur dann zu beachten, wenn weder Auslieferung noch Bestrafung gefordert würden.

B. Auch den Fall der Auslieferung entscheidet Hert also kompromißlos zugunsten des Tatortrechtes[537]. Bartolus' Differenzierung — auswärts normierte Strafe wird nur dann verhängt, wenn die Tat nach gemeinem Recht strafbar ist[538] — war noch von Carpzov vertreten worden; schon er hatte die entgegengesetzte Meinung als „communis opinio" bezeichnet; ihr schloß sich Hert nun an.

Zusammenfassung für das Strafrecht

Der Tatort bestimmt das anwendbare Strafgesetz: es gilt grundsätzlich das Territorialitätsprinzip. Bei den Ausnahmen — auch für eine auswärts begangene Straftat kann einheimisches Recht angewendet werden — finden wir jedoch schon Elemente des Schutz- und des Personalitätsprinzips[539].

---

[534] Das ist der Unterschied zu E 9; die Lösungen der E 9 und E 10 widersprechen sich also nicht, wie Riccius (a. a. O. S. 603) behauptet; dazu vgl. unten Anm. 837.

[535] Zeugnisse für die starke Wirkung eines Urteils finden wir in Herts Entscheidungen: resp. 48: „Res autem iudicata pro veritate accipitur"; dec. 371 n. 2: „Res iudicata ex nigro facit album et retro."

[536] Lib. 2. cap. 21 § 6 n. 2.

[537] Das ist der Unterschied zu § 4 Abs. 2 Ziff. 3 StGB.

[538] Bartolus, a. a. O. n. 20; vgl. Gamillscheg 55.

[539] Das Territorialitätsprinzip ist in Deutschland erst durch die VO vom 5. 6. 1940 ins zweite Glied gerückt (§ 4 Abs. 1 StGB), zugunsten des (für die Taten Deutscher) maßgeblichen Personalitätsprinzips (§ 3 StGB).

In seinen Lösungen hat sich Hert vor allem auf seine deutschen Vorgänger Carpzov, Reinking, Ziegler und H. Cocceji bezogen, denen er meist gefolgt ist[540].

III. Erbrecht

Die größte Anzahl von Fällen und die ausführlichsten Lösungen widmet Hert dem Erbrecht. Offenbar sind auch schon damals auf diesem Sachgebiet die meisten konkreten Rechtsstreitigkeiten angefallen, aus denen sich eine umfangreiche wissenschaftliche Diskussion entwickeln konnte.

Übersicht[541]:

A. Testament:

E 12 Testierfähigkeit (filiusfamilias-Statut)
E 13 Form
E 14 Auslegung
E 15 Umzug des Testators
E 21 Testament einer Gesandtschaftsperson

B. Intestaterbfolge (unten S. 117 ff.):

E 16 Grundfall
E 17 repraesentatio
E 18 Anwachsung
E 19 Erbenhaftung I
E 20 Erbenhaftung II
E 26 Antichresis
E 27 Pflichtteile
E 28 Erbvorrecht
E 31 Ausschluß der ausgesteuerten Tochter
E 24 Erbfolge nach einem auswärtigen Privilegierten
E 25 Erbfolge nach einem Neugeborenen

C. Insbesondere: Erbfolge zwischen Ehegatten (unten S. 123 ff.):

E 30, 32, 33, 40, 34.

A. Testament

E 12: Testierfähigkeit des filiusfamilias (§ 22)

A. „Nach dem Statut Paduas kann der filiusfamilias testieren. Erste Frage: Kann der Paduenser über auswärts belegene Sachen testieren? Zweite Frage: Kann der fremde filiusfamilias in Padua testieren[542]?"

Hert antwortet: die Entscheidung beider Fragen beruht auf demselben Prinzip, „nam statutum est in rem conceptum, et conditio filiifamilias non est in dispositione". Hert verweist auf seinen § 6 (Sachstatuten) und meint: nach dieser Regel kann der filiusfamilias aus Padua

[540] Das von H. Cocceji gebilligte „Auffüllen" einer verhängten Strafe lehnt Hert ab, es sei denn, ein besonderer Schutzzweck rechtfertige es (E 9).

[541] Wiederum in Anlehnung an eine andeutungsweise erkennbare Schwerpunktfolge und Systematik.

[542] „An fil.fam. exterus Paduae testari possit?"

nicht über auswärtige Sachen testieren, wohl aber der fremde in Padua[543]. Hinweis auf Bartolus[544], Franchis[545], Gaill[546] und Christijnen[547]; a. M. Ulrich Huber[548], der einem solchen Testament auch dann Gültigkeit zugestanden haben soll, wenn am Lageort der filiusfamilias nicht testierfähig wäre.

B. Nach gemeinem Recht durfte der filiusfamilias nicht testieren[549]. Einige Statuten jedoch räumten ihm diese Befugnis ein; mit deren Anwendungsbereich haben sich die Statutisten oft auseinandergesetzt:

Bartolus[550] und Baldus[551] hatten sich für eine ganz enge Anwendung solcher Statuten entschieden: nur für die Untergebenen (Personalprinzip) und nur für die inwärts gelegenen Sachen (Territorialitätsprinzip). Dumoulin[552] hatte das Statut als rein personal auch auf auswärts gelegene Sachen wirken lassen. Im deutsch-niederländischen Raum[553] beschränkte man im Gefolge d'Argentrés die Wirkung des Statutes auf die im eigenen Gebiet gelegenen Sachen (Ausnahme: Huber). Gaill schreibt schon: „... (pp.) statutum afficit res ipsas."

Herts Ausführungen gehen nun wohl hauptsächlich auf die ausführliche Erörterung des Themas zurück, die Vincentius von Franchis anhand einer „Decisio sacri regii consilii Neapolitani" gebracht hatte[554]. Dort setzt sich Franchis auch mit der Unterschiedlichkeit der Entscheidungen für die Tochter und den Sohn auseinander; er schreibt: Das neapolitanische Statut, das dem filiusfamilias zu testieren gestattet, erstrecke sich nicht auf auswärtige Grundstücke (n. 5), auch wenn dadurch teils Testat-, teils Intestaterbfolge eintrete (nach Baldus; n. 7). Die filiafamilias jedoch, meint Franchis bei n. 9, werde gleichsam durch ihre Heirat emanzipiert. Die Glossatoren hätten eine Wirkung auf auswärtige Grundstücke auch hier abgelehnt; er, Franchis, entscheide sich für das Gegenteil (n. 12): Nachdem die filiafamilias nun einmal ‚sui iuris' geworden und die väterliche Gewalt gewichen sei, könne diese ‚emancipatio' keine Teilung mehr erleiden. ... Infolge der Heirat kann sie dann (‚sui iuris') über

---

[543] „Utique vero exterus Paduae"; gemeint ist sicher: (nur) über die im Gebiet von Padua belegenen Sachen.

[544] N. 26, wo Bartolus allerdings die Testierfähigkeit einem Fremden nicht zugutekommen läßt.

[545] Decis. Neapol. 546; darüber unter B. Näheres.

[546] Lib. 2 obs. 124.

[547] 1. Dec. 288 n. 12, wonach sich das Belgische Obergericht für die Territorialität entscheidet.

[548] L. 3 Iur. publ. Univ. c. 10 § 42 (nach Hert).

[549] Gaill lib. 2 obs. 124 n. 12; s. Inst. Just. 2. 12. pr.; Sohm-Mitteis-Wenger (1949), 527 ff.; Gamillscheg 37 Anm. 62.

[550] N. 32, Bartolus sprach dort von „minor".

[551] N. 58 und n. 80; vgl. auch oben S. 5.

[552] Vgl. Gamillscheg 37 und 34.

[553] Z. B. Stokmann dec. 125 n. 10; Paul Voet sect. IV cap. III n. 12 (der das Statut jedoch personal nennt); Gaill lib. 2 obs. 124 n. 12—14.

[554] Decis. Neapol. 546.

alles testieren. Der filiusfamilias jedoch bleibe unter der Disposition der vorherigen Gewohnheit (sc. der patriapotestas), nur insoweit gebe es einen Unterschied zwischen Tochter und Sohn[555].

Dieses Material fand Hert für seinen Fall vor und entschied sich mit der Mehrzahl seiner Vorgänger für die Territorialität und sogar für die Realität des Statuts. Da er das ähnlich scheinende filia-Statut in E 7[556] den Personalstatuten zugerechnet hatte, ist er wegen seiner widersprüchlichen Lösungen kritisiert worden[557]. Berechtigt wäre ein Vorwurf der Inkonsequenz nur, wenn die Tatbestände beider Fälle gleich wären; das ist jedoch, wie sich aus folgendem ergibt, nicht der Fall.

a) Die filiafamilias heiratet und wird dadurch kraft Statutes „sui iuris". Als Beispiel für die damit erlangte umfassende Handlungs- und Geschäftsfähigkeit nennt Hert die Testierfähigkeit.

Der filiusfamilias dagegen bleibt unabhängig von seinem Lebensalter in der patriapotestas[558] und damit „alieni iuris". Die Zuordnung einer Teilbefugnis, eben die Testierfähigkeit, ändert diesen Status nicht (im ganzen), sondern ermächtigt nur zu einer dinglichen Verfügung[559].

Danach waren die Entscheidungen nicht systemwidrig und wegen der ungleichen Tatbestände auch nicht widersprüchlich.

b) Zu diesem aus dem System geschöpften Grund trat wohl folgendes Motiv:

Die emancipatio der filiafamilias durch die Heirat selbst war im 16. und 17. Jh. in den weitaus meisten Stadt- und Landrechten ganz Europas vorgesehen, so daß es schon fast allgemeines Recht war. Das bezeugt Matthias Berlichius[560] mit vielen Zitaten: „... apud omnes nationes et populos inductum, ut matrimonium modus solvendi patriampotestatem."

Die Testierbefugnis des filiusfamilias dagegen war viel seltener normiert und widersprach zudem der ausdrücklichen gegenteiligen Bestimmung des gemeinen Rechtes[561].

Deshalb war man weniger bereit, dieses Sonderrecht auswärts gelten zu lassen[562]. Die ausschließlich territoriale Geltung aber konnte Hert nur durch Zuordnung zu den Sachstatuten erreichen[563].

Der „Widerspruch" zwischen E 7 und E 12 ist also zu klären[564].

---

555 „Filiusfamilias remanet sub dispositione praecedentis consuetudinis, alias non esset differentia inter filiumfamilias et filiamfamilias."

556 Oben S. 107 f.

557 Wächter AcP 25, 165.

558 Die nicht mehr in strenger Form rezipiert war; Wieacker 120; vgl. Conrad I. 531.

559 Vgl. H. Cocceji V. § 3: „testamentum est dispositio de rebus".

560 Pars II concl. 11 n. 30 (vgl. auch oben Anm. 392 und Anm. 517; vgl. auch oben S. 66 (Cocceji).

561 Vgl. Inst. Just. 2. 12. pr.

562 H. Cocceji scheint sich dieses Gedankens bewußt gewesen zu sein; vgl. oben S. 66.

563 Vgl. auch Lainé II. 149.

E 13: Form (§ 23)

A. „Titius errichtet sein Testament nach den Solennitäten des Ortes, wo er handelt; ein Teil seiner Sachen liegt in einem anderen Gebiet, wo eine testamentarische Verfügung über sie verboten war[565]. Schließlich stirbt er an einem Ort, wo wieder andere Gesetze gelten. Welchen Ortes Gesetze sind nun zu beachten?"

Hert antwortet mit einem Zitat des Grotius[566]: für die Form sei das Recht des Errichtungsortes zu beachten, ein solches Testament gelte dann überall[567]. Hert verweist auf seine dritte Regel (§ 10), auf den ganz allgemeinen Gerichtsgebrauch und die einhellige Meinung in der Wissenschaft mit vielen Zitaten. Der Meinung Zieglers — der Testator könne auch nach Heimatrecht testieren[568] — stimmt Hert unter Bezugnahme auf die 6. Einschränkung seiner dritten Regel zu[569]. Den von Schilter[570] vertretenen Zwang, Heimatrecht zu verwenden, lehnt er dagegen ab.

Die lex loci actus soll aber ausschließlich für die Form des Testamentes gelten. Ob eine Person testieren darf, bestimmt sich nämlich nach Wohnsitzrecht. Ob über eine bestimmte Sache testiert werden darf, bestimmt sich bei Mobilien nach Wohnsitzrecht, bei Immobilien nach Lagerecht.

Auch diesen Sätzen Grotius'[571] stimmt Hert mit einem „Optime!" zu. Für den Satz über die Person verweist er auf seine erste Regel, nimmt jedoch auch hier den Fall aus, daß sich die Person nur „in enunciatione" befinde, wie beim filiusfamilias-Statut[572]. Für die Immobilien folge die Entscheidung aus der zweiten Regel. Der Staat habe ja ein Interesse daran, die Befugnis, Sachen durch Testament zu übertragen, unter Kontrolle zu halten (constringere); so dürfe z. B. nach Hamburgischem und Lübischem[573] Recht nur mit Zustimmung der gesetzlichen Erben testamentarisch verfügt werden.

Das Recht des Todesortes, sagt Hert abschließend, werde bei alledem nicht berücksichtigt, weil der Erblasser da nicht handele (sc. rechtsgeschäftlich) und weil seine zeitweilige Unterwerfung mit dem Tode ende.

B. Herts Lösung hält sich im Rahmen der tatsächlich „herrschenden Meinung", die seit Jahrhunderten[574] für die Form das Recht des Er-

---

564 Der Meinung Herts ist 50 Jahre später Riccius gefolgt (Riccius, a. a. O. S. 544; vgl. unten S. 164); Wächter lehnt sie ab (AcP 25, 366).

565 „Ubi testamenti factio de iis vetita erat."

566 Appendic. Epist. ad fratrem 464; vgl. auch oben S. 17.

567 „Item tale testamentum vim suam exserere non minus constat."

568 S. oben S. 54.

569 S. oben S. 95 f.

570 C. 9 de iure obsid. § 4.

571 Aus Epist. 467 und 470.

572 Vgl. E 12, oben S. 112.

573 Lib. 2 tit. 1 art. 14.

574 In Deutschland insbesondere Mynsinger und Gaill nach Reichskammer-

richtungsortes anwandte und in der Regel auch für auswärtige Güter wirken ließ. Die Form des Lageortrechtes hatten dagegen nur ganz wenige gefordert[575].

Wie Hert entschied die Gießener Juristenfakultät in ihren Fakultätssprüchen[576].

E 14: Auslegung des Testamentes (§ 24)

A. „Wenn der Testator seine ‚gesetzlichen Erben' als Erben einsetzt, entsteht die Frage, ob er die nach Wohnsitzrecht oder nach Lagerecht berufenen gesetzlichen Erben gemeint hat.

Richtig meint dazu Johann a Sande[577], das sei mehr eine Frage (der Auslegung) des Willens als eine Frage des Rechtes[578]. Im Zweifel soll man sich nach dem Recht des Aufenthaltsortes des Testators richten, weil er das gekannt und vermutlich auch gemeint hat. Auf Grund dieses vermuteten Willens erstreckt sich das Statut (!) des Wohnortes auf alle Sachen, gleich wo sie liegen. Hinweis auf § 9[579]."

B. Ganz richtig stellt Hert die Frage als Fall der Willensauslegung dar[580]. Dem letzten Satz liegt die Vorstellung zugrunde, daß das Statut durch den Willen des Erblassers zu einer „lex privata" geworden ist[581].

E 15: Umzug des Testators (§ 25)

A. „Caius errichtet ein Testament nach Wohnsitzrecht, zieht danach an einen Ort mit anderen Gesetzen um und stirbt dort. Bachov meint dazu[582], unzweifelhaft könne nach einem solchen Testament keine Erbfolge mehr eintreten, denn das Testament sei in eine Lage gefallen, in der es gar nicht hätte beginnen können zu wirken."

Hert entscheidet sich für das Gegenteil: das Testament sei (sc. einwandfrei) vollendet und könne deshalb überall gelten.

B. Wohnsitzwechsel schadet also dem einmal wirksam errichteten Testament nicht. Wie wäre es, wenn die Person die Geschäftsfähigkeit (und damit die Testierfähigkeit?) durch Wohnsitzwechsel eingebüßt[583] hätte?

---

gericht, Carpzov und alle im 17. Jh.; ebenso in den anderen europäischen Ländern, vgl. oben bei den einzelnen Wissenschaftlern und Gamillscheg 20; dabei blieb es auch später (Wächter AcP 25, 368 ff.).

575 Aus dem 17. Jh. vgl. insbesondere das Ewige Edikt von 1611 und Burgundus, s. oben S. 14; aus der frühen Zeit Revigny, Belleperche und Masuer, vgl. Gamillscheg 20.

576 Hert, Resp. 323 n. 7; Resp. 519 n. 6.

577 Decis. Fris. lib. 4 tit. 8 def. 7.

578 „Resp. ... magis voluntatis quam iuris hanc esse quaestionem."

579 Gemeint ist die erste Begrenzung der zweiten Regel; s. oben S. 91 f.

580 Vgl. heute § 2066 BGB.

581 Von einer kollisionsrechtlichen Verweisung kann hier keine Rede sein.

582 Reiner Bachov von Echt (1613 Professor in Heidelberg und später in Straßburg) 2. ad Treutl. 16 § 6.

583 So Hert IV § 5 a. E.; s. oben S. 87 und unten S. 125.

Man kann angesichts der allgemeinen Fassung des Falles nur vermuten, daß Hert dann das Testament ebenfalls fortwirken ließe[584].

E 21: Testament einer Gesandtschaftsperson (§ 31)

A. „Ein Mitglied einer Gesandtschaft[585] stirbt am Ort der Gesandtschaft. Dort hatte es ein Testament gemacht, jedoch weder nach den Ortsstatuten noch nach Wohnsitzrecht. Hat das Testament Bestand, wenn der Wille durch das Schriftstück dargetan ist?" Hert zieht zur Begründung seiner bejahenden Antwort die erste Beschränkung seiner dritten Regel heran, nach der das diplomatische Personal vom Zivilrecht des Aufenthaltsortes ausgenommen ist. Es stehe nichts entgegen, ein solches Testament einfach nach Naturrecht zu beurteilen und ihm Gültigkeit zuzusprechen; dieser Meinung Grotius'[586] schließt sich Hert an.

B. Weshalb eine Gesandtschaftsperson nicht verpflichtet sein soll, beim Testieren wenigstens Heimatrecht zu beachten — damit überhaupt ein Zivilgesetz zur Anwendung kommt —, sagt Hert nicht; gedeckt durch die Autorität Grotius' wendet er „Naturrecht" an und befreit damit die Gesandtschaftspersonen von jeder Formpflicht[587/588].

B. Intestaterbfolge

E 16: Grundfall (§ 26)

A. „Caius stirbt ohne Testament. Ein Teil seines nachgelassenen Vermögens liegt in einem Land, dessen Gesetze von denen des Todes- und von denen des Wohnortes abweichen. Nach welchen Gesetzen tritt die Erbfolge ein[589]?"

Hert antwortet: Der Todesort finde keine Beachtung, weil der Tote dort nichts getan habe[590]. Deshalb komme ein Fremder, der eine Erbschaft antreten wolle, nicht in den Genuß dieser Statuten, ebenso wie er deren Lasten nicht zu tragen habe; das habe Carpzov sehr schön mit einem Beispiel illustriert[591].

Nach dieser Ausschaltung des Todesortes als Anknüpfungspunkt für die Erbfolge bringt Hert zunächst die übliche Teilung nach dem Charakter der Nachlaßgegenstände:

1. Für die Mobilien (ausgenommen festgelegte) komme der Lageort nicht in Betracht, weil sie nicht einen Teil des Territoriums ausmachten[592].

---

584 Hierzu Wächter AcP 25, 380 ff., insbesondere S. 382 Anm. 380.

585 „Legati cuiusdam comes."

586 Lib. 2 cap. 18 § 4; vgl. auch dort § 8.

587 Vgl. hierzu Herts Erörterungen über die Kollision zwischen Naturrecht und positivem Gesetz, sectio III § 2 (s. oben S. 80).

588 Wie Grotius und Hert entschied Johann Voet, lib. 28 tit. 1 n. 14.

589 Urtext oben S. 102 (als Beispiel für Grundfälle).

590 Vgl. ähnliche Begründung oben E 13 (oben S. 115).

591 Pars 2 const. 14 def. 53; s. oben S. 42 f.

592 „Quoniam hae non faciunt partem territorii."

Sie sammelten sich dort nur für eine vorübergehende Zeit an; durch die Erbfolge würde ihnen aber eine neue, auf die Dauer wirkende Rechtslage gegeben werden(!). Da sie eine beständige Verbindung zu ihrem letzten Besitzer gehabt hätten[593], werde das Recht des Wohnsitzes des Erblassers befolgt[594]. Hert verweist auf seinen § 6, auf Carpzov, Brunnemann, Wesenbec, Frantzkius und Mevius; des letzteren Einschränkung für den Fall, daß das Lagerecht widerspricht[595], scheint Hert nicht zu billigen: „nescio, an limitatio subiecta recte se habeat."

2. Für die „obligationes et iura incorporalia" sei dasselbe zu sagen. Hert weist auf § 6 hin und bezieht hierin auch Rechte ein, denen Hypotheken anhängen.

3. Daß Immobilien dem Lagerecht folgten, ergebe sich, meint Hert, aus der dritten Regel — Hert meint anscheinend seine zweite Regel über die „lex situs". Hert erwähnt sodann die von Carpzov überlieferte[596] abweichende Meinung der Leipziger Juristenfakultät, die das Wohnsitzrecht angewandt hatte, und billigt (wie Bachov)[597] diese Auffassung für den Fall, daß das Lagerecht dispositiv sei (si lex diversum statuendi potestatem non ademit): est enim *successio legitima testamentum tacitum* ex voluntatis coniectura[598]. Und es könne keinem Zweifel unterliegen, daß der Erblasser seine Sachen nach dem Recht vererbt wissen wolle, das er gekannt habe, nämlich nach Wohnsitzrecht.

Zum Schluß befaßt sich Hert mit dem Erbgang nach einem „Landstreicher, Vaganten oder Terminierer", den Cujacius „totius orbis incola" genannt habe. Hier seien die Statuten des Geburtsortes zu berücksichtigen (Hinweis auf Stryk)[599].

B. Vor Hert war die Teilung des Nachlasses (nach Mobilien und Rechten sowie Immobilien) allgemein üblich; die verschiedenen Anknüpfungspunkte (Wohnort und Lageort) verhinderten eine einheitliche Erbfolge[600], und deshalb war diese Meinung recht unpraktisch.

Hert hat das offenbar erkannt und baut seine Ergebnisse auf die Vermutung (Fiktion?) eines Erblasserwillens auf: der Erblasser, meint er, wünsche eine einheitliche Erbfolge nach Wohnsitzrecht. Eine Änderung der allgemeinen Meinung bedeutete das für die Immobilien, die nun nicht nach der „lex situs", sondern ebenfalls nach Wohnsitzrecht vererbt werden sollten, es sei denn, das Lagerecht schließe eine letztwillige Verfügung über die Immobilien (seines Hoheitsgebietes) aus.

---

[593] „Cum affectionem perpetuam ad personam ultimi possessoris habeant."

[594] Ebenso Hert, Resp. 260; 323; 328 n. 9 unter Berufung auf Carpzov, Mevius, Johann a Sande.

[595] Pars 5 dec. 164; siehe oben S. 49.

[596] 6. resp. 39; siehe oben S. 43.

[597] 1. ad Treutl. D. 1 § 10 lit. E.

[598] Auch diese Fiktion hatte d'Argentré abgelehnt (vgl. Gamillscheg 204).

[599] Diss. 1 de success. ab intestat. c. 4 § 6.

[600] Heute würden wir von einem fehlenden inneren Entscheidungseinklang sprechen; vgl. Kegel 33.

Damit hat Hert den Weg für die fernere Entwicklung geöffnet, die — wenn auch mit zum Teil anderer Begründung — zu einer Alleinbeachtung der Wohnsitzgesetze geführt hat[601]. Das ist eines seiner Verdienste[602].

E 17: „Repraesentatio" (§ 27)

Hier behandelt Hert die „repraesentatio", d. i. die im Mittelalter aufkommende, durch den Wormser Reichstagsabschied von 1521 endgültig eingeführte Rechtsfigur, nach der an die Stelle eines vorverstorbenen nahen Abkömmlings eines Erblassers ein fernerer Abkömmling desselben Stammes tritt[603].

Hert schreibt: An einem Ort gibt es die „repraesentatio", an einem anderen nicht; oder: hier tritt sie unbeschränkt ein, dort aber nur beschränkt auf Enkel oder Urenkel. Welche Gesetze sind anzuwenden?

Johann a Someren[604] und andere wollten Lagerecht und bei Mobilien Wohnsitzrecht anwenden. Hert weist nur auf die Lösung des voraufgegangenen Falles hin, entscheidet sich also für Wohnsitzrecht, hilfsweise Lagerecht[605].

E 18: Anwachsung (§ 28)

Diesen kurzen Fall widmet Hert dem „Ius accrescendi", der Anwachsung eines vakant gewordenen Erbteiles an den oder die Erben[606]: Anton Matthaeus[607] habe gemeint, für die Immobilien sei Lagerecht anzuwenden, besonders wenn es um die gesetzliche Erbfolge gehe (Hinweise auf Jaso und Vasquius). Eine ausdrückliche Entscheidung nennt Hert nicht; ob er damit der Meinung Matthaeus' zustimmen wollte?

E 19: Erbenhaftung I (§ 29)

A. Wenn es nun auf Grund dieser Regelungen[608] zu verschiedenen Nachlässen kommt[609], entsteht die Frage, wie sich die Nachlaßschulden verteilen.

---

601 Vgl. statt vieler Schaeffner a. a. O. (1841) S. 166, 169, nach dem die Beachtung der „lex domicilii" im 18. und 19. Jh. die Oberhand gewann; siehe auch Gamillscheg 170 und Wächter, AcP 25, 194 ff. und 363 ff.

602 Es wird nicht dadurch geschmälert, daß Hert hierin Vorgänger hatte: die Leipziger Professoren mit ihrer seinerzeit „rechtsirrigen" Entscheidung (siehe oben S. 43).

603 Heute § 1924 Abs. 3 BGB; zur Geschichte vgl. Conrad, a. a. O. I. 555.

604 1634—1706; in: tract. de repraesentatione c. 3 § 11.

605 S. oben S. 117 ff. (E 16).

606 Vgl. heute § 2094 BGB.

607 Libr. de success. c. 18 § 26, herausgegeben von Struvius.

608 Z. B. oben E 16 ff.

609 Daß es so sei, hätten viele bestätigt: „diversas hac ratione fieri hereditates ubique obtinere scribit Argentraeus . . ."

Nicolaus Valla[610] wolle danach gehen, in welchem Gebiet das betreffende Recht begründet worden sei.

Lambertus Goris[611] halte das für ungerecht, wenn gerade in einem Gebiet gar keine Schuldverhältnisse vereinbart worden seien, denn dann sei eine große Ungleichheit die Folge.

Hert entscheidet sich nicht für den Vertragsort, sondern auf Grund D. 29. 1. 17. 1[612] für den Vertragsgegenstand[613]. Wenn der nicht feststeht oder wenn das Darlehen allen Erbteilen zugutegekommen ist, soll die Schuld proportional auf die Teile umgelegt werden.

B. Hert entscheidet sich für den Ort der „causa in quam contracta" und kommt so zu den besten Ergebnissen, weil es sinnreich ist, dem Gläubiger als Haftungsobjekte nur die Gegenstände zuzuweisen, die mit dem Vertragsgegenstand im Zusammenhang stehen.

E 20: Erbenhaftung II (§ 30)

A. „Titius wohnt in Flandern und stirbt. Er hinterläßt dort, in Artois und in Mecheln Sachen. Dort haften die Erben (für die Nachlaßschulden) nur anteilsmäßig, hier aber aufs Ganze (als Gesamtschuldner, „in solidum"). Welches Gesetz ist anzuwenden?"

Der Belgische Gerichtshof habe sich, berichtet Hert, oft zugunsten einer einheitlichen Haftung nach Wohnortrecht[614], Burgundus[615] dagegen für eine anteilsmäßige Haftung entschieden.

Hert stimmt der ersten Auffassung zu: nam obligatio est qualitas personae. Er wolle das Wohnsitzrecht beachten (siehe § 8), da man richtiger Ansicht nach dort Erbe werde, wo der Verstorbene gewohnt habe (Hinweis auf D. 5. 1. 19; D. 5. 1. 34; D. 17. 2. 35 und auf Lauterbach de domicilio § 71).

B. Da Hert Rechte und Verpflichtungen analog zu den Mobilien behandelt, ist seine Entscheidung systemgerecht, zumal er die Erbfolge überhaupt möglichst nach Wohnsitzrecht beurteilt.

E 26: Pfandvertrag - Haftung (Antichresis) § 36

„Ein Erblasser, der in Deutschland wohnte, besaß in Böhmen einige Grundstücke auf Grund einer ‚Antichresis'. Tritt hinsichtlich der in Böhmen gelegenen Güter eine andere Erbfolge ein als hinsichtlich der in Deutschland gelegenen?"

---

[610] De rebus dub. tract. 20 quaest. 22.

[611] Tract. 2 advers. cap. 6 n. 6.

[612] Trennung der Erbfolge in „bona castrensia" und das übrige Vermögen zieht Trennung der Haftung nach sich.

[613] „Nos vero secundum (D. 29. 1. 17. 1) non locum, ubi nomina contracta, sed causam, in quam contracta, inspicienda arbitramur."

[614] Nach Christijnen dec. 283; s. darüber oben S. 15 f.

[615] Tract. 2 n. 16.

Brunnemann[616] meine, es seien die Gesetze des Wohnsitzes zu beachten, weil Rechte (nomina) der Person folgten, auch wenn es (Grund-) Pfandrechte seien (hypothecaria).

Hert verweist auf seinen § 6[617] und stimmt damit Brunnemann zu[618].

E 27: Pflichtteile (§ 37)

A. „Die Größe des Pflichtteiles (quantitas legitimae) ist an den einzelnen Orten, an denen Nachlaßgegenstände liegen, verschieden geregelt. Soll man die einzelnen Ortsgesetze berücksichtigen?"

Christijnen[619] befürworte das, weil ja der Gesetzgeber für die außerhalb gelegenen Grundstücke kein Recht setzen könne[620].

B. Soweit der Fall Herts. Eine Meinung äußert Hert nicht. Offenbar hatte er gegen die niederländische Entscheidung nichts einzuwenden, zumindest dann nicht, wenn nach seiner Lehre[621] für die Erbfolge im Einzelfall überhaupt eine lex situs zur Anwendung kommt.

E 28: Erbvorrecht (§ 38)

A. „Irgendwo gewähren Brauch oder Gesetz dem Älteren (natus maior) bei der Erbfolge ein Vorrecht (praerogativa). Erstreckt sich das auf Güter, die in einem Gebiet liegen, wo dem Erstgeborenen kein Vorzugsrecht zukommt?"

Tiraquel und Gabriel verneinten das. Hert will jedoch eine „extraterritoriale" Wirkung dann zulassen, wenn das auswärtige (Lage-)Recht eine vertragliche Bevorzugung des Erstgeborenen nicht ausschließt (... si regio, ubi nihil praecipui natu maiori competit, pactum contrarium non respuat).

B. Dieser Fall betrifft die berühmte Frage des englischen Erbstatutes, ohne daß Hert das ausdrücklich gesagt hätte. Bartolus hatte hieran seine Wortinterpretation geknüpft[622]; im deutsch-niederländischen Raum war überwiegende Meinung: ein solches Statut wirkt nur territorial[623].

Hert stellte dieser Meinung eine wichtige Erweiterung gegenüber: Ist am Lageort eine dem Statut inhaltlich entsprechende rechtsgeschäftliche Disposition nicht ausgeschlossen, so ist das Statut auch an diesem Ort zu beachten. Auch hier faßt Hert die gesetzliche Erbfolge als eine mutmaßlich gewillkürte auf[624]. Da nicht überall testamentarische Bevorzugungen ausgeschlossen gewesen sein werden, war diese Änderung der „herrschen-

[616] Cent. 2 dec. 37 (s. oben S. 50).
[617] S. oben S. 88.
[618] Vgl. auch oben S. 118.
[619] Ad LL. Mechlin. tit. 16 § 26 n. 4.
[620] „Quia praediis extra territorium sitis legislator ius non dicat."
[621] S. oben E 16, S. 117 ff.
[622] S. oben S. 4 f.
[623] Z. B. Stokmann (oben S. 20), Johann Voet (oben S. 30).
[624] S. oben E 16 (S. 118).

den Meinung" nicht ohne praktische Konsequenzen und ein eigenartiger Beitrag zur Förderung einer einheitlichen Erbfolge[625].

E 31: Ausschluß der ausgesteuerten Tochter (§ 41)

A. „Ein Statut bestimmt, daß sich die Tochter mit der Mitgift begnügen muß, und schließt sie von der väterlichen Erbschaft aus. Ist die Tochter auch hinsichtlich auswärts belegener Sachen ausgeschlossen?"

„Nein!" antwortet Hert, denn das Statut sei „in rem conceptum". Etwas anderes sei es, wenn das Statut (sc. des Lageortes) der ausgesteuerten Tochter gestatte, auf den väterlichen Erbteil zu verzichten (oder: wenn das Statut ihren Ausschluß gestattet[626]?): voluntas enim illa ubique locorum vim suam exerit, quoniam lex alterius territorii ei non obsistit (Hinweis auf Maestert).

B. Diesen — ebenfalls vielerörterten — Fall hatten die Statutisten meist im Sinne der Territorialität entschieden; die Begründungen waren verschieden: Bartolus hatte das Statut für personal, aber dem gemeinen Recht widersprechend gehalten[627], d'Argentré u. a. zählten es zu den Sachstatuten[628]. Hert schließt sich ihnen an. Denn, so meint man zu hören, es werde ja nicht die ganze Lage der Tochter, sondern nur ihre Beziehung zu einem Sachinbegriff, der Erbschaft des Vaters, geändert; und in solchem Fall sei eben das Statut ein Realstatut. Zu beachten ist aber, daß Hert dem Statut via Rechtsgeschäft eine extraterritoriale Wirkung verschaffen will, wenn dadurch nicht eine verbietende lex situs verletzt wird.

E 24: Erbfolge nach einem auswärtigen Privilegierten (§ 34)

A. „Eine privilegierte Person, z. B. ein kaiserlicher Rat, stirbt in einer Stadt, die eine eigene Stadtverfassung hat (municipium). Nach welchem Recht tritt die Erbfolge ein, wenn das Stadtrecht vom gemeinen Recht abweicht?"

Vor allem, meint Hert hierzu, sei dabei zu bedenken, was hinsichtlich der Erbfolge nach solchen Privilegierten früher Gewohnheit gewesen sei. Sei das nicht feststellbar, so seien die Privilegierten dem Stadtrecht nicht unterworfen (siehe § 10 Beschränkung I). Folglich trete hinsichtlich der Mobilien Erbfolge nicht nach Stadtrecht ein; ebenso Carpzov, Brunnemann und Stryk.

Anders sei es bei Immobilien (sc. die im Stadtgebiet liegen), denn da hätten die Statuten Gesetzeskraft; Hinweis auf § 9 und auf Menoch und Peck[629]. Ausnahme: ein Grundstück ist auf Grund einer consuetudo oder aus einem ähnlichen Grunde nicht der Stadtgewalt unterworfen.

---

[625] S. oben S. 118, insbes. Anm. 600.

[626] „Ubi statutum permittit dotatam filiam hereditati paternae renuntiare"; ähnlich Dumoulin und d'Argentré (oben S. 8 und S. 10).

[627] Ähnlich Dumoulin (s. Gamillscheg 32).

[628] Vgl. hierzu auch Gamillscheg 44.

[629] S. oben S. 13.

B. Dieser Fall ist die praktische Folge der in den allgemeinen Sätzen und Regeln entwickelten theoretischen Gedanken über die Privilegierten.

E 25: Erbfolge nach einem Neugeborenen (§ 35)

A. „Ein Kind wird in einem auswärtigen Territorium geboren und stirbt sogleich wieder. Treten die Eltern die Erbfolge nach dem Recht dieses Geburtsortes oder nach Heimatrecht an?" Angelpunkt der ganzen Frage sei: Wo hat das Kind seine Heimat (patria)? Nach römischem Recht natürlich dort, wo der Vater rechtmäßiger Bürger ist (D. 50. 1. 1. 2), auch wenn das Kind zufällig an einem anderen Ort geboren wurde (zit.). Das Kind selbst sei nun einmal dem auswärtigen Ort nur kurze Zeit unterworfen gewesen; deshalb trete Erbfolge in die Mobilien[630] bei einem ehelichen Kind nach dem väterlichen, bei einem unehelichen Kind nach mütterlichem Wohnsitzrecht ein. So hätten die Batavi et Galli Iurisconsulti entschieden[631].

B. Hert hat den Geburtsort als Anknüpfungspunkt ausgeschaltet, weil das kurze Leben des Kindes zu einer Unterwerfung, die die Erbfolge getragen hätte, nicht ausreichte[632]. Hert hätte auch darauf hinweisen können, daß für eine „Vermutung" eines bestimmten Erblasserwillens bei dem Neugeborenen wirklich kein Raum ist.

C. Erbfolge zwischen Ehegatten

Den erbrechtlichen Beziehungen zwischen Ehegatten widmet Hert fünf Fälle, die auch schon zum danach folgenden Thema, dem Ehegüterrecht, hinüberleiten:

E 30 Gesetzliches wechselseitiges Erbrecht
E 32/33 Wechselseitige Erbeinsetzung
E 40 Erbeinsetzung (Wohnsitzverlegung)
E 34 Lütticher Eherecht.

E 30: Gesetzliches wechselseitiges Erbrecht (§ 40)

A. „Das Gesetz eines bestimmten Gebietes legt ein wechselseitiges Erbrecht zwischen Ehegatten fest (mutua successio inter coniuges). Erstreckt es sich auf auswärtige Sachen?" Gaill[633], berichtet Hert, habe das verneint, „quia lex haec in rem concepta". Hert stimmt dem jedoch nur für den Fall zu, daß ein Gesetz (sc. am Lageort) verbietet, etwas anderes — eben die wechselseitige Erbfolge — zu vereinbaren[634]. Als Beispiel

---

630 Immobilien folgten nach überwiegender Meinung der lex situs.

631 Batavi ICti pars 1 cons. 152.

632 Eine Wurzel für die Folge eines „ius sanguinis" kann man hierin wohl noch nicht sehen.

633 Lib. 2 obs. 124 (s. oben S. 38); ebenso Dumoulin (vgl. Gamillscheg 39) u. a.

634 „At nos hoc ita demum admittendum censemus, si lex alia vetet contrarium pacisci, . . ."

dafür nennt Hert die „lex Voconia"[635], durch die verhütet worden sei, daß einer Frau mehr als ein Viertel der Erbschaft zufalle.

B. Wieder ein Beispiel für Herts Konzeption: gesetzliche Erbfolge als stillschweigendes Testament. Infolgedessen wirkt das Statut nach außerhalb, wenn dort ein derartiges wechselseitiges Testament nicht verboten ist. Die strenge Territorialität Gaills hat Hert also überwunden.

E 32: Wechselseitige Erbeinsetzung I (§ 42)

A. „Nach dem Utrechter Statut (statutum Ultraiectinum) kann ein Ehegatte nicht dem anderen sein Eigentum testamentarisch übertragen. Nun setzen in diesem Gebiet fremde Ehegatten einander als Erben ein. Ist das rechtswirksam?"

„Ja", sagt Hert, „denn das Statut bindet die fremden Ehegatten hinsichtlich auswärts belegener Sachen nicht (Hinweis auf Consult. Holland. pars 1 cons. 6)."

B. Hert geht stillschweigend davon aus, daß die auswärtigen Eheleute auch nur über auswärtiges Gut testieren, und beschränkt so die Wirkung des Utrechter Verbotsstatutes auf das eigene Gebiet. Das war auch allgemeine Meinung[636].

E 33: Wechselseitige Erbeinsetzung II (§ 43)

A. „Nehmen wir nochmals dasselbe (Utrechter) Statut: können holländische[637] Ehegatten einander in Utrecht belegene Sachen vermachen und andererseits Utrechter Ehegatten in Holland belegene?"

Hert antwortet auf die erste Frage mit „Nein", die zweite mit „Ja"; denn das Utrechter Statut ordne über die Erbfolge zwischen Ehegatten etwas an (est enim statutum Ultraiectinum tale, quod simpliciter praecipiat); Hinweis auf Abraham a Wesel[638].

B. Das Utrechter Statut ist also ein solches Statut[639], das rechtsgeschäftliche Verfügungen bestimmter Art ausschließt — und das tut es eben für die inwärts belegenen Sachen absolut; eine letztwillige Verfügung der verbotenen Art trifft also diese Grundstücke nicht.

Über auswärtige Sachen jedoch normiert das Statut mangels Zuständigkeit nichts; deshalb können nicht nur Fremde (E 32), sondern auch Einheimische (E 33, 2. Alternative) über auswärtige Sachen zu wechselseitigem Nutzen testieren.

---

[635] Plebiszit aus dem Jahre 169 a. Chr. n.; Hinweis auf Cicero, de finibus.

[636] Bartolus (n. 26) verneinte die Wirkung auf Fremde, Dumoulin beschränkte die Statutswirkung außerdem auf das Gebiet (s. Gamillscheg 38).

[637] S. oben Anm. 499.

[638] S. oben S. 26 f.

[639] Vgl. darüber oben S. 118.

E 40: Erbeinsetzung (Wohnsitzverlegung; § 50)

A. „Holländische Ehegatten setzen einander zu Erben ein, ziehen aber aus ihrer Heimat weg und begeben sich nach Utrecht, dessen Gesetze einer solchen Freigebigkeit entgegenstehen[640]. Erhält der überlebende Ehegatte den Nachlaß auf Grund des vorher errichteten Testaments?"

Rodenburg[641] habe das verneint, weil man für die Frage, ob einer testierfähig sei, auf den Todeszeitpunkt achten müsse. Hert verweist lediglich auf seinen „§ 8 a. E.".

B. Mit der Verweisung scheint sich Hert auf seine Ausführungen über die Behandlung von Personalstatuten bei zwei Wohnsitzen beziehen zu wollen, insbesondere auf den Satz: „... ius quaesitum in incolam per acquisitionem alterius domicilii non potuisse derogari." Danach scheint Hert dem Testament Wirksamkeit zugestehen zu wollen[642].

E 34: Lütticher Eherecht (§ 44)

A. „In Lüttich (apud Leodienses) gibt es ein sogenanntes ‚droit de main pleuie', kraft dessen der Ehemann mit der Eheschließung an sämtlichem Vermögen der Frau Eigentum erlangt[643]. Erhält auch ein auswärtiger[644] Ehegatte kraft Eherechtes beim Tode seiner Frau deren im Lütticher Gebiet belegenes Gut?"

Carolus de Mean (obs. 55) habe das richtigerweise verneint. Obgleich nämlich das Statut sachbezogen sei, schließe es gegenteilige Verträge nicht aus. Die (Intestat-)Erbfolge ist nun ein stillschweigendes, nach vermutetem Willen zu interpretierendes Testament. Wer aber, fragt Hert, möchte annehmen, daß die Frau die Erbfolge nach jenem, und nicht nach Wohnsitzrecht gewollt habe?

B. In seiner observatio Nr. 55 nennt de Mean das Lütticher Statut eine neue Art des Eigentumserwerbes und bezieht es nur auf die im Gebiet belegenen Immobilien (n. 13). Die meisten Statutisten, heißt es dort weiter, hätten das Statut als Realstatut auch gegenüber Fremden wirken lassen (Gaill, d'Argentré, Natta, Barbosa; n. 14). de Mean jedoch meint, auswärtige Ehegatten profitieren von diesem „ius connubii" auch hinsichtlich der inwärts gelegenen Sachen nicht, weil das Recht sie (die Auswärtigen) nicht ergreife (n. 16). Sogar für Einheimische läßt de Mean

---

[640] „Bonorum liberalitate se invicem prosecuti sunt coniuges Hollandi, at verso solo concedunt Ultraiectum, cuius leges tali munificentiae refragantur ..."; ähnliche Fälle bei Johann a Sande dec. 2. 5. 10.

[641] Cap. 4 § 1; s. oben S. 22.

[642] Die gleiche Unsicherheit oben S. 116 f.

[643] Das Statut lautet: «L'homme par le mariage est fait maistre et seigneur absolu de tous biens, meubles et immeubles, credits et actions de sa femme, et encore de tous biens obvenus et acquis durant le mariage» (nach de Mean, obs. 55).

[644] „Traiectensis maritus": von den vielen Städten mit Namen „Traiectum ..." ist wahrscheinlich wieder Utrecht gemeint.

die Möglichkeit offen, diese gesetzliche Folge vertraglich auszuschließen (n. 28 f.).

Hieran knüpft Hert seine Entscheidung: Ist es möglich, die statutarische Regelung vertraglich auszuschließen, so müßte das auch durch Testament möglich sein; tritt aber gesetzliche Erbfolge auf Grund stillschweigenden Testamentes ein, dann kann auch durch sie jene gesetzliche Folge derogiert werden. Das ist schlüssig und hilft auch eine Zersplitterung des Nachlasses vermeiden.

Zusammenfassung für das Erbrecht

Hert hat bei diesen Fällen stets versucht, auch bei der Intestaterbfolge zu einem möglichst einheitlichen Nachlaß zu kommen. Das Mittel hierzu war die regelmäßige Anwendung der lex domicilii; Ausnahme nur dann, wenn eine zwingende lex situs bei Immobilien eine entsprechende letztwillige Verfügung nicht zuließ. Mit dieser Meinung hat sich Hert von dem bisher üblichen, getrennten Erbgang je nach dem Charakter des einzelnen Nachlaßgegenstandes abgewandt und den Durchbruch zur möglichst weiten Beachtung der lex domicilii vollzogen, die in der Folge Grundlage der Intestaterbfolge wurde. Hierin liegt eines der großen Verdienste Herts.

Im einzelnen lassen sich aus der Fülle erbrechtlicher Fälle nun folgende Grundmeinungen extrahieren:

1. Die Testierfähigkeit als Sonderbefugnis (dargestellt am filiusfamilias) gilt als Sachstatut, E 12.

2. Die Form von Testamenten richtet sich nach dem Recht des Errichtungsortes; es genügt aber auch die Form des Wohnsitzrechtes (!), E 13.

Späterer Umzug an einen Ort mit anderem Recht schadet der Wirksamkeit des Testamentes nicht, E 15.

Eximierte sind an die Formvorschriften des Zivilrechtes nicht gebunden, E 21.

3. Der Inhalt des Testamentes wird nach dem Recht des Errichtungsortes ausgelegt, E 14.

4. Stirbt jemand ohne Testament, so wird vermutet, daß er die an seinem Wohnsitz gesetzlich vorgesehene Erbfolge gewollt habe; deshalb tritt Erbfolge einheitlich gemäß dieser Regelung ein, es sei denn, eine auswärtige lex situs verbiete eine letztwillige Verfügung dieses Inhaltes, E 16.

5. Kommt es (z. B. wegen einer solchen lex situs) zu verschiedenen Nachlässen, so haftet jeder Erbe für die Schulden, die mit dem ihm zukommenden Nachlaßteil zusammenhängen, E 19.

Die Haftungsart (Gesamt- oder Anteilschuld) richtet sich nach dem Erblasserwohnsitzrecht, E 20.

IV. Familienrecht

Übersicht[645]:

E 29 Rückforderung der Mitgift
E 35 Sacherwerb durch „auswärtige" Ehefrau
E 36 Ehegüterrecht (Grundfall)
E 37 Ehegüterrecht (Gegenfall)
E 38 Ehegüterrecht (Wohnsitzverlegung I)
E 39 Ehegüterrecht (Wohnsitzverlegung II)
E 41 Eheschulden
E 50 Haftung des Frauengutes

E 29: Rückforderung der Mitgift (§ 39)

A. „Welche Gesetze sind bei Rückforderung der Mitgift anzuwenden[646]?"

Gegen Menochius (mit Zit.), der sich für das Recht des Ortes entscheidet, wo sich Vater, Mutter usw. die Rückgabe der „dos" hätten versprechen lassen, will Hert mit der ganz überwiegenden Meinung[647] den Wohnort des Ehemannes berücksichtigen: „nam dos est accessio matrimonii, et proinde ex loci norma, ubi maritus domicilium habet, aestimatur." Bei Streit um die Förmlichkeiten gelte selbstverständlich das Recht des Vertragsortes.

B. Hert entscheidet sich also hier — wie später im Ehegüterrecht überhaupt — für den Manneswohnsitz. Zur Fage, wie zu entscheiden ist, wenn der Ehemann zwischen Vertragsschluß und Rückforderung umzieht, äußert sich Hert nicht[648].

E 35: Erwerb durch „auswärtige" Ehefrau (§ 45)

A. „Ein Statut verbietet Sacherwerb durch Auswärtige. Kann eine von auswärts heimgeführte Frau von ihrem einheimischen Ehemann Sachen erwerben?"

Surdus (Dec. 330) bejahe das richtigerweise, „nam uxor nubendo transit in familiam mariti, eiusque domicilii fit particeps"; (zutreffender) Verweis auf D. 50. 1. 38. 3. Daraus folge auch, daß die Ehefrauen der ihren Ehemännern zustehenden Privilegien teilhaftig würden (zit.).

B. Die Entscheidung ist sicher richtig. Freilich bot dieser Fall wenig Kollisionsstoff: denn wenn die Frau Wohnsitz beim Mann nimmt, ist sie — im Sinne der damaligen Lehre — keine „extranea" mehr, und das Statut verbietet ihr dann auch keinen Sachenerwerb.

---

[645] In das Sachgebiet „Familienrecht" gehören auch die Fälle der Legitimation (E 4, 5) und der Bürgschaft des Ehemannes (E 51).

[646] „Dos repetitur, cuius loci iura attendenda (sunt)?"

[647] Johann a Sande, Mevius, Brunnemann, Stryk, Reinking u. a.

[648] Dumoulin hatte, um Umgehungen zu verhindern, das Recht *des* Wohnsitzes genommen, an dem der Ehemann zur Zeit der Eheschließung wohnte (vgl. Gamillscheg 28, 117).

E 36: Ehegüterrecht (Grundfall) § 46

A. „Titius wohnt an einem Ort, wo es keine eheliche Gütergemeinschaft gibt; er hat Güter auswärts, wo eine umfassende Gewinn- und Verlustgemeinschaft normiert ist (societas universarum fortunarum viget); die Ehe geht er an einem dritten Ort ein, wo die sogenannte einfache Gütergemeinschaft gilt (societas bonorum tantum sive simpliciter ita dicta). Welchen Ortes Rechte haben den Vorzug?"

Die meisten, berichtet Hert, zögen den Ort des Wohnsitzes vor — z. B. Rodenburg, de Cabedo, Goris, Lauterbach, Abraham a Wesel; andere seien anderer Meinung: so unterscheide Johann Voet[649] zwischen Mobilien und Immobilien, für die Wohnsitz- oder Lagerecht gälten.

Nach dieser einleitenden, recht unvollständigen[650] Übersicht über den Stand der Meinungen entwickelt Hert seine Lehre: Den Ort der Eheschließung könne man nicht nehmen, weil der Ehemann dort (sc. möglicherweise) fremd sei und auch die Frau ihm sogleich an einen anderen Ort folge, D. 5. 1. 65[651], so daß beide dort fremd sein könnten. Hier gelte die dritte Regel eben einmal nicht: „fallit igitur hoc in casu regula, quae actum vult regi a loco actus."

Der Lageort komme ebenfalls nicht in Frage; nicht etwa, weil das Gesetz nicht sachbezogen sei, wie das Dumoulin, Burgundus und andere behauptet hätten (richtige Meinung: d'Argentré und Paul Voet). Warum aber dann? Weil das Statut nicht einfach etwas befiehlt oder zwingend ist, sondern weil es den Ehegatten gestattet, entweder ausdrücklich oder stillschweigend etwas Abweichendes zu vereinbaren. Daraus (!) folge weiter, daß die Gemeinschaft nicht einfach auf Grund Statutes gelte, sondern mehr infolge einer vom Gesetz so vorgezeichneten, so angelegten Handlung („factum ita a lege informatum")[652].

Die Gegner dieser Auffassung habe schon Lauterbach[653] widerlegt: eine Gütergemeinschaft könne nämlich auch stillschweigend vereinbart wer-

---

[649] De fam. herisc. cap. 4, das Hert also kannte.

[650] Dumoulin wird überhaupt nicht erwähnt!

[651] Der auch ausdrücklich gegen Hert gerichtete Vorwurf v. Bars (IPR 24), diese Digestenstelle spreche nur von der Rückgabe der „dos" und könne für die Lösung einer Kollisionsfrage nicht angewendet werden, ist hier unzutreffend. Hert zieht offensichtlich nur den letzten Halbsatz der lex heran, um die Regel zu bekräftigen, daß die Frau dem Manne am Hochzeitstag an dessen Wohnsitz folgt: „... in cuius domicilium et ipsa mulier per condicionem matrimonii erat reditura". Gegen diese Bezugnahme ist nichts einzuwenden; auch Savigny erwähnt die Stelle (226).

[652] Ebenso Hert, Dec. 331 n. 2 vom 7. 7. 1701; Hert, Dec. 753 n. 3 vom 11. 8. 1695. — Anders ist Hert Resp. 37 gefaßt: „... communicatio ... regulariter ex statuto entstehet (absorbiere sie ein Vermächtnis) ..." Möglicherweise ist hier aber nur unscharf formuliert worden.

[653] Cap. 2 § 2, 9, 24; vgl. auch oben S. 51.

den[654]. Natürlich gelte diese Regel nicht, wenn ein abweichender Wille feststehe.

Wüßten nun aber die Ehegatten an ihrem Wohnort — und nach dessen Gesetzen richteten sich ja, wie gesagt, Verbindlichkeiten und persönliche Eigenschaften (!) — nichts von einer Gütergemeinschaft, so sei es nicht sehr wahrscheinlich, daß sie für ihre Sachen etwas anderes (als das am Wohnsitz gesetzlich Vorgesehene) gewollt hätten: deshalb muß man auf den Wohnsitz des Ehemannes sehen, unabhängig vom Lageort — *ad domicilium mariti* tantum, ubicunque etiam locorum bona sita fuerint, *flectendi sunt oculi*[655].

B. Schon an diesem Grundfall wird klar, daß Hert der Lehre vom stillschweigenden Abschluß eines dem Inhalt des Statutes entsprechenden güterrechtlichen Vertrages folgt, ohne deren geistigen Vater Dumoulin zu nennen. Diese Lehre war in der einen oder anderen Spielart (Hert lehnte sich an Lauterbach an) im deutsch-niederländischen Raum so sehr Allgemeingut, daß es sogar verständlich wird, daß Hert insoweit seinem Vorbild d'Argentré[656] untreu wird.

Eine Ungereimtheit in der Lösung war freilich nicht nötig: erst meint Hert, das Statut sei nicht nichtsachbezogen; im letzten Absatz läßt er jedoch den Eindruck entstehen, als falle das Ganze unter die Rubrik „Verpflichtungen und persönliche Eigenschaften" — daher Wohnsitzrecht. Dieses Schwanken zwischen Sachbezogenheit und persönlicher Beziehung hat wohl seinen tieferen Grund darin, daß seine Lehre sich überhaupt nicht in seine kollisionsrechtlichen Schemata einordnen läßt. Vielmehr legt er den Willen der Ehepartner, an deren Wohnsitz keine Gütergemeinschaft vorgesehen ist, dahin aus, daß sie (auch für die auswärtigen Sachen) keine gewollt haben — deshalb sei zwischen ihnen keine entstanden.

Aufschlüsse über seine Haltung im entgegengesetzten Fall bietet das folgende Beispiel.

E 37: Ehegüterrecht (Gegenfall) § 47

A. „Am Wohnort des Ehemannes ist Gütergemeinschaft gesetzlich vorgesehen (recepta). Werden die auswärts gelegenen Immobilien gemeinschaftliches Vermögen der Ehegatten?"

Viele verneinten das — z. B. Heeser, Cravetta, Christinaeus, Gaill, Coler, Berlich, Nic. Everard und Chassaneao (?).

Heeser habe seine Ablehnung der extraterritorialen Geltung jedoch für

---

[654] Verweis auf D. 17. 2. 4; C. 4. 37. 2 und Mevius.

[655] Ebenso Hert Dec. 215 n. 2 vom 11. 12. 1703 und Dec. 753 n. 4 vom 11. 8. 1695; Hert, Resp. 464 n. 14 (von 1697) mit ausdrücklicher Bezugnahme auf die „Dissertatio de collisione legum".

[656] Der hatte die Gütergemeinschaft allein auf Statut gegründet; s. oben S. 10 f.

den Fall eingeschränkt, daß die Ehegatten in Dotalverträgen Gütergemeinschaft vereinbart hätten[657].

Diese Ausnahme nimmt Hert zum Anlaß, im Ergebnis die gegenteilige Auffassung zu vertreten; denn, so meint er, Gütergemeinschaft beruhe ja stets auf einem eherechtlichen (stillschweigenden) Vertrag[658]. Die damit incidenter bejahte „extraterritoriale Wirkung" der Gütergemeinschaft schränkt Hert jedoch für den Fall ein, daß am Lageort, etwa zum Schutz des Familiengutes, eine zwingende Verbotsnorm gilt, eine „lex prohibitoria" wie C. 5. 9. 6., und deshalb entgegengesetzte Verträge nicht geduldet werden (Verweis auf a Someren, Abraham a Wesel)[659]. Zum Schluß erwähnt Hert noch die Meinung der frühen Italiener, die „in materia odiosa" keine Disposition über auswärtige Grundstücke zugelassen hätten.

B. War der Negativtatbestand des E 36 schnell mit dem mangelnden Willen der Ehegatten zu entscheiden, so handelt Hert nun über die Auswirkungen einer positiven güterrechtlichen Vereinbarung. Auch hier bedient er sich des Werkzeuges „Auslegung des Gattenwillens": ist am Wohnsitz Gütergemeinschaft gesetzlich vorgesehen, dann haben die Ehegatten eine solche auch vereinbart — dieser Schluß beruht auf einer entsprechenden Vermutung, die meist eine Fiktion gewesen sein wird.

Die mit der Konstruktion als Vertrag ermöglichte extraterritoriale Ausstrahlung der Gütergemeinschaft findet nun ihre Grenze an zwingenden Statuten — praktisch solchen des Lageortes von Immobilien, denn die Mobilien regelten sich ohnehin nach Wohnsitzrecht.

Entkleidet man einmal die Hertsche Lösung ihres kollisionsrechtlichen Habitus, so findet man den Fall mit einfachen Mitteln des materiellen Privatrechtes — der Lehre vom Rechtsgeschäft und vom Charakter objektiver Rechtsnormen — behandelt: 1. Auslegung des Parteiwillens — Kriterium: Gesetzeslage am Wohnsitzort; 2. Grenze dieser Dispositionsbefugnis — wie immer im Privatrecht —: zwingende Verbotsnormen[660].

Mit der Frage der extraterritorialen Wirkung des Statutes brauchte sich Hert, da „causa" für die Gütergemeinschaft eben nicht das Statut war, nicht auseinanderzusetzen. Das wäre ihm auch schwer gefallen, da er das

---

[657] Heeser, de acquaest. coniug. part. 2 loc. 18 n. 240, wo es weiter heißt: „... in pactis dotalibus ..., quo expressae (!) conventionis casu praedia etiam extra territorium sita, communia sunt; diese Ausnahme hätten z. B. d'Argentré und Rodenburg nicht zugelassen."

[658] „Quoniam ante evicimus, societatem bonorum non tam in statuto fundari quam in pacto coniugum tacito."

[659] Ebenso Hert Dec. 753 n. 5 vom 11. 8. 1695: „... nisi statutum (sc. rei sitae) simpliciter sit imperativum, vetans pacta contraria, welchenfalls vielmehr ad locum rei sitae ... zu reflektieren ..., dergleichen hier aber nicht zu finden." Mit dem letzten Halbsatz ist wohl gemeint, daß in Deutschland kein Statut die Gütergemeinschaft verbot.

[660] Nicht schon, wenn die lex situs eine Gütergemeinschaft nicht vorsieht, wie es Gaill und Cocceji hatten genügen lassen.

Statut den Sachstatuten zugerechnet hätte[661] und somit seine Wirkung auf das Territorium hätte beschränken müssen.

E 38: Ehegüterrecht (Wohnsitzverlegung I; § 48)

„Ein Ehepaar zieht von einem Ort, wo Gütergemeinschaft gilt (communio vigebat), an einen anderen um, wo man sie nicht kennt. Sind die Gesetze des früheren Ortes zu beachten?"

So habe es den meisten geschienen; ihnen sei auch der friesische Senat gefolgt[662]. Hinweis auf Goris, Heeser[663], A. Matthei und Rodenburg, der geschrieben habe: die Gemeinschaft bleibe bestehen, solange die Ehegatten darüber nicht eine gegenteilige Erklärung abgäben, vorausgesetzt, daß die Gesetze des neuen Wohnortes überhaupt eine solche Aufhebung der früheren Gemeinschaft zuließen. Einen diesbezüglichen Willen scheinen Ehegatten jedoch dann konkludent zu erklären, wenn sie, nach einer Trennung der Sachen, jeder für sich handeln und erwerben[664]. Anderer Meinung sei, fährt Hert fort, Mevius[665], der die entgegengesetzte, herrschende Meinung schlicht einen „Irrtum" nenne[666].

E 39: Ehegüterrecht (Wohnsitzverlegung II; § 49)

A. „Wenn dagegen die Ehe in einem Gebiet mit gemeinem Recht geschlossen ist[667], die Ehegatten später an einen Ort umziehen, wo ‚vi statuti'[668] alle ehelichen Güter gemeinschaftliches Vermögen würden: kann dann die Ehefrau am ehelichen Zugewinn[669] partizipieren?"

Rodenburg verneine das richtigerweise (a. M. Burgundus und Joh. Lelet); denn es sei nicht anzunehmen, daß Ehegatten, die nicht von

[661] Weil es über Sachen verfügt; vgl. oben S. 128.

[662] Bei Joh. a Sande, Dec. Fris. lib. 2 tit. 5 def. 10; s. oben S. 18.

[663] De acquaest. coniug. part. 2 loc. 18 n. 241.

[664] „Super quo voluntatem declarasse re ac facto videntur eo ipso, quod bonorum separatione facta privatim sibi consulat quisque, negotietur, acquirat." Diese Sätze hatte schon Abraham a Wesel von Rodenburg abgeschrieben; a. a. O. n. 104; s. auch dort n. 105: „Wohnsitzverlegung wird nicht zu den Arten gerechnet, eine Gemeinschaft aufzuheben."

[665] Comm. ad ius Lub. pars 2 tit. 2 art. 12 n. 401; dort vertritt Mevius die Meinung, die Ehegatten sagten sich durch den Umzug vom früheren Recht los; es sei unsinnig, jemanden nach den Gesetzen eines anderen Gebietes zu beurteilen. — Dieser Meinung Mevius' schloß sich übrigens später Riccius an (s. unten S. 164).

[666] Besprechung gemeinsam mit E 39.

[667] „Matrimonium contractum"; gemeint ist wohl: wenn der Ehemann in einem Gebiet mit gemeinem Recht gewohnt hat.

[668] Ebenfalls unscharf: Hert verneint ja die selbständige Kraft des Ehegüterrechtsstatuts.

[669] „Acquaestus coniugalis"; Gamillscheg 228 übersetzt: „das halbe Eigentum"; auch nach dem Universallexikon von 1735 (Stichwort) handelt es sich jedoch um den Zugewinn.

Anfang an in eine Gütergemeinschaft eingewilligt hätten, sie allein durch den Wechsel des Wohnsitzes einführen wollten.

B. Die E 38 und 39 behandeln die mit der Wohnsitzverlegung zusammenhängenden güterrechtlichen Fragen in Übereinstimmung mit der oben (E 36 und 37) entwickelten Theorie. Dabei ist Hert nicht der Gefahr erlegen, in die Wohnsitzverlegung selbst einen rechtsgeschäftlichen Willen hineinzudeuteln, der zu einer Änderung des güterrechtlichen Status hätte führen können. Was einmal vereinbart ist, bleibt bis zu einem (ausdrücklichen) „pactum contrarium" bestehen; ebenso das Urteil der Gießener Fakultät vom 10. 12. 1696[670].

Herts Ausführungen stammen im wesentlichen von Rodenburg oder von dem jenem folgenden Abraham a Wesel; die beiden in Anmerkung 667 und 668 genannten Ungenauigkeiten haben ihren Grund wohl in einer schematischen Übernahme von deren Fällen.

Wie Rodenburg, Wesel und Hert hatten auch Dumoulin und Lauterbach entschieden: das wurde im 18. Jh. „herrschende Meinung"[671]; eine Änderung des Güterstandes durch Wohnsitzwechsel hatten u. a. Salicet, Alexander[672] und Mevius[673/674] befürwortet.

E 41: Eheschulden (§ 51)

A. „Ehegatten, zwischen denen keine Gütergemeinschaft besteht, vereinbaren ein Darlehen (aes alienum contrahunt) an einem Ort, wo Gütergemeinschaft gilt. Ist diese Darlehensschuld eine ‚Ehe-Schuld'[675]?"

„Ohne Zögern" verneint Hert diese Frage. Zwischen unseren Ehegatten sei keine Gütergemeinschaft vereinbart, auch stillschweigend wohl nicht[676]. Nach gemeinem Recht aber hafte keiner für die Schulden des anderen (C. 4. 12), auch wenn sich die Ehefrau ausdrücklich zusammen mit dem Ehemann verpflichtet habe (C. 4. 29. 22).

Zweifel an seiner Entscheidung, die aus seiner dritten Regel abgeleitet werden könnten, zerstreut Hert durch einen Hinweis darauf, daß jenes Gesetz — Güter- und Haftungsgemeinschaft — keine Beziehung zur Form des Aktes habe; Hinweis auf Lauterbach und auf eine von Mevius überlieferte Entscheidung (quaest. prael. 4 n. 19; danach wird durch einen kurzen Aufenthalt an einem Ort in der Regel keine Gütergemeinschaft begründet).

---

670 Hert, Dec. 947 n. 3.

671 Vgl. auch die Aufstellung bei Wächter AcP 25, 53 Anm. 269.

672 Beide nach Gamillscheg 28.

673 S. oben Anm. 665.

674 Ebenso später Riccius; s. oben Anm. 665 und unten S. 164.

675 „Sociale debitum"; Hert nennt die lateinische und die deutsche Bezeichnung.

676 „Quia nulla inter coniuges nostros bonorum communio fuit contracta, tacite enim facta non praesumitur in loco, ubi iure non viget"; Hinweis auf D. 17. 2. 31; Ausnahme: entgegenstehender Wille.

B. Die Mithaftung des Ehepartners[677] beurteilt also Hert nach dem Bestehen der Gütergemeinschaft im Rahmen seiner Lehre. Zumal nach gemeinem Recht eine Haftung für fremde Schulden — auch für die des Ehemannes — zwingend ausgeschlossen war, ist Herts Entscheidung nicht zu beanstanden. Vgl. auch den nächsten Fall.

E 50: Haftung des Frauengutes (§ 60)

A. „Nach Lübischem Recht ist eine Ehefrau, die mit ihrem Mann Kinder hat, für ihren Ehemann verpflichtet, und ihr Vermögen haftet für die Eheschulden (pro debitis maritalibus capiuntur)[678]. Wenn ein Fremder an einem Ort, wo dieses Recht gilt, kontrahiert, und wenn darauf die Sachen seiner Ehefrau wegen einer nicht bezahlten Schuld mit Arrest überzogen werden: kann man dann nach Lübischem Recht entscheiden?"

Das werde von Mevius ganz richtig verneint[679]; denn jene Verpflichtung könne nur auf der ehelichen Gemeinschaft beruhen, die seine daheim gebliebene Ehefrau doch nicht habe eingehen wollen.

Aus der dritten Regel gehe nichts Gegenteiliges hervor: denn hier folge nichts aus dem Vertrag selbst, sondern es trete etwas von außen hinzu[680].

B. Das Frauengut haftet also nur, wenn es durch Gütergemeinschaft mit in den Haftungsverband eingeführt ist. Ebenso das von Hert berichtete Gutachten der Gießener Fakultät vom 25. 5. 1698[681]: „Wo Gütergemeinschaft gilt, ist die Ehefrau verpflichtet, die ehelichen Schulden zu bezahlen, auch wenn sie zur Zeit des Vertragsschlusses noch minderjährig war." Folgerichtig wurde eine solche Haftung dann nicht angenommen, wenn die Ehegatten nicht in Gütergemeinschaft lebten; denn daß die Gütergemeinschaft nicht durch das auswärtige Rechtsgeschäft des Ehemannes begründet werden konnte, liegt auf der Hand.

Zusammenfassung für das Ehegüterrecht

Die Konstruktion der Gütergemeinschaft als (stillschweigend geschlossener) Vertrag der Ehepartner ist damit von Dumoulin über die Niederländer Rodenburg und seinen Verteidiger Abraham a Wesel und den Deutschen Lauterbach auf Hert gekommen[682].

---

[677] Über die Haftung der Ehegatten als Gesamtschuldner vgl. auch Hert, Dec. 501.

[678] Ebenso Hert, Dec. 565.

[679] Quaest. praelim. 4 n. 19; s. auch oben S. 132 a. E.

[680] Gemeint ist wohl: hier wird nichts aus dem Vertrag selbst abgeleitet, sondern eine durch den Ehestand vermittelte Drittbeziehung, zur Ehefrau, tritt hinzu.

[681] Hert, Resp. 457.

[682] Auf die ausführliche Beschreibung von Dumoulins Einfluß auf die Entwicklung der güterrechtlichen Lehre bei Gamillscheg 202—240 sei hier nochmals hingewiesen. — Den Stoff für seine Fälle hat Hert im wesentlichen von den beiden genannten Niederländern übernommen; vgl. auch Wächter AcP 25, 47 ff.

Bei Hert stellt sich die Lehre nun, kurz zusammengefaßt, so dar:

1. Ob im Einzelfall eine Gütergemeinschaft besteht, entscheidet sich nach der privatrechtlichen Vereinbarung der Ehegatten.

2. Ein entsprechender Vertrag kann auch stillschweigend geschlossen werden.

3. Wenn am Wohnort des Ehemannes (als dem ehelichen Wohnsitz) Gütergemeinschaft gesetzlich vorgesehen ist, wird ein entsprechender positiver Wille der Ehegatten vermutet, eine Gütergemeinschaft geschlossen haben zu wollen; und umgekehrt bei Fehlen der Regelung: kein Wille zur Gütergemeinschaft.

4. Wohnsitzwechsel berührt Bestehen oder Nichtbestehen der Gütergemeinschaft nicht.

5. Gütergemeinschaft gilt, da sie auf Rechtsgeschäft beruht, für alle Sachen, es sei denn, zwingendes (Lage-)Recht verbiete eine solche Disposition.

Daß damit die Kollisionsfrage, genau betrachtet, allein mit materiell-privatrechtlichen Erwägungen gelöst wird, wurde oben bereits dargestellt[683]. Das war für Hert der Weg, um die erwünschte einheitliche Rechtslage der ehelichen Sachen zu sichern. Freilich: die „Vermutung" war in den meisten Fällen eine Fiktion; der Einwand d'Argentrés[684] war bestimmt nicht unrichtig gewesen! Trotzdem blieb Herts Lehre[685], die er in der sieben Jahre später entstandenen „Dissertatio de societate facto contracta"[686] wiederholte und die ja in sich schlüssig war, auch im 19. Jahrhundert in Deutschland die „herrschende"[687]. Durch sie war für den deutschen Raum die überkommene Lehre, die den einzelnen Sachen verschiedene Schicksale zugedacht hatte, überwunden[688].

---

683 Oben S. 129.

684 S. oben S. 11.

685 Auch der Verfasser kann der Konstruktion keine Anhaltspunkte für die Annahme entnehmen, daß Hert an eine kollisionsrechtliche Verweisungsfreiheit gedacht habe (so Gamillscheg 117 für Dumoulin); dafür lag ja auch gar keine Notwendigkeit vor.

686 Von 1695, veröffentlicht im ersten Band der „Commentationes ..." Teil III (1737: S. 115 ff.). Dort handelt Hert über die Möglichkeiten, wie auch ohne ausdrückliche Erklärungen „Gesellschaften" geschlossen werden können. Als Beispiel nennt er dort die eheliche Gütergemeinschaft (§ 4): „... ea non tam in statuto, quam potius in voluntate coniugum tacita, fundatur, qui, dum bonorum societatem statuto introductam non ignorant, nec inituri matrimonium contrarium ... paciscuntur, voluisse eam utique, et legi se conformasse videntur (Verweis auf die Diss. de coll. legum sect. IV § 26 (gemeint wohl: § 46 = E 36)."

687 Schaeffner, a. a. O., 135, 138; freilich meist ohne die Beschränkung durch zwingendes Lagerecht; s. Wächter AcP 25, 49 und 362 ff.

688 Die Beschränkung der Regel durch leges situs findet sich heute noch in Art. 28 EGBGB! — Vgl. auch Wächter AcP 25, 48 Anm. 261.

V. Vertragsrecht

Das nun folgende Dutzend meist recht kurzer Fälle, das verschiedene Fragen des Allgemeinen Teils (Rechtsgeschäfte) und des Schuldrechtes behandelt, läßt sich am besten unter dem Thema „Vertragsrecht“ zusammenfassen.

Übersicht:

E 42: Vertrag bei Ausfuhrverbot (§ 52)

A. „Wenn ein Edikt verbietet, aus unserer Gemeinde Getreide auszuführen, entsteht die Frage, ob dieses Gesetz auch Fremde bindet, die bei uns Grundstücke besitzen.“

Hert bejaht die Frage auf Grund § 9 (seine zweite Regel); die Früchte nämlich seien Bestandteil des Grundstückes und deshalb ‚immobilia‘, D. 6. 1. 44[689], und obgleich sie später getrennt würden, könne das dem Herrscher einmal entstandene Recht ohne einen Akt seinerseits nicht aufgehoben werden (ius summo Imperanti semel quaesitum sine facto eius auferri nequit)[690]. Ebenso: Anton Tessaurus[691] und ihm folgend Mylerus. Anton Faber begrenze die Entscheidung, „si edictum in personas conceptum proponeretur“. Hert gibt das ohne weiteres zu, weil ja der Herrscher mit seinem Recht nachgeben könne (d. h., der Herrscher kann eine Norm auch nur für die, sc. ihm untergebenen, Personen schaffen).

Anders sei die Entscheidung, wenn das Korn nur der Sicherheit halber in unser Gebiet eingeführt worden sei; denn an Mobilien Fremder stehe der Staatsgewalt ohne Zutun der Fremden überhaupt kein Recht zu.

---

[689] Anders das sächsische Recht, das sich für Mobilien entschied (Hert, Dec. 490 n. 5).

[690] Über den Ausdruck „ius quaesitum“, dessen Anwendung Gamillscheg (171 Anm. 35) auch hier „sonderbar“ nennt, vgl. unten Anm. 745.

[691] Tessaurus Dec. 152 berichtet von einer Entscheidung des Rates von Savoyen (consilium status Ducis Sabaudicae) vom 27. 11. 1579, wonach ein Fremder sein geerntetes Getreide hätte ausführen dürfen. Tessaurus widerspricht: das Edikt sei wegen des großen Getreidemangels erlassen worden, deshalb dürfe niemand das Brot der Kinder wegschaffen und Fremden zugutekommen lassen.

B. In dieser Entscheidung zugunsten der lex situs hält sich Hert ausdrücklich im Rahmen der „herrschenden Meinung". Motiv hierfür war sicher der von Tessaurus ausgesprochene Schutzzweck, den Hert durch die „originelle Begründung"[692], der Herrscher dürfe sein Recht nicht verlieren, im System (zweite Regel) erreichen konnte.

E 43: Leistungsstörungen (§ 53)

A. „Welches Gesetz hat bei Vertragsverletzung oder Verzug den Vorrang? (Praestanda sunt aliqua ex contractu, quae postea acciderunt v. g. propter culpam vel moram; quaeritur, si discrepent leges, utra utri praeponderet?)"

Einige, berichtet Hert, sehen auf den ‚locus iudicii', andere auf den Erfüllungsort (Bartolus und Barbosa, denen Brunnemann und Christijnen gefolgt seien). Von beiden Meinungen weiche H. Cocceji[693] richtigerweise ab, „quia obligationes culpae vel morae ex ipso contractu oriuntur, eiusque propriae praestationes sunt".

B. Hert sieht also mit Cocceji die Rechtsfolgen der Leistungsstörungen als weitere Folgen des Vertrages selbst an[694] und unterwirft sie so — im Gegensatz zur Lehre der vorangegangenen Jahrhunderte — seinem Vertragsstatut, der lex loci contractus[695]. Dasselbe hatte er schon oben, in der zweiten „Erweiterung" der dritten Regel, gesagt[696].

E 44: Vertragsbedingung (§ 54)

A. „Einem Vertrag wird in Belgien eine Bedingung hinzugefügt (conditio contractui est adiecta); der in Deutschland wohnende Schuldner erfüllt sie."

Hert wendet belgisches Recht an, da die Erfüllung der Bedingung auf den Zeitpunkt des Vertragsschlusses zurückbezogen werde (quia conditio expleta retrotrahitur ad tempus conventionis); Hinweis auf D. 18. 1. 8 (Kauf eines zukünftigen Fischfanges), D. 28. 7. 26 (Bedingte Erbeinsetzung eines Unmündigen) und Johann a Sande (de Reg. Iur. p. 18).

B. Tatbestand und Lösung des Falles stammen bis in Einzelheiten hinein von Johann a Sande. Dort handelte es sich um einen Frankfurter, der in Antwerpen einen bedingten Vertrag geschlossen hatte. Gegen die Entscheidung, die auf der ex-tunc-Wirkung des Bedingungseintrittes beruht, ist nichts einzuwenden.

---

[692] So mit Recht Gamillscheg 171.

[693] Hert zitiert „tit. 6 § 7"; gemeint ist sicher tit. 7 § 11.

[694] Vgl. hierzu auch Enneccerus-Lehmann, a. a. O. § 54 a. E.

[695] Auch heute werden Verpflichtungen aus Leistungsstörungen nach dem für den Vertrag maßgeblichen Statut beurteilt (vgl. Soergel-Kegel, III. 1. b vor Art. 7 EGBGB).

[696] S. oben S. 94.

E 45: Schriftform (§ 55)

A. „Welches Gesetz ist anzuwenden, wenn ein Vertrag hier geschlossen und dort (sc. in einer Urkunde) bestätigt wird[697]?"

Hert unterscheidet zwei Fälle:

1. Die Bestätigung dient nur der Beweisstärkung, „confirmatio accedat ad conciliandam contractui maiorem fidem, v. g. contractus probationis gratia in scripturam redigatur": dann gilt das Recht des Vertragsortes. Hinweis auf D. 44. 7. 38, wo sich Paulus zur Beweiskraft von Schriftstücken äußert.

2. Der Vertrag wird erst durch die schriftliche Form wirksam (validus): dann gilt das Recht dieses Bestätigungsortes. Hinweis auf C. 4. 21. 17 und C. 8. 48. 1.

B. Auch hier wird das Recht des Ortes beachtet, wo das Rechtsgeschäft wirksam wird[698]. Die Entscheidung ist deshalb ganz zweckmäßig und sachlich gerechtfertigt[699].

E 46: Vertragsschluß durch Briefe (§ 56)

A. „Ein Vertrag wird brieflich geschlossen. Soll das Recht des Absenders oder das des Empfängers angewendet werden[700]?"

Grotius[701] meine, ein so geschlossener Vertrag könne allein nach „ius gentium" beurteilt werden (regi); er habe seine Ansicht jedoch nicht begründet. Deshalb verweist Hert auf seine „Dissertatio de commeatu literarum" §§ 18 f.[702]. Dort verteidigt er die Anwendung des Naturrechtes, weil es unmöglich sei, einem der beiden möglichen Rechte den Vorzug zu geben. Einen Grund, den er dort vergessen habe, fügt Hert hier zu: Die Kontrahenten würden in der Regel wegen der Entfernung die bei dem anderen geltenden Gesetze überhaupt nicht kennen.

B. Pufendorf (3. 6. 5) hatte anders entschieden: anzuwenden sei das am Gerichtsstand geltende Recht; der andere sei zwar dort nicht unterworfen; wenn er sich aber der Hilfe des Gerichtes bediene, sei das ganze Geschäft diesem Recht unterzuordnen.

Hert entscheidet sich mit Grotius für die Anwendung des Naturrechtes, weil er kein einheitliches anwendbares positives Recht fand; auf die Idee, zwei Rechtsordnungen für anwendbar zu erklären[703], ist Hert noch nicht gekommen.

---

[697] „Contractus in alio loco fit, in alio confirmatur; ..."

[698] So Hert IV § 7 (oben S. 88).

[699] Eine Quelle ist nicht genannt. Ein wirklich erdachter Fall?

[700] „Contractus fit per literas; quaeritur ergo, an mittentis literas, an illius ad quem eae mittuntur, locus sit inspiciendus?"

[701] Lib. 2 cap. 11 § 5.

[702] Im ersten Band der „Commentationes ..." (1737: Seite 244).

[703] Wie es heute möglich ist; vgl. z. B. Soergel-Kegel I. 2 zu Art. 11 EGBGB und Raape 451.

E 47: Spielschulden (§ 57)

A. „Nach welchem Recht werden Spiele und Spielschulden beurteilt? (Ludi diversis in locis diversis fieri solent modis; igitur orta inter collusores controversia, quaeritur, ad cuius loci mores respiciendum?)"

Hert antwortet: wenn über die Spielweise nichts ausgemacht ist, soll man die Bräuche (mores) des Ortes berücksichtigen, an dem gespielt werde, und zwar infolge der dritten Regel. Hinweis auf Bonacina[704] und Lugo[705].

B. Da bei Spielregeln schwerlich von einer Unterwerfung unter die Ortsgesetze gesprochen werden kann, wird Hert bei der Entscheidung wohl von einem vermuteten Willen der Spielpartner ausgegangen sein, nach den Regeln des Ortes spielen zu wollen.

E 48: Vertragslasten (§ 58)

A. „Wegen eines Vertrages wird Zoll bezahlt (gabella[706] solvitur ob contractum). Ist das Recht des Ortes, wo das Geschäft vorgenommen wird (negotium geritur), zu beachten, oder wohin die Zahlung geschickt wird?"

Barbosa habe gesagt, die „gabella" sei eine Last des Vertrages (onus contractus) und nicht der Übergabe (sc. des Vertragsgutes); deshalb sei das erstgenannte Recht zu beachten[707].

B. Hert entscheidet sich — wie schon Cocceji (tit. 9 § 11)[708] — für das Statut des Vertragsortes: wenn in X-Land ein Vertrag über einen Import aus Y-Land geschlossen wird, soll die öffentliche Abgabe nach dem Recht von X-Land beurteilt werden. Diese Entscheidung verwundert, denn sie öffnet der Umgehung der öffentlichrechtlichen Abgabengesetze Tür und Tor.

E 49: Vertragsform (§ 59)

A. „Am Vertragsort ist (sc. für einen Vertragsabschluß) eine gesiegelte Urkunde (charta sigillata) nicht vorgeschrieben, wohl aber am Erfüllungsort. Kann erfolgreich (sc. auf Erfüllung) geklagt werden, wenn die Siegelung unterlassen worden ist?"

Hert bejaht auf Grund der dritten Regel (§ 10); für die Form bei Rechtsgeschäften (in instrumentis conficiendis) sei das Recht des Errichtungsortes zu beachten. Hinweis auf Stryk, Consultatien Hollandse und Gaill.

---

704 Martin Bonacina, Mailänder Theologe und Rechtsgelehrter, gest. 1631.

705 Johann von Lugo, spanischer Jesuit und Kardinal, gest. 1660 (?).

706 Hier wohl: eine Art Zoll, der bei Ausfuhr insbesondere von Salz „kraft landesfürstlicher Obrigkeit" erhoben wurde; „ius gabellarum ist ohne Zweifel unter die ‚regalia' zu rechnen" (Hert, Resp. 289 n. 1 vom 10. 9. 1697).

707 Vgl. auch Brunnemann, Comm. ad pandectas, ad D. 21. 2. 6 n. 6: „gabella solvenda est in loco contractus."

708 Und Colerus (s. oben S. 40).

B. Da es sich um eine reine Formvorschrift handelt, ist nach der dritten Regel, die hier einmal wirklich paßte, „selbstverständlich" Ortsrecht anzuwenden.

E 51: Bürgschaft des Ehemannes (§ 61)

A. „Nach Mindener Stadtrecht ist die Bürgschaft eines Ehemannes ohne Zustimmung der Ehefrau unwirksam (statutum Mindense irritam mariti sine consensu mulieris fideiussionem esse vetat[709]). Wirkt dieses Statut auch auswärts?"

Crusius habe das bejaht[710]. Hert entscheidet sich entgegengesetzt, denn das Statut betreffe nicht die Person. Eine Ausnahme läßt Hert für den Fall zu, daß die Bürgschaft „in fraudem legis" bestellt sei.

B. Crusius berichtet a. a. O. von einer Entscheidung, die das genannte Statut als eine Norm des „inhabilitare" klassifiziert und so, unter Berufung auf Rodenburg und Mevius, zur extraterritorialen Wirkung kommt: auch auswärts darf sich der Ehemann nicht selbständig verbürgen.

Hert rechnete das Statut nicht zu den Personalstatuten, wohl weil es die Lage der Person nicht im ganzen berührt. So konnte der Ehemann auswärts auch ohne Zustimmung seiner Ehefrau Bürgschaften eingehen; unbillige Entscheidungen verhinderte allein die Arglistformel.

E 52: Vorkaufsrechte (§ 62)

A. „Vorkaufsrechte (iura ‚protimēseōs')[711] sind am Vertragsort, am Wohnort und am Lageort verschieden geregelt[712]. Welches Recht ist anzuwenden?"

Hert entscheidet sich nach der zweiten Regel für das Recht des Lageortes. Außerdem verweist er auf Stryk, der das schon ganz richtig für Fremde gelten lasse, die sich auf ein Vorzugsrecht stützten: nam lex rei scripta est, quae in quoscunque valet.

B. Hert folgt in Ergebnis und Begründung Stryk; vgl. Anm. 711.

---

[709] Diese Darstellung Herts ist mißverständlich; das Mindener Statut hatte den Sinn der Übersetzung.

[710] Jacob Andreas Crusius, Mitte des 17. Jh., Syndikus in Minden, kommentierte das Stadtrecht: „Ius statutarium reipublicae Mindensis", Minden 1674; hier ist interessant: ad l. 1 Stat. Mind. tit. 13 dec. 15.

[711] „Protímēsis" (griech.) „das Vorziehen". — Samuel Stryk behandelt die Vorkaufsrechte ausführlich in seiner „Dissertatio VI de successione ex iure retractus", insbesondere § 3. Das hier von Hert genannte „ius protiméseos" gibt dem Berechtigten die Möglichkeit, einen noch nicht abgeschlossenen Verkauf einer bestimmten Sache gegenüber dem Verkäufer zu verhindern, er hat ein „ius prohibendi". Das „ius retractus" gewährt das Recht, die Sache nach abgeschlossenem Kauf vom Käufer herauszuverlangen. Vorkaufsrechte werden auch bei Hert, Resp. 330 behandelt.

[712] Berlich (2. c. 39) nennt als Beispiel, daß das Vorkaufsrecht nur von Verwandten bis zum zehnten Grade ausgeübt werden konnte.

E 55: Verjährung (§ 65)

A. „Wenn die Verjährungsfristen verschieden geregelt sind (tempus, quo actioni praescribitur): ist das Recht des Vertragsortes oder das des Gerichtsortes zu berücksichtigen?"

Hert zitiert zunächst ausführlich einen Fall Hubers[713], der die Gesetze des Gerichtsortes anwenden will, „quia ius eius (sc. der Verjährungseinrede) ad actionem, non ad negotium gestum pertinet".

Das Gegenteil habe Cocceji[714] im Anschluß an Bartolus (n. 19) angenommen, „quia, quantum (quandiu) valeat ac duret actio, ad effectum quoque contractus et obligationem pertineat". Anders nur bei Fristen für die Ersitzung, für die gelte das Lagerecht.

Hert schließt sich der zweiten Meinung an, mit der sehr einleuchtenden Begründung, daß bei einer Beachtung der „lex iudicii" in der Zwischenzeit die Verjährungszeit überaus ungewiß sei, denn nicht selten könnte ein Mensch an verschiedenen Orten in Anspruch genommen werden (potest conveniri).

B. Die Entscheidung ist aus dem schon von Hert selbst genannten Grund glücklicher als die Hubers[715]. Auch wenn man die Verjährung als eine Nebenfolge des Vertrages auffaßte, würde man zu diesem Ergebnis gelangen[716].

E 56: Restitutio in integrum (§ 66)

A. „Titius schließt einen Vertrag; wegen dieses Vertrages verlangt er die ‚restitutio in integrum'[717] an einem Ort, wo die Fristen für die restitutio länger sind. Welches Recht ist anzuwenden?"

Der Senat von Savoyen habe sich für den Vertragsort entschieden (Quelle: Anton Faber[718]).

Gewöhnlich aber unterscheide man, ob die „restitutio" aus einem Grunde gefordert wird, der schon zur Zeit des Vertrages vorhanden war (locum habet) — dann Anwendung des Vertragsrechtes —, oder aus einem Grund, der später, z. B. bei der Gerichtsverhandlung, dazugetreten sei — dann Anwendung der lex iudicii (Bartolus n. 20 und Baldus n. 12).

Hert gefällt diese Unterscheidung: Im ersten Fall fließe die „restitutio" aus dem Vertrag, sei gewissermaßen ein „Appendix", siehe § 10 (dritte Regel)[719]; die restitutio habe ihren Ursprung ja nicht nur im Wohlwollen des (zur Entscheidung gerufenen) Praetors, sondern entfalte ihre Wirkung

---

[713] Lib. 3 Iur. publ. univ. c. 11 § 34 = praelectiones n. 7 (s. oben S. 29).

[714] Tit. 7 § 12 statt, wie zitiert, tit. 6 § 8.

[715] Die weitere Entwicklung verlief gemäß der Meinung Herts (vgl. Wächter AcP 25, 409).

[716] Vgl. oben S. 88.

[717] Über diese vielgestaltige Rechtsfigur vgl. D. 4. 1.

[718] Lib. I tit. V. definitio 3, Entscheidung vom 17. 2. 1593.

[719] Gemeint ist offenbar die schon in E 43 angezogene zweite „Erweiterung"; oben S. 94.

schon von sich aus (in statu naturali); Hinweis auf Bodinus, Alber. Gentili, Conring und Ziegler, der freilich von Grotius'[720] Meinung abweiche. Im zweiten Fall aber, wenn die restitutio im Prozeß selbst entsteht, ist sie nach der lex iudicii zu beurteilen; das folgt auch aus der dritten Regel.

B. Diese Differenzierung der allgemeinen Meinung und Herts ist sachlich gerechtfertigt und gut.

Zusammenfassung für das Vertragsrecht

Hert beurteilt einen Vertrag also nach dem Gesetz des Abschlußortes; vgl. Herts dritte Regel[721]. Dabei sind freilich vom Wortlaut der Regel nur die E 45 und 49 gedeckt, in denen für die Beurteilung der Vertrags*form* das Recht des Abschlußortes herangezogen wird. In sehr extensiver Anwendung der Regel (oder ihrer Erläuterung[722]) sollen nach dem Abschlußortrecht auch die Leistungsstörungen, E 43, die Vertragsbedingungen, E 44, die Steuerlasten, E 48, die von vornherein begründete restitutio in integrum, E 56, und die Verjährung, E 55, beurteilt werden; Ausnahme nur: zwingende lex situs mit Schutzzweck bei Immobilien, E 42.

Erreicht wird dadurch eine einheitliche Wertung der mit einem Vertrag zusammenhängenden Fragen. Eine Begründung dafür bringt Hert in seinen überaus kurzen Fällen nicht. So ist dieser Teil der Fälle arm an Ausbeute für die Systematik[723].

VI. Staatsrecht

Unter diesem Titel lassen sich noch am ehesten drei Fälle zusammenfassen, die sich mit der Rechtsstellung des Herrschers und mit dem Lehnsrecht befassen.

Übersicht:

E 22 Bindung des Herrschers an die Zivilgesetze?
E 23 Rechtsnachfolge nach Herrschern
E 53 Lehnsrecht

E 22: Bindung des Herrschers an die Zivilgesetze? (§ 32)

A. „Wenn der Herrscher nicht als solcher, sondern als Privatperson (ut quivis alius) Verträge schließt oder testiert: Soll sein Akt an die

---

[720] Lib. 2 cap. 14 § 1; dort handelt Grotius jedoch nur darüber, ob ein König „restitutio" verlangen kann.

[721] Oben S. 92 ff.

[722] Oben S. 92.

[723] Möglicherweise liegt in dieser nicht allein bei Hert zu beobachtenden Unsicherheit im Vertragsrecht eine Wurzel dafür, daß auch heute noch dieses Gebiet gesetzlich nicht geregelt ist und schon deshalb zu besonders umfangreichen Diskussionen Anlaß gibt. — Über das Obligationenrecht der Statutisten handelt Wächter AcP 25, 389 ff.; über Hert insbesondere S. 397 Anm. 393 (dazu s. auch unten Anm. 881).

Zivilgesetze gefesselt (alligetur ad leges civiles) oder soll er allein von Naturrecht beherrscht werden (regatur)?"

Da hier, fährt Hert fort, der Schöpfer des Gesetzes selbst als ein Glied der Gemeinde betrachtet werde und nicht als deren Repräsentant, könnte ein Unbefangener auf den Gedanken kommen, daß der Herrscher solche Handlungen im Zweifel den Zivilgesetzen untergeordnet habe. Gleichwohl aber könne er seine Handlungen, ebenso wie die der anderen (Bürger), von diesen Gesetzen lösen. Ob er es (im Einzelfall) gewollt habe, müsse aus den Umständen geschlossen werden. Hert weist auf C. 5. 16. 26 hin[724], aus welcher Stelle manche Dd. fälschlicherweise herausläsen, daß Akte von Herrschern Gesetze seien. Gesetze und Verträge der Herrscher werden dort aber nicht im Hinblick auf ihre Wirkung, sondern in Bezug auf ihre Entstehung miteinander verglichen (Hinweis auf Grotius, Pufendorf und Ziegler).

B. Dieser Fall behandelt keine räumliche Kollision, sondern ein anderes, damals hochaktuelles Thema, das von den Größten mit Leidenschaft diskutiert wurde. Herts Hinweis, man müsse zwischen der Wirkung und dem Entstehen von Gesetz oder Vertrag unterscheiden, ist verdienstlich. Im übrigen ist die Entscheidung für unser Thema nicht interessant.

E 23: Rechtsnachfolge nach Herrschern (§ 33)

A. „Vollzieht sich die Nachfolge in Herrschaftsrechte auch nach Zivilrecht oder nach Naturrecht? (Modus succedendi lege civili est praescriptus; iam quaeritur, an secundum eam regni vel principatus successio, an potius ex iure naturali deferatur?)"

Grotius[725] nehme das erste an: man könne ja davon ausgehen, daß sich die Gewalthaber auch in ihren eigenen Angelegenheiten für das als Gerechteste entscheiden wollten, was sie selbst durch Gesetz sanktioniert oder durch Gebrauch für die Fälle gebilligt hätten, in denen es nicht um ihren eigenen Schaden gehe.

Zustimmend zitiert Hert dann Thomas Cragius[726]: die Engländer hätten einmal versucht, Jacob I. (Stuart) auf Grund der Verfassung Eduards III. (1312—1377) auszuschließen, durch die alle Fremden an der Rechtsnachfolge in Bezug auf in England belegene Lehnsstücke gehindert worden seien. Cragius meinte dazu, nicht immer gelte für die Rechtsnachfolge der Könige Zivilrecht, sondern „naturalis aequitas et ius universale gentium et rerumpublicarum, quae bene constitutae sunt."

B. Wieder[727] wird die Frage der Bindung der Könige an Zivilgesetze behandelt, diesmal anhand eines historischen Falles.

---

[724] (Bei Schenkungen zwischen Kaiser und seiner Gemahlin): „... utpote imperialibus contractibus legis vicem obtinentibus ..."

[725] Lib. 2 cap. 7 § 11.

[726] Lib. 1 feud. dieges. 12 p. 96.

[727] Wie in dem voraufgegangenen E 22.

E 53: Lehnsrecht (§ 63)

A. „Güter ‚werden zu Lehen aufgetragen'. Müssen die Gesetze des Ortes angewendet werden, wo der anbietende Bürger oder wo der annehmende Herr ist?"

Einige wollten das Lagerecht anwenden, außer bei der Frage der Form des Lehnsvertrages (Antoni, Struvius, Consilium Marpurgense).

Burgundus[728] habe sich für das Recht des herrschenden Hofes entschieden (ad curiam dominantem).

Hert verweist auf seine „Dissertatio de feudis oblatis"[729]. Dort zitiert er zunächst die Meinung Dumoulins, daß das Recht des dienenden Grundstücks maßgebend sei. Dieser Lehre seien viele gefolgt[730]. Dann nennt Hert auch hier Burgundus' Meinung (zugunsten des Rechtes des herrschenden Hofes); „denn", so schreibe der, „wenn nicht klar sei, was vereinbart worden sei, hätten doch beide Partner mutmaßlich an das Recht gedacht, das beim herrschenden Hof üblich sei".

Hert schließt sich Burgundus insoweit an, als zunächst berücksichtigt werden soll, was vereinbart worden ist. Wenn das nicht feststehe, sei zu unterscheiden: Könige oder Gleichgestellte seien bei Lehnsverträgen untereinander überhaupt nicht an Gesetze gebunden (a. M. Grotius), bei Lehnsverträgen zwischen König und Bürger sowie zwischen Bürgern untereinander gelte jedoch die „lex rei sitae", wenn die Partner nicht etwas anderes vereinbart hätten[731]. Und damit folgt Hert in diesem Fall der obengenannten überwiegenden Meinung.

B. Die Frage nach dem anwendbaren Lehnsrecht war mit dem Lehn selbst aufgekommen und wurde deshalb schon seit Jahrhunderten erörtert. Gamillscheg[732] berichtet von einer Entscheidung des Pariser Parlamentes von 1281, nach der das Recht des Lehnshofes angewendet worden war. Praxis in Frankreich wurde die Anwendung des Rechtes des dienenden Grundstückes; so entschieden sich auch Dumoulin und Hert.

---

[728] Tract. 7 n. 6.

[729] Von 1680; sie ist enthalten im zweiten Teil des ersten Bandes seiner „Commentationes ..." (1737: S. 342 ff., insbesondere S. 394/395).

[730] Z. B. Paul und Johannes Voet.

[731] „... heic etiam leges loci, ubi res sita, non necessario sequamur, si diversum placuit contrahentibus; modo lex contrarium statuere non vetuerit." Ein interessantes frühes Zeugnis (1688!) dafür, daß der Parteiwille der „lex situs" vorgezogen wird.

[732] 18 Anm. 1.

VII. Prozeßrecht

Übersicht:

E 60: Prozessuale Vorschriften (Grundfall) § 70

A. „Welches Recht geht vor, wenn das Recht des Abschlußortes von dem des Gerichtsortes abweicht?"

Klare Meinung des Dominidoctores sei, daß die „iura iudicii" nur insoweit anzuwenden seien, als sie sich auf die Ordnung des Prozesses bezögen (... quae ad ordinem processus iudicialis pertinent); dann aber gelten sie auch, wenn es um anderswo gelegene Immobilien geht. Hinweis auf D. 22. 5. 3 (über Zeugenladung), Mevius, Johann a Sande, Everard, Brunnemann, Ziegler u. a. Diese extraterritoriale Wirkung leitet Hert aus der (zweiten) „Erweiterung" der dritten Regel ab, denn eine Prozeßvorschrift beziehe sich nur „per consequentiam" auf Immobilien.

Als Beispiel für die Maßgeblichkeit der „lex fori" nennt Hert das sächsische Statut, nach dem jede Frau bei der gerichtlichen Klage eines Vormundes bedarf[734]. Wenn nun Berlich[735] annehme, daß eine Sächsin auch außerhalb eines Vormundes bedürfe, so sei das unrichtig.

B. Daß Prozesse nach dem am Gerichtsort maßgebenden Recht abgewickelt werden müssen, war stets allgemeine Meinung. Schwierig ist nur die Abgrenzung: was ist Prozeßrecht? Damit beschäftigen sich die folgenden Fälle.

E 54: Rangfolge im Konkurs (§ 64)

A. „Hinsichtlich der Rangfolge im Konkurs (antelatio creditorum) haben die Statutarrechte das gemeine Recht nicht wenig umgewandelt. Welches Recht ist nun (im Einzelfall) anzuwenden?"

Anton Matthei und Rodenburg hätten die Sache schon behandelt; Hert faßt die Sache mit seinen Regeln an:

Wenn es sich um Immobilien handelt, gilt auch bei Vorhandensein von Privilegien unzweifelhaft die lex rei sitae (Regel § 9). Bei Mobilien, die auf Grund eines Vertrages oder etwas ähnlichem eingeklagt werden, ist

---

[733] Als Grundfall aus der Nummernfolge nach vorn gezogen.

[734] Nach Carpzov p. 2 c. 15 def. 6 n. 10; Motiv für diese Regelung war: jeder Prozeß konnte früher zu einem Streit mit Waffen werden, und das wollte man Frauen nicht zumuten; s. auch oben Anm. 218.

[735] Pars 2 conclusio 17 n. 55 (gemeint ist wohl n. 54).

gemäß § 10 (dritte Regel) der Vertragsort zu beachten. Im übrigen sei das Recht des Schuldnerwohnsitzes maßgebend, weil dort „alle Gläubiger zusammenliefen" (concursus creditorum) und Prozesse aller Art gegen den Schuldner anhängig gemacht würden (zutreffender Verweis auf Carpzov und Mevius).

Hert erwähnt sodann die in manchen Gegenden Deutschlands herrschende Gewohnheit, beim Konkurs Einheimische den fremden Gläubigern vorzuziehen. Er nennt als Beispiel den Reichskammergerichtsfall „Ulmische Cräfftische contra Kräfftische zu Biberach" aus dem Jahre 1591: da seien sogar Einheimische, die nur eine handschriftliche Schuldverschreibung gehabt hätten[736], auswärtigen Gläubigern vorgezogen worden, die eine frühere, hypothekarisch gesicherte Forderung aufzuweisen vermochten.

Hert scheint solche Ungleichheiten nicht zu billigen, denn er läßt hiergegen das „ius retorsionis" zu und zitiert dazu — in deutscher Sprache — Artikel 19 § 4 des Rechtes der Provinz Friesisch-Wursten[737]: „Was Außländische belangen thut, denen widerfährt bei dieser Pfandung dasselbige, was den Unsrigen an ihrem Ort deßfals begegnet."

B. Die Rangfolge der Konkursforderungen wurde also in der Regel nach dem Recht des Gemeinschuldnerwohnsitzes beurteilt. Ausnahmen: Lageort für Immobilien, Vertragsort für Mobilienschulden aus Verträgen. Danach mußten offenbar für viele Haftungsobjekte eigene Ranglisten aufgestellt werden; im System freilich ist Hert auf diese Weise geblieben.

E 57: Kaufmannsrecht auch am allgemeinen Gericht? (§ 67)

A. „Gelten die Statuten der Kaufleute auch an einem anderen Gericht als am Handelsgericht? (Utrum statuta mercatorum valeant in alia curia, quam in curia mercatorum?)"

In der Glossierung zu C. 4. 18. 2 sei das verneint worden, da man (der Kaufmannsstand) anderen, höheren Behörden keine Vorschriften machen könne. Petrus de Ubaldis habe dem entgegengehalten: ein solches Kaufmannstatut werde doch vom gemeinen Recht bestätigt, also setze es, nicht der Kaufmannsstand Recht. Und dieses Recht nun betreffe entweder die (materiellrechtliche) causa oder die Ordnung des Prozesses. Jenes (z. B. Formfreiheit für Verträge zwischen Kaufleuten) sei in jedem Gerichtshof zu beachten, dieses (z. B. Kaufmannsprozeß ohne Einhaltung von Formen und ohne Verhandlung, sine figura et strepitu iudicii) gelte nur beim Handelsgericht.

B. Ein Beispiel dieser sachgerechten und billigenswerten Entscheidung bringt der nächste Fall.

---

736 „Cives chirographarii."

737 „Ius provinciale Wursatum-Frisicum"; gemeint ist wohl das an der unteren Weser nördlich Bremerhaven gelegene Wurstnerland (Land Wursten).

E 58: Beweiskraft kaufmännischer Bücher (§ 68)

A. „Kaufmännischen Büchern kommt hier mehr, dort weniger Beweiskraft zu (libris mercatorum alibi maior, alibi minor vis probandi inest). Müssen die Gesetze des Ortes, wo sie geschrieben und geführt wurden, oder die des Gerichtsortes beachtet werden?"

Die Doctores hätten im allgemeinen das erste angenommen (Mevius[738], Mascard, Heeser, Surdus und Pacianus). Nach dem Letztgenannten[739] soll das Statut freilich dann nicht angewendet werden, wenn es weder Höchstbeträge angibt noch die Eigenschaft der Kaufleute bestimmt, denn dadurch würden Straftaten ermöglicht (... si id non distinguit quantitatem summae, vel qualitatem mercatorum, quoniam praestaret occasionem delinquendi). Mehrere, bei Paul Voet[740] Zitierte erlaubten dem Richter, entgegengesetzt zu entscheiden, wenn die Umstände es nahelegten. Über das Ganze vergleiche auch Mevius[741].

B. Was Hert mit der Begrenzung der Statuten meint, erhellt aus folgendem Beispiel: art. 4 tit. 6 lib. 5 des Lübecker Stadtstatuts lautete: „Gewandschneider- und Krämerbücher genügen zum Beweis bis zu 30 Mark." Nur solchermaßen begrenzte Statuten des auswärts liegenden Handlungsortes sollten also bei Gericht berücksichtigt werden[742].

E 59: Vollstreckbarkeitsklausel (§ 69)

A. „Eine bestimmte Urkunde ist am Errichtungsort wirksam für vollstreckbar erklärt worden (instrumentum, ubi conficitur, paratam habet executionem); an einem anderen Ort, wo aus der Urkunde vorgegangen werden soll (agitur), fehlt ihr diese Wirkung. Muß der Richter nach dem erstgenannten Recht entscheiden?"

Johann a Sande[743], Berlich, Schurff und Tabor verneinten das, da diese Art Gesetze die Prozeßordnung betreffen.

---

738 Ad Ius lubec. lib. 5 tit. 6 art. 4 n. 5.

739 Fulvius Pacianus, De probationibus, lib. I cap. 63 n. 28; vgl. dort auch n. 41: „Wenn nach Vorschrift hergestellte Schriftstücke anderswo verwendet werden, schaffen sie Beweis (facient fidem)."

740 Sect. V cap. 2 § 9.

741 Ad ius Lubec. lib. 5 tit. 6 art. 4.

742 Vgl. auch den von Gamillscheg (138) berichteten Fall Brodeaus: Prozeß zweier Engländer um ein Darlehen vor dem Pariser Parlament. Nach englischem Recht war Beweisführung durch Zeugen zugelassen, nach französischem nicht (nur Urkundenbeweis). Das Pariser Parlament entschied, Beweis gehöre zu den litis decisoria, also nicht zur Prozeßordnung, und wandte englisches Recht an. — Möglicherweise war das Motiv für diese Entscheidung die Überlegung, daß die Engländer bei der Vereinbarung gar nicht an die französische Beweisregelung denken konnten. — Zum Thema vgl. auch BGH JZ 1955, 702 mit (auch rechtsgeschichtlicher) Anmerkung Gamillschegs.

743 Dec. Fris. 1. 12. d. 5: „in executivis attenditur ius loci, ubi petitur executio." a Sande zitiert seinerseits Colerus, Barbosa und Suarez.

B. Hert entscheidet sich damit incidenter für die anscheinend einhellige Meinung (vgl. auch E 63)[744].

E 61: Recht der Instanzen (§ 71)

A. „Wie ist zu entscheiden, wenn das Recht der ersten Instanz von dem der zweiten oder Appellationsinstanz verschieden ist?"

Die Antwort ist nicht schwer: Wenn es um die Rechtmäßigkeit des Prozesses erster Instanz oder um die Einlegung der Berufung geht, ist das Recht der ersten Instanz zu berücksichtigen (Alb. Gentili, Mevius); denn vor der Einlegung der Berufung ist das Recht der zweiten Instanz noch nicht gerichtlich verhandelt oder in den Prozeß einbezogen (nondum est quaesitum[745]). Ist aber Berufung eingelegt, muß sich das Verfahren (sc. des Rechtsmittels) nach den Vorschriften des Obergerichtes richten (Carpzov).

B. Bei der Seltenheit der Appellationsgerichte konnten hier tatsächlich räumliche Kollisionen auftreten, die von Hert in sachgerechter Weise gelöst wurden.

E 62: Gerichtskosten (§ 72)

A. „Die Höhe der Gerichtskosten ist hier und dort verschieden geregelt (expensarum litis alibi maior alibi minor est aestimatio). Welches Recht ist anzuwenden?"

Das Recht des Ortes, wo der Prozeß verhandelt wird; siehe Carpzov (p. 1 const. 31 def. 10).

B. Die Lösung dieses kürzesten Falles der ganzen Reihe ist ähnlich der des vorangegangenen Falles eigentlich „selbstverständlich".

E 63: Vollstreckung (§ 73)

A. „Nach welchem Recht muß die Vollstreckung abgewickelt werden: nach dem Recht des Prozeßortes oder des Vollstreckungsortes?"

Die Doctores hätten sich im allgemeinen für das Recht des Vollstrekkungsortes entschieden (Baldus, Coler, Mevius u. a.).

Dagegen könnte man einwenden, fährt Hert fort, die Vollstreckung sei nach dem Recht des Ortes durchzuführen, wo der Prozeß entschieden sei, denn sie sei ja dessen Folge (dritte Regel). Darauf aber sei zu erwidern, daß es sich hier um etwas Besonderes handele, weil die Regelung der Vollstreckung zum öffentlichen Recht gehöre, das sich aus den eigenen Gesetzen jeder Gemeinde zusammensetze (Respondendum: speciale heic

---

744 Vgl. auch Gamillscheg 20.

745 Gamillscheg (171 Anm. 35) nennt diese Anwendung des Begriffes „ius quaesitum" sonderbar; daß Hert ein früher Verfechter der Lehre vom Rechtsschutzanspruch war, sei wohl nicht anzunehmen. — Auch Verf. sieht keinen Anlaß zu einer solchen Unterstellung; Hert wird das Wort „quaesitum" auch hier im untechnischen Sinn gebraucht haben (vgl. oben S. 91, 125, 135 Anm. 690); vgl. jedoch Wächter AcP 24, 291 und insbesondere 25, 1 ff. sowie Savigny 168.

esse, quia exsecutio pertinet ad ius publicum, quod ex legibus propriis cuiusque civitatis constat). Hinweis auf § 8 und § 33 (= E 23).

Außerdem werde nicht selten in Immobilien vollstreckt, und für sie gelte ja sowieso (citra controversiam) Ortsrecht.

Bei alledem sei die „causa" von dem „modus" der Vollstreckung zu unterscheiden; für jene sei natürlich das Recht des Entscheidungsortes[746] anzuwenden. Hinweis auf Mevius (dec. Wismar. p. 5 d. 241).

B. Auch in diesem letzten Fall folgt Hert mit guten Gründen der allgemeinen Lehre.

Mit dem Fall über das letzte Glied eines Rechtsstreites, die Vollstrekkung, beendet Hert die Reihe der Prozeßrechtsfälle und seiner Fälle überhaupt.

Die in dieser letzten Gruppe zusammengefaßten Entscheidungen und Ausführungen sind nicht sehr ergiebig; auch Hert scheint ihnen nicht viel Bedeutung beigemessen zu haben. Meist ohne eine eigene Meinung zu entwickeln oder auch nur kundzutun, hat er einiges zusammengestellt, was frühere Schriftsteller über das Prozeßrecht geschrieben hatten.

Wie erwähnt, ist damit die Reihe der 63 Fälle beendet. Hert schließt die sectio IV mit einem Hinweis darauf, daß er noch viele andere Fälle hätte anführen können, „aber die anfangs versprochene Kürze heiße ihn dem Ende zueilen" (§ 74). Am Schluß gibt Hert einen Ausblick auf fernliegende Zeiten, in denen einmal alle Rechtsstreitigkeiten nach ein und demselben Gesetz entschieden würden (in Anlehnung an Agobardus[747] und Cangius). Erscheine das jedoch noch als unmöglich, trotz aller Versuche im Fürstenrat, so hätten unsere Herrscher doch wenigstens versucht, die Gesetze zu verbessern[748].

Sectio V:
De collisu legum specialium

Auf zwei Druckseiten behandelt Hert die Kollision von Spezialgesetzen; das sind „iura, quae certis personis certove personarum ordini ultra ius commune aliquid tribuunt, et ex usu vulgi *privilegia* nuncupantur".

Kollisionen könnten hier entstehen erstens (§ 2) bei verschiedenen Akten desselben Herrschers (quia voluntas legislatoris sibi contraria

---

[746] Gemeint ist wohl, ob der Titel, der als „Causa" der Vollstreckung galt, ordnungsgemäß zustandegekommen ist.

[747] Gemeint ist sicher der Bischof Agobard von Lyon, 779—840, der geklagt hatte, von fünf Menschen, die zusammengingen oder -säßen, habe oft jeder verschiedenes Recht (nach Kegel 43).

[748] „Verum ut Agobardus sua id tempestate impossibile censuit, ita hac nostra, cum, re saepius frustra tentata & in Concilium Regum adducta, receptas ab omni fere memoria a populis leges abrogare haut tutum facileque fuisset, eas duntaxat emendari & corrigi Principes nostri curarunt."

videtur) — dann gelte die Regel: „privilegium posterius non tollit prius", es sei denn, das spätere Privileg erwähne das frühere ausdrücklich[749]; und zweitens (§ 3), wenn verschiedene privilegierte Personen zusammentreffen — dann gilt die Regel: „privilegiatus contra privilegiatum non utitur privilegio." (Hinweis auf Carpzov u. a.)

Nur von dem zweiten Fall ist dann weiter die Rede. Zunächst nennt Hert in den §§ 3 und 4 einige Beispiele, von denen die wichtigsten genannt seien: a) ein „minor" (der damit als „privilegiatus" eingestuft wird) kann von einem anderen „minor" keine „restitutio in integrum" verlangen. b) Ein „miserabilis" kann sein Gerichtsstandprivileg (privilegium fori) nicht gegen eine Person derselben Art geltendmachen (Hinweis auf Johann a Sande). c) Wenn ein näherer Verwandter eine Sache aus einem Nachlaß gekauft hat, kann nicht ein Verwandter gleichen Grades die Sache auf Grund des Verwandtenvorkaufsrechtes[750] herausverlangen (Hinweis auf Berlich 2. c. 39 n. 35).

Sodann nennt Hert in den abschließenden §§ 5 und 6 Ausnahmefälle, in denen die Regel nicht gelten soll: Man darf sich auch gegenüber einem Privilegierten auf sein Vorrecht berufen, wenn das eigene Privileg stärker oder spezieller ist als das des anderen (§ 5). Beispiele: a) Ein filiusfamilias kann sich gegenüber einem Waisenknaben (pupillus) oder gegenüber einem „minor", der ihm Geld geliehen hat, nicht auf das „Senatusconsultum Macedoniarum"[751] stützen, das ja nur gegen das widerwärtige Treiben der (erwachsenen) Geldausleiher gerichtet ist. b) Ein Vermieter kann wegen dringenden Eigenbedarfs den Studenten aus dem Zimmer hinauswerfen[752]; siehe Lauterbach und Struvius.

Weiter gilt die Regel dann nicht, wenn einer einen Vorteil herausholen, der andere aber nur einen Schaden vermeiden will (§ 6). So wird einem minderjährigen filiusfamilias gegenüber einem anderen filiusfamilias, dem er ein Darlehn gewährt hat, die „restitutio in integrum" dann gewährt, wenn dieser (letztgenannte) nach Abschluß des Verfahrens in iure (lite contestata) der Vermögendere ist (Hinweis auf Mantica und Mauritius).

Soweit Herts Gedanken zur Kollision zwischen Spezialgesetzen, bei denen man Erörterungen über den minor und den Vermieter sicher nicht erwarten mußte.

---

[749] Mit Zit. von Tabor, Reinking, Myler, Grotius, Christijnen, Mevius.

[750] „Retractus gentilitius"; hierzu vgl. E 52 (oben S. 139).

[751] D. 14. 6; dadurch wurde der filiusfamilias von Darlehensverpflichtungen freigestellt.

[752] „A locatore indigente studiosus ex museo locato expelli potest."

Sectio VI:
De affini argumento, collisione mensurarum et valoris

Im letzten Abschnitt seiner Arbeit behandelt Hert ein „angrenzendes Problem", die „Kollision" von Maßen und Werten: Aristoteles[753] habe schon ganz richtig darauf hingewiesen, daß nicht überall die Wein- und Fruchtmaße gleich seien, sondern bei den Käufern größer und bei den Verkäufern kleiner (!). Das bestätigten ihm, ergänzt Hert, nicht nur die Erfahrung, sondern auch andere Quellen.

Aber, das erkennt Hert selbst, diese Sache sei aus ganz anderen Grundsätzen zu entscheiden, als sie bei Gesetzeskollisionen maßgeblich seien[754]. Es sei nämlich vor allem der Wille der Vertragspartner in Betracht zu ziehen (nimirum ex voluntate contrahentium aut disponentium praecipue aestimanda). Hert will nur ein paar Fälle bringen und verweist pauschal auf H. Cocceji, a. a. O. tit. 10[755].

In den §§ 2—4 nennt Hert drei Beispiele:

1. Fall (§ 2): Caius verkauft dem Titius eine bestimmte Anzahl Morgen Landes oder Scheffel Getreide (tot atque tot iugera praedii, vel tot atque tot modios frumenti). Ist nun anzunehmen, fragt Hert, daß die Kontrahenten das Maß des Lageortes oder das des Vertragsortes im Auge gehabt haben? Für das erste hätten sich Cacheranus, Gratianus, Lauterbach (mit Zit.) entschieden[756], für das zweite Bartolus, Hartmann Pistoris (mit Zit.), Johann a Sande.

Auf Grund D. 50. 17. 34[757] — und hier ist diese sonst übermäßig strapazierte Stelle richtig angewandt! — entscheidet sich Hert für die zweite Meinung, für den Vertragsort. Dem stehe D. 44. 7. 21[758] nicht entgegen, denn diese Stelle betreffe nur eine Gerichtsstandregelung.

2. Fall (§ 3): Titius vermacht jemandem eine bestimmte Anzahl Scheffel Getreide oder Morgen Landes. Hert entscheidet sich mit einer zutreffenden Berufung auf D. 32. 75 für das Maß des Wohnortes[759]. Den „Widerspruch" zur Lösung des ersten Falles erklärt Hert damit, daß dort der Vertrag erst durch den Willen zweier vollendet werde, hier, beim Testament, aber nur eine Person eine Willenserklärung abgebe.

---

753 Ad Nicomach. 5. 7.

754 Die Verschiedenheit der Probleme hatte bereits Dumoulin erkannt und dargestellt (Gamillscheg 114).

755 S. oben S. 67.

756 Außerdem Dumoulin für den Fall, daß es sich um bestimmte Grundstücke handelte (Gamillscheg 24).

757 (Ulpianus) „Semper in stipulationibus et in ceteris contractibus id sequimur, quod actum est: aut, si non pareat quid actum est, erit consequens, ut id sequamur, quod in regione in qua actum est frequentatur . . ."

758 (Iulianus) „Contraxisse unusquisque in eo loco intellegitur, in quo ut solveret se obligavit."

759 Vgl. auch oben S. 116 (E 14).

3. Fall (§ 4): Sempronius klagt wegen eines großen Schadens, aber der Schätzwert am Vertragsort weicht von dem des Übergabeortes ab. Barbosa habe sich für den Vertragsort entschieden und habe auch die Verschiedenheit von Geldwerten mit einbezogen.—

Damit, ohne einen besonderen Schlußsatz, endet Herts „Dissertatio de collisione legum".

2. Betrachtungen zu Herts Arbeit

I.

Die nun abgeschlossene Darstellung wird bereits den Eindruck vermittelt haben, daß Hert mit seiner „Dissertatio de collisione legum" in mancher Hinsicht etwas für das 17. Jahrhundert Besonderes geleistet hat. Mit einer Fülle von Literatur und Rechtsprechung hat er hier die Gesetzeskollisionen in einer allein ihnen gewidmeten Arbeit behandelt, im Gegensatz zu seinen Vorgängern also nicht als Annex zu einer einzelnen lex oder als Vorspann eines Kommentares oder einer einem materiellrechtlichen Thema zugeordneten Abhandlung. Dabei hat er sich in der Tat um eine solide Fundierung und gleichzeitig um eine Systematisierung des Stoffes bemüht; er erweist sich damit schon als ein Gelehrter seiner Zeit, der ja ein Zug zur Systematik eigen war[760]. Der auf einen „Allgemeinen Teil" aufgebaute „Besondere Teil" schließlich bietet einen bis dahin unbekannten umfassenden Überblick über die Behandlung der einzelnen Fälle und diente zugleich der Erprobung des Systems. Diese Merkmale sind nicht nur Äußerlichkeiten der Arbeit, sondern Fortschritte der Wissenschaft, die sich in Herts Arbeit schon ganz faßbar, offensichtlich darbieten.

Zunächst interessiert nun die Frage, worauf Hert aufbaute. Denn auch er stand in der Tradition des Kollisionsrechtes; er wollte ja, wie er im Vorwort zu seinem Sammelband versichert, nicht unnötig und besserungssüchtig neue Ideen verbreiten, sondern die Sache eben einmal etwas gründlicher durcharbeiten (paulo altius)[761].

II. Herts Quellen

Hert bietet in seiner Dissertatio eine oft verwirrende Fülle von Zitaten, von der die Darstellung oben nur einen ganz schwachen Eindruck vermitteln konnte. Nun kann Herts wissenschaftlicher Standort nicht nach der Zahl der Zitate beurteilt werden[762]; gleichwohl ist aus der Art und dem Ausmaß des Zitierens, Lobens oder Ablehnens mancher Rückschluß darauf möglich, welchen seiner Vorgänger er mit begeisterter Gefolgschaft, mit Vorbehalten oder mit Ablehnung begegnet ist. So läßt sich zu dem Verhältnis Herts zu den Wissenschaftlern vor ihm folgendes sagen:

---

760 Thieme a. a. O. 16.

761 Hierzu s. oben S. 84 f. (inbesondere Anm. 384).

762 Vgl. auch Gamillscheg 122.

a) Die außerdeutschen Quellen

Zu den frühen Italienern und Franzosen hatte Hert — wie auch die übrige Rechtswissenschaft seiner Zeit[763] — keine unmittelbare Beziehung mehr. Er zitiert Bartolus z. B. meist mittelbar („XY post Bartolum")[764], während er Baldus noch direkt zur Stützung seiner ersten Regel (Person) heranzieht. Ähnlich schwach ist Herts Beziehung zu Dumoulin: er erwähnt ihn, beiläufig nur, ein einziges Mal[765]. Auch daß Hert im Ehegüterrecht in der Sache gleich Dumoulin entscheidet, beweist nichts für einen Einfluß Dumoulins auf Hert; denn diese Lehre herrschte in Deutschland und den Niederlanden schon vor Hert, so daß weder Herts Desinteresse für Dumoulin noch seine Auffassung von der Gütergemeinschaft als Vertrag originell waren.

Freilich finden wir bei Hert ab und zu Ausdrücke der bartolinischen Lehre („odiosa", „favorabilia" etc.); in der Methode aber hatte jene Lehre auf ihn keinen Einfluß. Hert war kein „Bartolist".

Wesentliche Teile seiner kollisionsrechtlichen Ausführungen bezog Hert aus der von d'Argentré begründeten und von den frühen Niederländern weiterentwickelten Doktrin der strengen Zwei-/Dreiteilung der Gesetze und Statuten; Hert stellt sich ja selbst mit seiner „laudatio" in die Reihe d'Argentré — Burgundus — Rodenburg[766].

Interessant ist nun, daß Hert den Stammvater dieses Ende des 15. Jh. einsetzenden Systems, Bertrand d'Argentré[767], ganz selten zitiert: er lobt ihn als hervorragenden Kollisionsrechtler, nennt ihn als Zeugen für die Territorialität des minor-Statutes und zitiert ihn außerdem nur noch bei zwei Fällen (E 19 und E 36), in denen er d'Argentrés Meinung allerdings ablehnt. Im Grundprinzip stimmen jedoch Hert und d'Argentré überein: Teilung der Statuten in ganz wenige Gruppen sowie Feststellung der zugehörigen Anknüpfungspunkte und Wirkungsbereiche; daß die Veränderungen, die d'Argentrés System in den dazwischenliegenden 100 Jahren erfahren hat, an Hert nicht spurlos vorübergegangen sind, ist verständlich und erklärt auch die geringe Zahl der Zitate[768].

Herts wissenschaftliches Haupteinzugsgebiet war — neben der sogleich zu besprechenden deutschen Lehre und Rechtsprechung — das niederländische Kollisionsrecht, das, wie berichtet[769], schon in der ersten

---

[763] So auch de Kamp, a. a. O. 215, 218.

[764] Zweimal zitiert Hert Bartolus direkt; davon ist ein Zitat jedoch unkorrekt (s. oben Anm. 544).

[765] S. oben S. 128; den Mangel eines Einflusses stellt auch Gamillscheg 172 fest.

[766] Oben S. 83.

[767] Über ihn oben S. 8 ff.

[768] Diese Erscheinung hat anscheinend Wächter veranlaßt zu schreiben, d'Argentrés Schrift sei von den Niederländern weit mehr als von den Deutschen beachtet worden (AcP 24, 235 Anm. 9); hierzu vgl. auch unten Anm. 785.

[769] Oben S. 13 ff.

Hälfte des 17. Jh. Besonderes geleistet und die Lehre d'Argentrés entscheidend gefördert und modifiziert hatte.

So zieht Hert zunächst Burgundus[770] ausgiebig heran; besonders im allgemeinen Teil nennt er ihn allenthalben als Zeugen. Auch in den Lösungen stimmt Hert mit Burgundus regelmäßig überein, mag er auch manchmal eine Norm einer anderen Gruppe zuordnen. Wo Burgundus — gemessen an der „herrschenden Meinung" — zu lex-situs-freundlich war (Form nach Lagerecht), versagte ihm jedoch auch Hert die Gefolgschaft.

Auffallend oft (und nie ablehnend!) nennt Hert Grotius[771]. Man wird das nicht mit einem eitlen Bemühen erklären dürfen, Hert wolle nur an Grotius' großem Ruhm teilhaben. Vielmehr korrespondiert diese enge Beziehung zur damaligen Grunddisziplin der Rechtswissenschaft mit Herts Streben nach gründlicher Durcharbeitung des Kollisionsrechtes; außerdem ist der größte Teil der Zitate (weit über 40) bei den Kollisionen der Naturrechtssätze zu finden. Im positivrechtlichen Teil war Grotius fruchtbar vor allem durch seine Unterwerfungsthesen, insbesondere durch den „subditus temporarius", der Herts dritte Regel mit trägt[772].

Reiche Ernte, besonders für seine Fallsammlung, hält Hert bei Johann a Sande[773]: dessen Kommentar und Entscheidungssammlung (Friesischer Gerichtshof) boten ja die Lehre und die Praxis der Jahrhundertmitte, wie sie sich als „herrschende" herauskristallisierte. Ein Einfluß läßt sich jedoch schon deshalb nicht feststellen, weil von Johann a Sande keine eigenständigen Gedanken ausgegangen sind[774].

Sehr stark dagegen war der Einfluß Christian Rodenburgs[775], der die Lehre d'Argentrés/Burgundus' modifiziert in die zweite Hälfte des 17. Jahrhunderts herübergenommen hatte. Rodenburgs Ablehnung der „mixta" in der überkommenen Form teilt Hert; auch er setzt an deren Stelle, d. h. als dritte Gruppe, die Formstatuten, zitiert freilich Rodenburg an den entscheidenden Stellen nicht. Sonst jedoch, im allgemeinen Teil wie in den Fällen (insbesondere des Ehegüterrechts), bezieht sich Hert sehr oft auf Rodenburg, dem er in der Sache dann regelmäßig zustimmt. Den Eindruck einer „Abhängigkeit" von Rodenburg kann man jedoch nicht gewinnen. Hert nahm Rodenburgs Ausführungen und gründliche Gedankenfolge als Diskussionsobjekt dankbar an; in Deduktion und Entscheidung aber war er ihm gegenüber selbständig.

Herts Verhältnis zu Paul Voet[776] war recht zwiespältig. Stets begegnet er ihm, dessen Arbeit 27 Jahre vorher erschienen war, mit

---

770 Über ihn oben S. 13 ff.

771 Über ihn oben S. 16; Hert zitiert nicht nur das bekannte „Ius belli ac pacis", sondern auch die Geschichte Belgiens und Grotius' Briefe.

772 Auch bei der Intestaterbfolge nennt Hert Grotius an erster Stelle (ebenso in E 21, 22, 23).

773 S. oben S. 17.

774 Vgl. oben S. 18.

775 Über ihn oben S. 20 ff.

776 Über ihn oben S. 22 ff.

Hochachtung. Auch ist er mit ihm in der Sache oft einer Meinung; für die „extraterritoriale" Anerkennung von Formstatuten nennt er ihn als einen Hauptbürgen. Die Begründung Voets für die Extraterritorialität mancher Statuten freilich lehnt Hert ganz ab: die „comitas" erkennt er als Rechtsinstitut einfach nicht an[777]. Deshalb nennt Meijers[778] Hert zu Recht „l'adversaire réel des idées propagées par les deux Voets".

In diesem Vorbehalt gegenüber Paul Voets Gedanken und in der Übereinstimmung mit Rodenburg war sich Hert einig mit Abraham a Wesel[779]; so klingen sogar die Worte, die Hert zur Ablehnung der Huberschen „comitas" benutzte, stark an das an, was Wesel gegen Paul Voet vorgebracht hatte! Auch scheint Hert die Ausführungen Wesels als Vorlage für seine ehegüterrechtlichen Fälle und deren Lösungen benutzt zu haben[780].

Ulrich Huber[781], dessen Arbeit — wie Heinrich Coccejis — vier Jahre vor Herts erschienen war, hat Hert vor allem zu einer heftigen Ablehnung der ganzen comitas-Lehre angeregt[782]. Hert tat das so verächtlich — „Wo ist denn überhaupt eine rechtliche Wirkung dieses Entgegenkommens (conniventia)[782a]?" —, daß möglicherweise hierdurch[783] der comitas-Lehre der Zugang zur deutschen Kollisionswissenschaft verwehrt worden ist.

Johann Voet und Hert schließlich scheinen ihre Arbeiten gegenseitig nicht gekannt zu haben[784]. Übereinstimmung zwischen beiden herrscht hinsichtlich der Dreiteilung und Abgrenzung der Statuten, wobei J. Voet die Handlungsstatuten mit dem alten Namen „mixta" belegt. In der Frage der Anerkennung und Wirkung auswärtiger Normen freilich gehen die Ansichten auseinander, da J. Voet die Lehre seines Vaters und Ulrich Hubers weitergeführt hat und seine Gedanken, hätten sie Hert schon bekannt sein können, von Hert sicher ebenfalls abgelehnt worden wären.

---

777 Herts ausdrückliche Ablehnung der Lehre Hubers trifft natürlich auch Paul Voet; möglicherweise wollte er ihn nicht persönlich angreifen? Vgl. auch die beiläufige Ablehnung der Erläuterung einer Extraterritorialität durch eine „humanitas"; auch das war für Hert wohl schon zu metajuristisch; hierzu vgl. oben S. 90 und 83 f.

778 Meijers 667.

779 Oben S. 26 ff.

780 S. oben Anm. 136 und S. 128 ff.

781 Oben S. 28.

782 Oben S. 83 f.; außerdem hat Hert ab und zu eine Einzelmeinung Hubers genannt.

782a Hierzu s. oben Anm. 379.

783 Und dadurch, daß Hert selbst etwas Positives bot; dazu s. unten S. 160 f., insbesondere Anm. 817.

784 Ausnahme s. oben Anm. 649. — J. Voet wird Herts Arbeit erst nach 1700 durch die Veröffentlichung im Sammelband kennengelernt haben, nachdem er seinen Kommentar (1698) schon geschrieben hatte.

Dieser Überblick über das Verhältnis Herts zu den ausländischen Statutisten läßt sich dahin zusammenfassen: Gelöst von der bartolinischen Methode ist Hert der von d'Argentré eingeleiteten, von Burgundus, Rodenburg (Abraham a Wesel) sowie der niederländischen Rechtsprechung weitergeführten Lehre des einfachen Zwei-/Dreiteilungssystems gefolgt; die Ideen der modernen Niederländer (comitas-Lehre) hat er abgelehnt[785].

b) Die deutschen Quellen

Neben den — vor allem niederländischen — Quellen des Auslandes hat Hert in großem Umfang die deutsche Wissenschaft und Rechtsprechung verarbeitet, die ja, wie wir oben[786] gesehen haben, bis 1688 schon zahlreiche kollisionsrechtliche Äußerungen aufwiesen.

Die Früchte des 16. Jahrhunderts — die Entscheidungen des Reichskammergerichtes und deren Kommentierung durch Mynsinger und Gaill[787] — hat Hert an den Stellen in seine Arbeit aufgenommen, an denen sie noch ins System paßten: zur zweiten Regel, dem greifbarsten Ausdruck der Territorialität des Rechtes; beim filiusfamilias-Statut; bei der „Extraterritorialität" der Testamentsform. Im übrigen aber verschweigt Hert den Grundsatz dieser frühen Deutschen („statuta non egrediuntur extra territorium"), weil dieser Satz für ihn bedeutungslos war[788]. Die Differenz zwischen beiden Meinungen tritt nur an einer Stelle zutage, an der Hert meint, seine Personenregel widerspreche dem Territorialitätsgrundsatz jener älteren Deutschen nicht; denn er gebe ja selbst zu, daß zwingendes Lagerecht die Extraterritorialität der Personalnormen hindere[789].—

Recht oft, besonders im allgemeinen Teil, bezieht sich Hert auf Theodor Reinking[790]. Dessen, primär an Studenten gerichteter, Leitfaden hat

---

[785] Raape (4. Aufl. S. 156) meint, der holländische Einfluß auf die Deutschen sei gering, viel stärker der französische; dem kann für das 16. und 17. Jh. nicht beigepflichtet werden. — Im übrigen hat Hert zu den französischen Statutisten seiner Zeit (Renusson u. a.) offenbar keine Beziehung gehabt. Einmal folgten die Franzosen damals nicht d'Argentré und seinem System, so daß schon ein wissenschaftlicher Grund für die Nichtbeachtung ersichtlich ist. Die völlige Ignorierung jedoch — Hert hätte sie ja (wie die Vertreter der comitas) ablehnend zitieren können! — wird vielleicht verständlich, wenn man sich die politische (und konfessionelle) Lage des Jahres 1688 vor Augen ruft: ein wissenschaftlicher Verkehr zwischen dem Frankreich Ludwigs XIV., der eben die Pfalz verwüsten ließ, und den protestantischen deutschen Gelehrten fand nicht statt. — Demgegenüber war Hert (und die anderen Deutschen) der Wissenschaft der Niederlande, die sich eben erst aus dem Reichsverband gelöst hatten, ungleich mehr verbunden.

[786] S. 32 ff.

[787] Oben S. 35 ff.

[788] Dazu s. unten Anm. 817.

[789] Oben S. 89 f.

[790] Oben S. 40 ff.

ihm offenbar gut gefallen. Außerdem hat er ihn wohl deshalb meist an erster Stelle genannt, weil Reinking einen zuverlässigen Überblick über die (herrschende) Meinung der Dominidoctores gegeben hatte. Sachlich hat ihn Reinking mangels eigenständiger Gedanken nicht beeinflußt.

Benedict Carpzovs[791] Entscheidungssammlungen boten Hert eine reiche Quelle für seine Fälle und Erörterungen. In der Sache freilich folgte er Carpzov und den von ihm berichteten Erkenntnissen nicht immer. Dessen Personalitätsprinzip für die Anwendung der Statuten (sie gelten für Einheimische, wie das „ius civile" nur für römische Bürger gegolten hatte) lehnt Hert incidenter ab. Auch hier sei jedoch vermerkt, daß Hert der von Carpzov (ablehnend) berichteten Entscheidung der Leipziger Juristenfakultät (Erbfolge nach Wohnsitzrecht)[792] *gegen* die zur Zeit herrschende Meinung zugestimmt und sie dadurch für die Entwicklung im 18. und 19. Jh. fruchtbar gemacht hat.

Mit David Mevius[793], auf den er sich über 30 Mal bezog, fühlte sich Hert in vielem einig, auch wenn er in der Methode ganz anders vorging[794]. Besonders Mevius' Erwägungen bei Vertragsverletzungen und die Beachtung des Schwerpunktes eines Statutes (principalis intentio) hat er gebilligt und übernommen. Die Begründung Mevius' für die Anerkennung der Ortsform bei Testamenten (in der freiwilligen Gerichtsbarkeit könne man eben die Anwendung einer Formvorschrift wählen[795]) war für Hert, der sich des Argumentes der zeitweiligen Unterwerfung bediente, nicht mehr akut, ebenso wie Mevius' Ausgangspunkt, der an den Personalitätsgrundsatz der frühesten Statutisten erinnerte.

Johannes Brunnemanns[796] verschiedene Werke hat Hert ebenfalls recht ausführlich eingearbeitet. Insbesondere zählt auch Hert die „Nomina", selbst wenn sie grundstücksbezogen sind, der Person zu (lex domicilii).

Mit Wolfgang Adam Lauterbach[797] beginnt eine Reihe von deutschen Wissenschaftlern, zu denen Hert dank ihrer zeitlichen und damit wissenschaftsgeschichtlichen Nähe ein besonders enges Verhältnis hatte. So scheint Hert Lauterbachs Ausführungen über das Ehegüterrecht und über Fragen der Wohnsitzbegründung als monographische Vorarbeiten für seine Abhandlung angesehen zu haben. Lauterbachs Versuch, zwischen der rechtsgeschäftlichen Einzelverfügung und der güterrechtlichen Universalsukzession zu unterscheiden[798], hat Hert jedoch offenbar nicht bemerkt; denn er zitiert zwar an den entscheidenden Stellen die für

[791] Oben S. 42 ff.
[792] Oben S. 43.
[793] Oben S. 44 ff.
[794] S. oben S. 49.
[795] S. oben S. 47.
[796] Oben S. 50 f.
[797] Oben S. 51 ff.
[798] S. oben S. 52.

Lauterbach charakteristischen Sätze aus dessen Arbeit, spricht jedoch immer von einem „Vertrag“ der Ehepartner[799].

Caspar Ziegler[800] wurde von Hert, wie erwähnt[801], sehr verehrt: ihn hatte Hert mit d'Argentré, Burgundus und Rodenburg gleichgestellt und somit in ein Quartett der Großen aufgenommen. Zitiert hat er ihn freilich nur sechsmal; insbesondere[802] stimmt Hert mit ihm in der von der herrschenden Lehre abweichenden Ansicht überein, daß bei Testamenten und Verträgen auch die Beachtung der (gemeinsamen) Heimatrechtsform genügt. Da Hert versichert, diese Meinung Zieglers zunächst nicht gekannt zu haben[803], dürfte es sich um eine unbewußte Parallelmeinung handeln, die für die folgende Zeit fruchtbar blieb.

Samuel Pufendorf[804] war für Hert neben Grotius „selbstverständlich“ die Hauptquelle für die Grundlegung der Kollisionen von Naturrechtssätzen. Für den hier interessierenden positivrechtlichen Teil der Hertschen Arbeit jedoch ist Pufendorfs Werk, entsprechend seiner geringen unmittelbaren praktischen Bedeutung für dieses Gebiet, nicht fruchtbar geworden.

Von Samuel Stryk[805] scheint Hert nur die materiellrechtlichen Dissertationen gekannt zu haben, nicht jedoch die wichtige „Dissertatio de Jure Principis extra territorium“. Anderenfalls hätte er die darin enthaltenen, recht bedeutenden Gedanken sicher erörtert[806]. In vielem, so läßt sich nur spekulativ vermuten, wäre Hert dem großen Pandektisten nicht gefolgt: weder bei der „mutua necessitudo“ noch bei der bartolinischen Wortinterpretation; auf jeden Fall wäre eine Auseinandersetzung zwischen den beiden so verschieden geschulten Gelehrten — hie Romanist, da Germanist — sehr interessant gewesen.

Schließlich sei einiges über das Verhältnis Herts zu Heinrich von Cocceji[807] gesagt. Dessen Arbeit war, wie erwähnt, als letzte vor Herts erschienen und hat möglicherweise sogar Herts Untersuchungen mit ausgelöst. Auch ist oben schon vielerorts deutlich geworden, daß Hert die allgemeinen Lehren Coccejis gebilligt und im wesentlichen „übernommen“ hat, insbesondere die Deduktion von Kollisionsregeln aus Thesen über

[799] Z. B. oben S. 128 und 130.

[800] Oben S. 52 ff.

[801] Oben S. 83 f.

[802] Außerdem hat Hert Zieglers Ausführungen im Strafrecht und im Prozeßrecht herangezogen.

[803] Oben S. 96.

[804] Oben S. 55 f.

[805] Oben S. 57 ff.

[806] Zwar ist Stryks Arbeit in der dritten Auflage des Hertschen Sammelbandes „Commentationes ...“ von 1737 in Anm. zu E 13 genannt (dort S. 134 unten); das aber sind Zusätze des Herausgebers. Dessen Behauptung, hierzu Notizen Herts benutzt zu haben, berechtigt nicht zu dem Schluß, daß Hert die Arbeit schon 1688 gekannt hat.

[807] Oben S. 61 ff.

die verschiedenartigen Unterwerfungsformen sowie die Ausführungen über das Strafrecht, über den filiusfamilias und die filiafamilias, über das Erbrecht und über die Maße und Gewichte. So ist durchweg ein starker Einfluß H. Coccejis zu spüren[808]. Von einer völligen Abhängigkeit kann jedoch keine Rede sein[809]. Denn einmal ist Hert Cocceji nicht immer gefolgt[810]; zum anderen hat er ein gegenüber Cocceji ungleich umfassenderes, speziell auf Gesetzeskollisionen aller Art zugeschnittenes Werk vorgelegt, in dem er, neben den Ausführungen über die naturrechtlichen Kollisionen und neben der reichen Fallsammlung, als einen Teil ähnliche Lehren geboten hat, wie sie Cocceji niedergeschrieben hatte. Ihnen ist er im Kern gefolgt; sie hat er so bestätigt. Betrachtet man die 1684 und 1688 gefertigten Arbeiten dieser beiden Wissenschaftler, so erscheint es als ein Glücksfall der Wissenschaftsgeschichte, daß hier so zügig und schnell die (von Cocceji aufgeworfenen und dargelegten) Grundgedanken durch einen Kongenialen auf Grund dieser für ihn ganz aktuellen Quelle zu einem umfassenden System ausgebaut und in übersichtlicher Form dargeboten worden sind. Dabei soll nicht unerwähnt bleiben, daß Cocceji und Hert auch allgemein als „Duumviri illustres" galten[811], die die deutsche Rechtswissenschaft nach dem Zusammenbruch von 1648 nebeneinander und in stetem Wechselspiel bemerkenswert gefördert haben. So bieten sich H. Cocceji und Hert im Kollisionsrecht als die beiden Repräsentanten der Lehre des 17. Jh. dar, die — jeder zu seinem Teil — die deutsche Lehre neu geformt und gefördert haben. Ihnen wurde denn auch bis zum heutigen Tag, mit wechselnder Betonung, der erste Platz in der Reihe der deutschen Statutisten eingeräumt.

Ergebnis: Von den Entscheidungen und Meinungen der deutschen Wissenschaftler des 16. und des frühen 17. Jh. hatte Hert bereits einigen Abstand; sie lagen für ihn vor dem großen Krieg und vor der Umwälzung der Rechtswissenschaft durch das Naturrecht, durch die Aufklärung und auch durch den Absolutismus.

Die interessanten Objekte wissenschaftlicher Betrachtung und die wertvollen Quellen für seine Arbeit fand Hert in den Arbeiten Mevius',

---

808 Das meint auch Gamillscheg 167 Anm. 18 (vgl. auch oben Anm. 285).

809 So aber anscheinend Wächter AcP 24, 281 Anm. 101: „Hert wiederholt im wesentlichen die Theorie Coccejis, nur daß bei Coccejis ... Abhandlung die Willkür in der Vereinigung nicht zu vereinigender Grundsätze und Widersprüche in der Begründung und Ausführung noch mehr hervortreten ..."

810 Insbesondere bei der Zahl der Regeln, beim Auffüllen der Strafe (E 10, oben S. 110), bei der Erbfolge (lex domicilii statt lex situs).

811 Vgl. eine zeitgenössische Meinung in den „Observationes Halenses" von 1701, Tom. IV § 26, anläßlich der Besprechung der „Commentationes ..." Herts: „... sunt quidem minores tractatus, si chartae quantitatem spectes (!), quibus illustres Duumviri Henricus Cocceius et Hertius noster, ille potissimum in ‚Juris publici prudentia', hic in volumine secundo dissertationum (der ja die staatsrechtlichen Abhandlungen enthielt) Iurisprudentiam publicam ornarunt." (Vgl. auch dort § 32.)

Lauterbachs, Zieglers und ganz besonders Heinrich von Coccejis, deren einzelne Gedanken er zu einem umfassenden Werk über das Kollisionsrecht verarbeitete.

c) Mit dem damit abgeschlossenen Überblick über das von Hert benutzte Quellenmaterial[812] ist Herts Standort klar geworden: er war der kollisionsrechtlichen Lehre von d'Argentré — Burgundus — Rodenburg (Wesel) verbunden; ihr hat er auf Grund der Gedanken Grotius' (subditus temporarius) und der staatsrechtlichen Untersuchungen Coccejis eine Fundierung vorangestellt und sie dadurch — als eigenes Rechtsgebiet — in das allgemeine Gefüge der Rechtswissenschaft eingeordnet.

III.

Nach diesem Überblick über das Verhältnis Herts zu seinen Vorgängern drängt sich die Frage nach dem Wert[813] der Arbeit Herts auf[814]; denn Maßstab für eine Beurteilung seiner Leistung kann gerechterweise nur ein Vergleich mit dem Voraufgegangenen sein.

---

[812] Dazu kommen noch einige Digestenstellen, die Hert, unbeschadet seiner germanistischen Gesamthaltung, zur Begründung in wenigen Fällen heranzog; hierin war er jedoch ungleich vorsichtiger und korrekter als die Pandektisten und Bartolisten (vgl. z. B. seinen Hinweis darauf, daß die — vor ihm so oft mißbrauchte — Stelle D. 44. 7. 21 nur eine Gerichtstandregelung betreffe; oben S. 150 und dort Anm. 758).

[813] Verf. bejaht damit die „Zulässigkeit historischer Werturteile"; hierzu sei insbesondere auf Heinrich Mitteis' Ausführungen verwiesen (Vom Lebenswert der Rechtsgeschichte, S. 26).

[814] Von den bisherigen Äußerungen über Herts Arbeit seien die folgenden genannt: *Wächter* nimmt Hert als „Hauptrepräsentanten" der (für ihn) älteren Theorie und bezeugt, daß Herts Arbeit „noch in neuerer Zeit von manchen als beinahe das Beste, was in dieser Lehre geleistet worden ist, gerühmt wird"; (so AcP 24, 283 f.; über Wächters Kritik an Hert vgl. weiter unten S. 171 f.). — *Lainé* schreibt über Hert: «Il se fait ainsi ... le champion de la théorie de d'Argentré et de Burgundus», die eben die italienische Lehre umgestoßen hatte, ihrerseits jedoch gerade wieder von der (sc. neueren) holländischen Lehre bedroht wurde; a. a. O. I. 413; dort stellt auch Lainé die Werke Burgundus', Herts und Rodenburgs über die französischen Arbeiten jener Zeit: «Burgundus', Hert' et Rodenburg' sont de véritables traités de la matière»; ähnlich Lainé II. 6. — *Meili* gibt Hert schon dadurch einen besonderen Rang, daß er ihm in seinem Grundriß (37) anders als den anderen Deutschen einen eigenen Paragraphen widmet; des weiteren zitiert Meili in seinem Handbuch (103) die Bewertung der Hertschen Arbeit durch N. Rocco (nach Dell' uso e autorità delle leggi 2ª ed. I. LXX): Hert habe, so heißt es dort, einige nützliche Regeln und die Lösung vieler Einzelfälle gebracht; nichtsdestoweniger bringe er nichts weiter als Binsenwahrheiten unserer Wissenschaft (nientedimeno ei non ha che sol gettate le nude e grezze fondamenta della scienza). Meili setzt diesem Zitat hinzu, vielleicht sei Hert vor der Weltgeschichte etwas entschuldigt, wenn man sich der Tatsache erinnere, daß ihm eine ungewöhnlich zänkische Ehefrau das Leben traurig verbittert habe. — Dazu sei gesagt, daß weder der Angriff Rocco's noch die

Vieles ist dazu schon im Verlaufe der bisherigen Besprechungen gesagt worden[815]. Um die ermüdende Wiederholung aller Einzelheiten zu vermeiden, seien deshalb hier nur knapp die wichtigen Punkte zusammengestellt, die eine Beurteilung der Arbeit Johan Nikolaus Herts tragen können:

1. Die „Dissertatio de collisione legum" von 1688 ist die erste[816] Arbeit der europäischen Rechtsgeschichte, die allein den Gesetzeskollisionen gewidmet ist. Die vor ihr erschienenen Äußerungen über das Kollisionsrecht waren stets Teile einer Abhandlung über ein materiellrechtliches Thema oder eines Kommentars eines Rechtes o. ä.

2. Die Arbeit Herts ist, besonders in dem hier interessierenden positivrechtlichen Teil, systematischer, klarer im Aufbau und übersichtlicher in der Gliederung als die vorher erschienenen Arbeiten.

3. Hert entwickelt aus den von H. Cocceji dargestellten staatsrechtlichen Thesen über die Unterwerfung in seinem „Allgemeinen Teil" eine feste Fundierung für die Behandlung von Gesetzeskollisionen. Damit stellt er mit Hilfe des Staatsrechtes die Verbindung der von d'Argentré — Burgundus — Rodenburg übernommenen praktischen Kollisionslehre mit der allgemeinen Rechtswissenschaft und Staatslehre her und schafft zu-

---

sicher gutgemeinte Entschuldigung Meilis Hert gerecht werden; die Verteidigung Meilis schon deshalb nicht, weil Hert, als er 1688 die Arbeit schrieb, eben drei Jahre mit seiner ersten Ehefrau in einer sehr glücklichen Ehe zusammenlebte. Seine zweite Frau, der Zanksucht nachgesagt wird (s. oben S. 70), hat er erst 1695 geheiratet; ein Einfluß auf die sieben Jahre zuvor geschriebene Arbeit ist deshalb ausgeschlossen. — *Gutzwiller* äußert sich an verschiedenen Stellen über Hert: In développement 313 nennt er Cocceji und Hert die originellsten Deutschen; a. a. O. 329 schreibt er: «Mais les deux auteurs allemands qui méritent d'être reconnus et médités le plus sont H. de Cocceji et N. Hert. Leurs théories revêtent déjà ce caractère théorique et méditatif, propre aux grands théoriciens antérieurs à de Savigny et Zitelmann.» Dieses sehr hohe Lob sei ergänzt durch Gutzwillers Bemerkung, daß Hert noch klarer als Cocceji geschrieben habe (Der Einfluß Savignys, S. 35; vgl. auch dort S. 112). — *Gamillscheg* (168) schreibt: „Wenn Hert auch von den Arbeiten seiner Vorgänger nicht übermäßig viel zu halten scheint, so bewegt er sich doch ganz in ihren Bahnen." — In den geschichtlichen Abrissen der IPR-Lehrbücher schließlich wird Hert (meist neben Cocceji) wohl im Anschluß an Gutzwiller als der bedeutendste Deutsche vor Savigny genannt; z. B. *Raape* (4. Aufl., S. 156 und 157), *M. Wolff* (3. Aufl., S. 18 einschl. Anm. 21), *Kegel* 53.

[815] S. insbesondere oben S. 151 ff.

[816] Eine Einschränkung wäre allenfalls gegenüber der Dissertatio H. Coccejis zu erwägen (s. oben S. 62 ff.). Das Thema seiner Arbeit war jedoch allgemein die Staatsgewalt als Territorialmacht. Der Wert der Arbeit Coccejis für das deutsche Kollisionsrecht soll nicht gemindert werden — Cocceji verdient als Schöpfer der kollisionsrechtlichen Grundthesen m. E. ohnehin noch eine Einzeluntersuchung —; als erste praktische nur den Gesetzeskollisionen zugedachte Arbeit ist jedoch Herts Dissertatio anzusehen.

gleich für die deutschen Wissenschaft eine der niederländischen „comitas" zumindest gleichwertige Grundlage[817].

4. Neu war die Fallsammlung, sc. ein „Besonderer Teil", in dieser Größe und Geschlossenheit; hier sind, soweit ersichtlich, alle Streitfälle der seinerzeitigen Diskussion sorgfältig und gründlich erörtert und entschieden worden.

5. Kollisionsrechtlich ist bei Hert ein Zug zum — wir würden sagen: — „inneren Entscheidungseinklang" spürbar, insbesondere bei den Universalsukzessionen: neben der schon überkommenen und üblichen Entscheidung für das Ehegüterrecht vertrat Hert — fruchtbar für die ganze folgende Lehre — auch für die Intestaterbfolge die Beachtung einer einzigen Rechtsordnung, der lex domicilii[818]. Das Kunstmittel hierzu war die starke Berücksichtigung des Parteiwillens, die für die folgende Zeit kennzeichnend wurde[819].

6. Neu war auch die Zulassung der Heimatform bei Testamenten und (bei gleichem Heimatrecht der Vertragspartner) bei Verträgen[820].

Gegenüber diesen Verdiensten fällt wenig ins Gewicht, daß Hert sein System — in Anlehnung an D. 1. 5. 1. — wieder in drei Regeln preßte, obwohl ihm Cocceji bereits einen anderen Weg gewiesen hatte, und daß

---

[817] Hert erörtert nicht, wie die Niederländer, warum man auswärtige Personal- oder Realnormen anerkennen oder anwenden soll. Das braucht er auch gar nicht besonders auszusprechen; denn für ihn fällt diese Frage mit der allgemeinen Frage der Anerkennung einer Staatsgewalt über die ihr unterworfenen Personen, Sachen oder Handlungen zusammen. Für ihn ist es selbstverständlich, daß z. B. die Unterwerfung einer Person kraft ihrer Verknüpfung mit dem Wohnsitz überall anerkannt wird; anderenfalls wäre die These ohne praktischen Wert. — Die „comitas" bietet demgegenüber keinen „Vorteil"; denn von einem mißgünstigen Herrscher, der die Staatsgewalt eines anderen leugnet, kann ein „Entgegenkommen" (comitas) überhaupt nicht erwartet werden. Deshalb ist die Fundierung der Lehre in der staatsrechtlichen Unterwerfung m. E. fester und zuverlässiger als die „comitas": erkennt ein Staat die Herrschaft eines anderen über dessen Land und Leute nicht an, so bedeutet das im schlimmsten Fall einen „casus belli" (die Einwände Wächters sind also unbegründet — s. AcP 24, 287 und 292); die „comitas" zu verneinen, dürfte dagegen dem Staat leichter fallen (und auch weniger übelgenommen werden) als die Negierung der Staatsgewalt eines anderen.

[818] Ausnahme bei Hert: zwingende lex situs für einzelne Immobilienstücke (oben S. 118 und 126; vgl. heute a. 28 EGBGB!); anders hatten noch Stryk und Cocceji entschieden (Erbfolge verschieden je nach Objekt; oben S. 60 und 66 f.). — Das Verdienst, eine einheitliche Erbfolge durchgesetzt zu haben, wird meist Savigny zugerechnet (z. B. Kegel 58, 128, 325).

[819] Vgl. auch Wächter AcP 25, 35. — Es handelte sich stets um die Vermutung oder Auslegung (sc. Fiktion) des Erklärungswillens, nicht der Berufung einer Rechtsordnung; an eine kollisionsrechtliche Verweisung hat Hert dabei nicht gedacht.

[820] S. oben S. 95 f.; „Parallelerfindung" mit Ziegler.

er die Regeln nicht in die bestmögliche Form goß[821]. Denn die Schwächen der Arbeit wurden in der Folgezeit bald erkannt und überwunden; ihre Stärken jedoch trieben die Entwicklung in entscheidenden Punkten voran.

3. Abschnitt

Die deutsche Statutenlehre nach Johan Nikolaus Hert

1700, an der Schwelle zum 18. Jahrhundert, war Herts Arbeit in dem Sammelband „Commentationes atque opuscula" der Wissenschaft allgemein zugänglich geworden. Die Wirkung auf die folgende kollisionsrechtliche Literatur, Rechtsprechung und Gesetzgebung blieb nicht aus: Wer sich nach Hert mit dem Kollisionsrecht befaßte, setzte sich mit ihm auseinander. Viele folgten ihm mit meist nur geringfügigen Änderungen[822]. Eine vollständige Darstellung der Entwicklung in der Zeit nach Hert würde den Rahmen der Arbeit sprengen[823]; einige Beispiele mögen genügen.

I. Das 18. Jahrhundert

a) Rechtswissenschaft

Aus der langen Reihe von Deutschen, die im Laufe des 18. Jh. über Gesetzeskollisionen geschrieben haben[824], sollen zwei herausgegriffen werden, weil sie als wichtig erscheinen: Riccius und Hommel.

CHRISTIAN GOTTLIEB RICCIUS, 1697—1784[825], Syndikus und Professor der Rechte an der Universität Göttingen, gab 1740 ein Buch heraus mit dem Titel „Zuverlässiger Entwurf von Stadtgesetzen oder statutis, vornehmlich der Land-Städte". Auf den ersten 312 Seiten stellt Riccius ausführlich die Geschichte der einzelnen deutschen Stadtrechte dar und wendet sich dann der sachlichen Behandlung der Stadtrechte

---

[821] S. oben S. 100 ff. Das ist kein „Vorwurf" aus der Perspektive unserer Zeit; denn auch vor Hert sind schon „tadellose" Kollisionsnormen formuliert worden (z. B. Reinking, oben S. 41, Brunnemann, oben S. 51, Stryk, oben S. 59 und Cocceji — dieser aber auch nicht immer! —, oben S. 65).

[822] So auch Wächter (AcP 24, 285): „Den Grundzügen dieser Theorie (sc. Herts) ... folgten später viele, namentlich Riccius, v. Pufendorf, Seeger, Hofacker, Danz, Glück, v. Wening, Thibaut, Kierulff, Scheurlen, Brinkmann, Roßhirt." — Das waren die meisten Autoren der Zeit zwischen Hert und Savigny!

[823] Die ausführlichste Besprechung der Zeit nach Hert findet sich bei Wächter a. a. O. passim. — In den 150 Jahren zwischen Hert und Savigny entzweiten sich die Ansichten; das verhältnismäßig einheitliche System der Deutschen des 17. Jh. ging verloren (vgl. Wächter AcP 24, 234).

[824] Umfassende Aufstellungen bei Gutzwiller 329 Anm. 1; Schäffner a. a. O. S. 8 ff.; Wächter AcP 24, 231 ff., insbesondere 232 Anm. 8.

[825] Landsberg III. 1 Text 263 f. und Noten 177.

zu. Die geistige Verwandtschaft mit Herts System zeigt schon § 8 des Ersten Hauptstückes[826]: „Bei allen Statutenrechten hat man dreierlei, wovon in solchem, was statuieret oder verordnet wird, mit guter Vorsicht zu unterscheiden, nämlich die Person selbst, ihre Handlungen und Sachen. Denn alles Recht betrifft entweder eine Verordnung de persona, oder de personae actibus oder de rebus." Diesen drei Statutenarten weist Riccius dann den entsprechenden „Anknüpfungspunkt" zu (Wohnort, Vertragsort, Lageort). Die Unterscheidung zwischen den einzelnen Gruppen führt Riccius am filiusfamilias durch (S. 329); er tut das in derselben Weise wie Heinrich von Cocceji[827], von dem er diese Partie anscheinend übernommen hat.

Bevor Riccius sich den einzelnen Gruppen in extenso zuwendet, handelt er den Charakter der Stadtrechte ab (S. 424 ff.): als spezielles Gesetz werde es richtigerweise den Landesgewohnheiten und -gesetzen vorgezogen: Stadtrecht (Willkür) bricht Landesrecht. Freilich, meint Riccius, sei das Stadtrecht oft nur eine Richtschnur. Z. B. sei das Ehegüterrecht dispositiv (429). Riccius läßt bemerkenswerterweise auch zu, daß ein von Jena nach Leipzig verzogenes Ehepaar die Erbfolge dort nach Jenenser Recht vereinbart (434), denn „vi pacti könne man sich dem Recht eines anderen Ortes unterwürfig machen" (433)[828]. Riccius betont jedoch, daß Formvorschriften zwingenden Rechtes sind (434), desgleichen Normen, die eine Handlung verbieten; so dürften vielerorts Juden und auch Fremde in der Stadt keine Immobilien besitzen[829], entsprechende Erwerbsverträge seien null und nichtig. Auch untersage wohl, meint Riccius, das Statut über die eheliche Gütergemeinschaft, die einmal zustandegekommene Gütergemeinschaft durch „pacta contraria" aufzuheben (437).

Im 12. Hauptstück (453 ff.) leitet Riccius die Verbindlichkeit der Statuten aus der Unterwerfung ab. Beispiel: Wo einer seinen Wohnsitz begründe, unterwerfe er sich „ordentlicherweise und tacite" der Obrigkeit des Ortes (Hinweis auch auf Hert) und erlange also sein forum (453). Ein Einwohner sei dann „omnimodo", ein Fremder aber nur in bestimmter Beziehung („certo respectu"[830], eben in Bezug auf Sachen oder Handlungen) der Stadtobrigkeit unterworfen (subject; S. 456). Dagegen sei der Einheimische auch für auswärtige, gegen ein inwärtiges Rechtsgut begangene Straftaten strafbar (Ehebruch; S. 465).

Nach Ausführungen über Eximierte handelt Riccius in den Hauptstücken 14 ff. über die einzelnen Arten Statuten, wobei er mehrmals auf

[826] S. 328. — Das Buch ist im großen und ganzen deutsch geschrieben.

[827] A. a. O., tit. V § 3 (s. oben S. 65).

[828] Hierzu s. unten S. 165.

[829] Vgl. für das 17. Jh. Crusius, a. a. O. dec. 1, der von einem Statut berichtet, nach dem Einheimische kein Grundstück an Fremde veräußern dürfen; diese Ausnahme von der anerkannten Vertragsfreiheit begründet er mit der „utilitas reipublicae".

[830] Vgl. auch oben Anm. 406 a. E.

Hert, Cocceji und auffallend oft auf Abraham a Wesel Bezug nimmt[831]. Kurz das Wichtigste:

Personalstatuten sind solche, „die einer bestimmten Person einen besonderen Charakter oder qualitatem eindrücken" (Wohnsitzrecht; S. 524).

Formstatuten — Handlungsort. Hier finden sich besonders zahlreiche Hinweise auf Hert und H. Cocceji. Beispiel: formrichtig errichtetes Testament bleibt auch bei Wohnsitzwechsel gültig[832].

Sachstatuten — Lageort; eine vom Statut eingeräumte Verfügungsbefugnis sei zwar eine „facultas soli personae concessa", sie sei jedoch mit dem Recht der Sache so verknüpft, daß sie nicht auf anderswo belegene Güter angewendet werden könne (!; S. 542). Solche Statuten drückten der Sache eine gewisse Eigenschaft ein, z. B. in Ansehung der Veräußerung (546)[833]. So entscheide sich die Frage, ob über eine bestimmte Sache testiert werden könne, nach der lex situs (543 mit Verweis auf Cocceji tit. VII § 18). Ebenso entscheidet Riccius Fragen der Veräußerlichkeit großväterlichen Vermögens, die Erbfolge und den Streit um das filiusfamilias-Statut[834] zugunsten der Territorialität (546, 550) und damit ebenso wie Cocceji und Hert.

Interessanterweise räumt Riccius den „Statuten, die bewegliche Güter betreffen", einen eigenen Abschnitt ein (17. Hauptstück, S. 591 ff.)[835]. Solche Statuten bänden auch den Fremden (592). Hier ordnet Riccius die Erbfolge in Mobilien und das Ehegüterrecht (!) ein, wohl weil beides nach Wohnsitzrecht zu beurteilen war. Eine Wirkung des Ehegüterstatutes auf auswärtige Immobilien schließt Riccius aus: zu einem „consensus tacitus" seien Tatsachen notwendig, aus denen auf einen rechtsgeschäftlichen Willen geschlossen werden könne; und der Wohnsitz sei eben ein solches factum nicht, auch wenn es „der Seel. Herr Hertius" dafür anzusehen scheine (595). Abweichend von Hert[836] läßt Riccius bei einem Umzug die Ehegüterrechtsstatuten des letzten Wohnsitzes gelten (597) und schließt sich damit Mevius an.

Strafstatuten: Hier stützt sich Riccius ausdrücklich auf Coccejis Ausführungen. Ein Auffüllen der verhängten Strafe läßt er bei unterschiedlichem Tat- und Erfolgsort mit Cocceji gegen Hert zu; bei mehreren Handlungen aber (Ehebruch) läßt Riccius eine einmalige Bestrafung genügen (602)[837].

---

[831] Über sie vgl. oben 26 ff. und 61 ff.

[832] Ebenso Hert in E 15 (oben S. 116).

[833] Dieser Satz ist, wie vieles bei Riccius, eine nicht sehr schöne Übersetzung von Herts Formulierungen (vgl. oben S. 88).

[834] Über es ausführlich oben S. 112 ff.

[835] Wohl ein Einfluß der Niederländer.

[836] E 28 und 39 (oben S. 131).

[837] Herts Meinung hat er wohl falsch verstanden, deshalb wirft er ihm zu Unrecht Inkonsequenz vor (s. oben bei E 9, S. 111, insbesondere Anm. 534).

Betrachtet man Riccius' Abhandlung, so kann man nicht sagen, daß die Statutenlehre bei ihm klarer war als bei Cocceji und Hert. Im großen und ganzen beruhen seine Ausführungen zu etwa gleichen Teilen auf Cocceji und Hert und bezeugen dadurch, daß die Arbeiten dieser beiden auch in der Mitte des 18. Jh. das Fundament einer kollisionsrechtlichen Erörterung waren[838].

Bemerkenswert sind zwei Dinge: 1. Riccius widmet einen besonderen Abschnitt den beweglichen Sachen und behandelt dort das gesamte Ehegüterrecht. Das kann seinen Grund darin haben, daß für beide Themen das Wohnsitzrecht maßgebend war (auch wenn Riccius eine extraterritoriale Wirkung auf Immobilien verneinte); d. h. Riccius gliedert entgegen dem durch die Überschrift hervorgerufenen Anschein schon nicht mehr nach sachlichen Gesichtspunkten des materiellen Gehaltes der Norm, sondern nach kollisionsrechtlichen: „Wohnsitzstatut gilt ..."

2. Bei Riccius wird der Gedanke der Wahl einer bestimmten Rechtsordnung, der im 17. Jh. bei Ziegler und Hert nicht oder nur in Andeutungen vorhanden war, schon in etwas klarerem Umriß erkennbar. Die Ehegatten, die sich nach ihrem Umzug nach Leipzig hinsichtlich ihres Erbvertrages dem Jenenser Recht unterwerfen wollten, hatten nämlich nach der Statutenlehre zu diesem Stadtrecht keine Verbindung mehr (abgesehen von der Frage der einmal erlangten Geschäftsfähigkeit). Den Fortschritt in der Richtung auf die Verweisungsfreiheit hat Riccius sicher selbst nicht erkannt, sonst hätte er den Gedanken weiter ausgebaut. Es ist auch nicht auszuschließen, daß Riccius die Formulierung „durch den Vertrag einer anderen Rechtsordnung unterwerfen" ganz unbewußt und zufällig benutzt hat und nun unberechtigt in den Ruf kommt, Vorkämpfer der kollisionsrechtlichen Verweisungsfreiheit zu sein.

KARL FERDINAND HOMMEL, 1722—1781[839], aufklärerischer Professor in Leipzig, schrieb u. a. eine „Rhapsodia quaestionum in foro quotidie obvenientium" (1769 und später). In der obs. 409 nimmt Hommel ausdrücklich auf Hert Bezug: er wolle, schreibt Hommel, aus der überaus fruchtbaren Abhandlung Herts einige Fälle übernehmen; freilich werde er meist stillschweigend dessen Meinung durch eine eigene ersetzen, weil er nur in wenigem mit jenem übereinstimme (quoniam in paucis omnino cum eo sentio). Das tue aber seiner Wertschätzung für Hert keinen Abbruch, vielmehr sei er oft entrüstet, daß Hert so wenig geschätzt werde (... atque famam eius meritis minorem esse, saepe indignatus sum).

Dann entwickelt Hommel seine Lehre: „Die Menschen sind auf fünf Arten der Gewalt und den Gesetzen unterworfen." Zu den von Hert übernommenen drei Arten setzt Hommel hinzu: „ratione delictorum vel

---

[838] Wächter AcP 24, 285 meint, Riccius „schreibe Hert beinahe durchaus nach und wage nur ein paar Mal ... abzuweichen".

[839] Landsberg III. 1 Noten 253; Meili, Grundriß 39 mit Zit.

ratione iudicii“[840]. Anhand entsprechender Kollisionsregeln — „Wenn es sich um die Person handelt, ist bei Verschiedenheit der Gesetze auf die Gesetze des Wohnsitzes zu schauen“ usw. — löst Hommel dann eine Reihe von Fällen.—

Die Fünfzahl der Unterwerfungsarten war uns schon bei Heinrich von Cocceji begegnet, ihr schließt sich Hommel in der Sache wieder an, da er offenbar erkannt hat, daß mit drei Regeln das ganze Kollisionsrecht nicht zu bewältigen ist[841].

b) Gesetzgebung

Das erste Zeugnis für den Beginn der großen Zeit der Kodifikationen, in der auch die ersten gesetzlichen Kollisionsnormen entstanden, ist der „Codex Maximilianeus Bavaricus civilis“ (1756). Er enthält folgende kollisionsrechtliche Regelungen: Teil 1 cap. 2 § 17[842]: Nach Satz 1 sind zunächst die „wohlhergebrachten besonderen Freiheiten“, dann die örtlichen Gewohnheiten, Satzungen und Ordnungen, sodann die Landesrechte und erst in letzter Linie gemeines Recht anzuwenden (Rangkollisionsrecht). Satz 2 regelt das räumliche Kollisionsrecht: „Dafern aber die Rechten, Statuten und Gewohnheiten in loco Iudicii, Delicti, Rei sitae Contractus, Domicilii unterschiedlich sind, so soll quoad formam processus auf die bei selbigem Gericht, wo die Sache rechtshängig ist, übliche Rechten (mit Bestrafung eines Verbrechens aber auf die Rechten des Ortes, wo solches begangen worden), soviel hingegen die bloße Solennität einer Handlung betrifft, auf die Rechte des Ortes, wo solche unter Toten oder Lebendigen gepflogen wird, in mere personalibus auf die statuta in loco domicilii, und endlich in realibus vel mixtis (!) auf die Rechten in loco rei sitae ohne Unterschied der Sachen, ob sie beweglich oder unbeweglich, körperlich oder unkörperlich sind, gesehen und erkannt werden.“

Nach Teil 3 cap. 12 § 1 ist in Entscheidungen streitiger Erbschaftsfälle ab intestato niemals auf die statuta loci, wo der Erblasser stirbt, sondern wo die Erbschaft liegt (!), oder soviel die bloße Personal-Sprüch belanget, auf die statuta loci, wo der Defunctus sein Domizilium gehabt hat, zu sehen.

Der wesentliche Unterschied dieser Normen zur „herrschenden Lehre“ besteht in der Wiederauferstehung des Begriffes „mixta“ und in der Anwendung der lex situs auch für Mobilien und für unkörperliche Gegenstände.

---

[840] Diese Gruppen hatte Hert als Handlungsstatuten abgehandelt.

[841] Zu erwähnen ist noch Carl Christoph Hofacker, 1749—1793, Professor in Tübingen. Im ersten Band seiner „Principia iuris civilis romano-germanici“ (1788) verteidigt er einige „regulae generales“, in denen er auch mehrfach auf Hert Bezug nimmt (Abdruck bei Meili Grdr. 39). Darüber vgl. auch Wächter AcP 25, 19.

[842] S. Meili, Handbuch 102; Kegel 53.

Eine weitwirkende gesetzliche Normierung fand das Kollisionsrecht einige Jahrzehnte später in dem „Allgemeinen Landrecht für die Preußischen Staaten“, das am 1. Juni 1794 in großen Teilen Deutschlands in Kraft trat. Sehen wir, welchen Niederschlag die 500 Jahre Statutenlehre in diesem großen Kodifikationswerk gefunden haben, mit dem nach Gutzwiller[843] das moderne Internationalprivatrecht beginnen soll:

Die einschlägigen Bestimmungen sind in der Einleitung zum ALR §§ 22—35 und im Teil I Titel 5 §§ 111—115 enthalten[844].

Grundsatz: „Das Allgemeine Landrecht enthält Vorschriften, nach welchen die Rechte und Verbindlichkeiten der Einwohner des Staates ... zu beurteilen sind“ (Einl. § 1, ähnlich § 22)[845].

1. Die persönlichen Eigenschaften und Befugnisse eines Menschen werden nach den Gesetzen der Gerichtsbarkeit beurteilt, unter welcher derselbe seinen Wohnsitz hat (Einl. § 23), unabhängig von einem vorübergehenden Wechsel des Aufenthaltsortes (Einl. § 24)[846]; hilfsweise gilt das Recht des Herkunftsortes (Einl. § 25). Bei zwei Wohnsitzen soll die Handlungsfähigkeit nach den Gesetzen beurteilt werden, die die Gültigkeit des Geschäftes am meisten begünstigen (Einl. § 27) — das ist gegenüber der Statutenlehre neu!

2. Das bewegliche Vermögen eines Menschen wird, ohne Rücksicht auf dessen gegenwärtigen Aufenthalt, nach den Gesetzen der ordentlichen Gerichtsbarkeit desselben beurteilt[847] (Einl. § 28). Bei doppelter Gerichtsbarkeit (sc. des Eigentümers) hat die lex situs den Vorzug (Einl. § 29) — das ist ein geglückter Versuch, die sich hier ergebenden praktischen Schwierigkeiten zu beseitigen[848].

---

[843] 294, ähnlich 336.

[844] C. F. Koch kommentiert auch diese Bestimmungen; 3. Aufl. (1856). Die zu dieser Zeit bereits erschienene Arbeit Savignys beeinflußt diese Kommentierung schon sehr stark; die Lehre des 17. Jh. gilt als „gemeinrechtliche“ schon als überwunden.—

Außer Betracht bleiben hier die intertemporären Bestimmungen, die im Patent zur Publikation stehen.

[845] Koch (a. a. O.) schreibt in der Anmerkung zu Einl. § 1: „Der Wortlaut drückt nicht die Meinung aus“ (weil auch Fremde hier verpflichtet, andererseits Einwohner auswärts grundsätzlich nicht verpflichtet sind), „da das System der persönlichen Rechte nirgend mehr gilt“. Koch stellt das ALR also richtig als Territorialrecht dar (ebenso Koch selbst Anm. 27 zu Einl. § 22).

[846] Im Gegensatz zu Lauterbach, Hert und dem Text des § 24 verneint die um 1850 herrschende Lehre einen Verlust der einmal erlangten Geschäftsfähigkeit durch dauernden Wohnsitzwechsel (vgl. Koch Anm. 32 zu § 24 Einl. ALR).

[847] Gemeint ist die Gerichtsbarkeit des Menschen, und damit gilt die überkommene lex domicilii. Die abweichende Regelung des Codex Max. Bav. hat in Preußen nicht gefruchtet.

[848] Vgl. hierzu Koch Anm. 37 zu § 28 Einl. ALR.

3. In Ansehung des unbeweglichen Vermögens gelten, ohne Rücksicht auf die Person des Eigentümers, die Gesetze der Gerichtsbarkeit, unter der sich dasselbe befindet (Einl. § 32) — also: lex situs gilt.

4. Provinzialgesetze und Statuten, welche die äußere Feierlichkeit[849] einer Handlung bestimmen, gelten nur bei Handlungen, die unter der Gerichtsbarkeit, für welche das Gesetz gegeben ist, von den ihr unterworfenen Personen vorgenommen werden (Einl. § 33); auch Untertanen fremder Staaten, welche in hiesigen Landen leben oder Geschäfte treiben, müssen nach obigen Gesetzen beurteilt werden (Einl. § 34). Doch wird ein Fremder, der in hiesigen Landen Verträge über daselbst befindliche Sachen schließt, in Ansehung seiner Fähigkeit zu handeln, nach denjenigen Gesetzen beurteilt, nach welchen die Handlung am besten bestehen kann (Einl. § 35).

Diese allgemeinen Regeln werden in dem Titel „Von Verträgen" (Teil I Titel 5 §§ 111—115) für das Vertragsrecht im besonderen ergänzt:

Die Form[850] eines Vertrages ist nach den Gesetzen des Ortes, wo er geschlossen worden ist, zu beurteilen (a. a. O. § 111)[851]. Die Form eines unter Abwesenden förmlich errichteten Vertrages wird nach den Gesetzen des Datums-Ortes beurteilt (a. a. O. § 112), bei Vertragsschluß durch Briefwechsel nach den Gesetzen des Wohnortes eines Kontrahenten, nach welchen das Geschäft am besten bestehen kann (a. a. O. § 113). Bei allen Verträgen über Eigentum, Besitz, Nutzung usw. an unbeweglichen Sachen muß wegen der Form das Lagerecht beobachtet werden (a. a. O. § 115) — das ist eine Ausnahme von § 111 und zugleich ein „Rückfall" in die Zeit des ewigen Ediktes von 1611 und Burgundus'[852]!

Soweit diese gesetzliche Regelung. Neben den Bestimmungen im Sinn der überkommenen Statutenlehre enthält sie den für das Kollisionsrecht offenbar neuen Gedanken des „favor voluntatis"[853]: Handlungsfähigkeit bei zwei Wohnsitzen, Handlungen von Fremden, durch Briefwechsel geschlossene Verträge sollen nach den für die Gültigkeit des Aktes günstigsten Gesetzen beurteilt werden[854]. Auch in diesem Gesetzeswerk

---

849 Wohl eine (mißlungene) Übersetzung des Wortes „solennitas".

850 Koch (Anm. 90 zu § 111. I. 5) betont: nur die allgemeine äußere Form. So gelte der Grundsatz der Form des Handlungsortes für die zwischen Preußen in Gretna-Green (Schottland) geschlossenen Ehen, nicht aber für die Frage, ob eine Frau zur Übernahme einer Bürgschaft gewisse Voraussetzungen erfüllen müsse: das sei ein Personalstatut.

851 Ähnlich a. a. O. § 148 für auswärts über bewegliche Sachen geschlossene Verträge.

852 S. oben S. 14 f.; vgl. heute Art. 11 II EGBGB!

853 Sonst war der Gedanke des „Favor . . ." bekannt; vgl. den „favor testamenti" bei Hert, Resp. 28 und Resp. 135 n. 5.

854 In dem letztgenannten Fall (Vertragsschluß durch Briefwechsel) hatte Hert mit Grotius noch Naturrecht anwenden wollen. Auch dadurch waren die Fesseln des positiven Rechtes gelockert worden. Eleganter und vor allem faßbarer ist natürlich die neue Regelung.

hat die Regelung der Handlungs- und Vertragsstatuten Schwierigkeiten bereitet: viele Paragraphen waren nötig, um den Stoff zu bändigen, und zur Zufriedenheit scheint es doch nicht geglückt zu sein[855].

II. Das 19. Jahrhundert

Zunächst ging auch im 19. Jahrhundert noch das Gedankengut der Statutisten in verschiedene Kodifikationen ein[856]; es beherrschte auch noch — in vielfältigen Ausformungen — die deutsche Rechtswissenschaft[857]. Kurz vor der Mitte des Jahrhunderts jedoch, in einer Zeit politischer Wirren und Umformungen des staatlichen Lebens sowie der Neuorientierung der Rechtswissenschaft, förderten deutsche Wissenschaftler, aus Unzufriedenheit mit der überkommenen, immer verzweigter und unsicherer werdenden Lehre[858], die Kollisionsrechtswissenschaft so kraftvoll und wesentlich, daß in diese Zeit zu Recht der Beginn des modernen Internationalprivatrechtes gelegt wird[859]. Nachdem KIERULFF (1839)[860] seine Kollisionsregeln bereits eindeutig vom Gegenstand des konkreten Sachverhaltes her formuliert hatte[861], zeichnete sich 1841 die Wende im deutschen[862] Kollisionsrecht mit dem Bändchen des Frankfurter

---

[855] Vgl. die sieben Seiten lange Anmerkung 44 zu Einl. § 33 von Koch.

[856] Vgl. z. B. Art. 3 des französischen «Code civil» von 1804: «Les lois de police et de sûreté obligent tous ceux qui habitent le territoire. Les immeubles, même ceux possédés par des étrangers, sont régis par la loi française. Les lois concernant l'état et la capacité des personnes régissent les Français, même résidant en pays étranger.» Hierzu vgl. z. B. Kegel 54; vgl. außerdem das Oesterreichische Allgemeine Gesetzbuch von 1811, §§ 4, 34—37, 300 (nach Gutzwiller IPR 1526).

[857] So billigte z. B. Anton Friedrich Thibaut, 1772—1840, die Dreiteilung der Gesetze als „der Praxis gemäß", er nennt die Form- und die Strafvorschriften „statuta mixta" (in: System des Pandektenrechtes, 8. Aufl., I. § 38; zit. nach Meili, Grundriß 49); hierüber vgl. auch Wächter pass.

[858] Eine neue Auseinandersetzung mit dem Stoff drängte auch wegen der Kleinstaaterei und Rechtszersplitterung; noch Lainé (I. 36) beklagt diesen Zustand: «L'Allemagne offre donc encore aujourd'hui (1895!) ... le spectacle de cette multiplicité de lois qui longtemps a été l'état de toute l'Europe continentale.»

[859] Hierüber Gutzwiller IPR 1526; Gamillscheg 246 ff.; Wolff 20 ff.; Niederer, a. a. O., 58 ff.; Kegel 54 ff.

[860] „Theorie des gemeinen Zivilrechtes", 1839.

[861] Z. B.: „Ist eine Handlung, eine Willensäußerung das vorherrschende Moment des Falles, so sind die entscheidenden Gesetze die am Ort der vollendeten Handlung ... geltenden (statuta mixta)"; a. a. O. I. S. 73; vgl. auch Meili, Handbuch 115; Raape 4. Aufl. S. 158.

[862] Joseph Storys Verdienste werden nicht verkannt; in einer Darstellung der deutschen Statutenlehre erscheint jedoch eine Erörterung seiner Gedanken entbehrlich; über Story vgl. z. B. Gamillscheg 246 ff., Gutzwiller 338 ff., Kegel 55 mit Nachweisen.

Advokaten WILHELM SCHÄFFNER[863] „Die Entwicklung des Internationalen Privatrechtes" ab. „Die Tatsache", schreibt er[864], „daß es bisher noch niemandem gelungen ist, Sätze aufzustellen, aus denen man für alle Kollisionsfälle eine befriedigende Entscheidung herleiten könnte, ist nicht bloß dogmengeschichtlich interessant, sondern auch ein höchst bemerkenswerter Fingerzeig für jeden, der sich ferner mit der Theorie des Internationalen Privatrechtes befassen wird." Sodann bekämpft Schäffner die Methode, aus den Digesten kollisionsrechtliche Sätze herauszulesen, die darin ja gar nicht enthalten sein könnten[865]. Er versucht, einige überkommene und anerkannte Kollisionsregeln herauszufinden, die dann als Gewohnheitsrecht verbindlich sein sollen[866]. Sei im Einzelfall, fährt er fort, keine Kollisionsnorm erkennbar — weder eine positivgesetzliche noch eine solche gewohnheitsrechtliche —, so sei kraft der Natur der Sache (!) „jedes Rechtsverhältnis nach den Gesetzen desjenigen Ortes zu beurteilen, wo es existent geworden ist"[867]. Damit deutet Schäffner schon den Weg für die weitere Entwicklung in Deutschland an. Die comitas-Lehre (der Niederländer) lehnt Schäffner ab: „Wo ist denn der Anfang vom Ende der comitas? Wie kann man Rechtsfragen nach politischen Rücksichten beantworten, die das Wandelbarste auf der Welt sind[868]?"

Im selben Jahr, 1841, erschien der erste Teil der bekannten Aufsatzfolge CARL GEORG VON WÄCHTERS[869] „Über die Collision der Privatrechtsgesetze verschiedener Staaten"[870]. Darin geht Wächter zutreffenderweise davon aus, daß der Richter die Frage nach dem anwendbaren Recht möglichst nach seinem eigenen Gesetz lösen müsse, und zwar in erster Linie nach den in seinem Lande geltenden positiven Normen des Kollisionsrechtes[871]. Sind derartige Normen jedoch nicht vorhanden, so muß der Richter, meint Wächter, Anhaltspunkte für das anwendbare Recht den eigenen materiellrechtlichen Normen entnehmen (!); versage auch diese Regel, solle er sachlich die eigenen Gesetze anwenden — und damit vertritt Wächter für den Fall der Kodifikationslosigkeit eine lex-fori-

---

[863] Meili, Handbuch 115 und Grundriß 50; Wächter AcP 25, 32.

[864] A. a. O. 18.

[865] A. a. O. 17 ff.

[866] A. a. O. 27.

[867] S. 39/40.

[868] Schäffner erweist sich damit als Nachfolger im Geiste Herts! (Vgl. oben S. 84.) — Neben den Wissenschaftlern des 18. Jh. hat Schäffner am häufigsten H. Cocceji und Hert zitiert, weniger (und meist ablehnend) Carpzov und Stryk.

[869] 1797—1880, Professor in Tübingen und Leipzig, Mitgründer des „Deutschen Juristentages"; über ihn Meili, Handbuch 116; Gamillscheg 252 ff.; Kegel 56.

[870] AcP 24, 230 ff. (1841), AcP 25, 1 ff., 161 ff., 361 ff.

[871] AcP 24, 261. — Solche Normen gab es ja zu Wächters Zeiten.

Lehre, die die Kollisionswissenschaft nicht sichtbar gefördert hat[872]. Wächters Schrift ist auch nicht wegen seiner eigenen Lehre berühmt geworden, sondern durch die umfassende Erörterung und Kritik der Statutenlehre seiner Vorgänger[873], bei der er auch selbst „auf festerem Boden zu stehen glaubte“[874]. Tatsächlich hat Wächter in seiner außerordentlich gründlichen Untersuchung auf eine Reihe grundsätzlicher und partieller Mängel aufmerksam gemacht[875], die Kollisionslehre aus der jahrhundertealten simplicitas befreit und dadurch die Überwindung der Statutenlehre durch das moderne Internationalprivatrecht vorbereitet.

Im einzelnen kann diese — vor allem gegen das Kollisionsrecht seiner Zeit gerichtete — Kritik hier nicht besprochen werden; denn Objekt dieser Arbeit ist Hert und die Statutenlehre bis 1700, nicht der dogmatische Kampf im 19. Jahrhundert. Interessant für unser Thema ist jedoch, daß Wächter allerorten Hert als den „Hauptrepräsentanten“[876] der von ihm sogenannten „älteren Lehre“[877] bezeichnet und ihn damit — unbeschadet seiner sachlichen Gegnerschaft — als Hauptzeugen des deutschen Kollisionsrechtes im 17. Jh. bestätigt. So kommt es auch, daß Wächter vor allem Herts Gedankengänge kritisiert[878], um — pars pro toto — die ganze ältere Lehre zu widerlegen. Diese Kritik an Herts System[879] ist zum Teil berechtigt[880]. Oft aber überzeugen Wächters Vorwürfe nicht: So mißversteht Wächter manchmal die Ausführungen Herts und vertritt dann in Wirklichkeit dieselbe Meinung, die er wenige Seiten zuvor Hert

---

872 AcP 24, 261 ff., auch AcP 25, 184. — Die Lehre ist ausführlicher geschildert von Gamillscheg 252 ff. — Eine reine lex-fori-Lehre kann für das Kollisionsrecht überhaupt nicht fruchtbar sein: Das einmal als zuständig ermittelte Gericht wendet stets eigenes Recht an; damit wird eine praktische (räumliche) Kollision materieller Normen schlechthin geleugnet.

873 AcP 24, 270 ff.

874 AcP 24, 235.

875 Insbesondere bei den persönlichen Eigenschaften (AcP 24, 187; 25, 163); Hinweis auf die bisher mangelnde Unterscheidung zwischen Universalsukzession und Einzelgeschäft (AcP 25, 198), zwischen zwingenden und dispositiven Normen, zwischen Form- und Auslegungsregeln (AcP 24, 248). Auch hat Wächter auf die Unrichtigkeit des Blickpunktes vom Gesetz her (AcP 24, 237 Anm. 10) und auf die Vergewaltigung einiger Digestenstellen hingewiesen (AcP 24, 246 ff.; s. auch oben Anm. 424). — Außerdem hat er zutreffend den Bedeutungswandel der Ausdrücke „statuta personalia etc.“ dargelegt (AcP 24, 256).

876 AcP 24, 283 ff., auch 260.

877 AcP 24, 249 u. a. — Diese Lehre war ja, wie erwähnt, in den 150 Jahren zwischen Hert und Wächter reichlich durchgehandelt worden.

878 Vor allem AcP 24, 286 ff.

879 Diese Kritik ist z. T. oben in die Darstellung eingearbeitet worden.

880 So erkennt Wächter, daß drei Regeln für die Bewältigung des Stoffes nicht ausreichen (AcP 24, 286). Daß dadurch alle Ergebnisse „zufällig“ werden, wie Wächter meint, ist übertrieben.

vorgeworfen hatte[881]. Außerdem mißt Wächter Hert mit der Elle des 19. Jh.: Das ist aus seiner Frontstellung erklärlich, schmälert aber den Wert seiner Ausführungen als historisches Urteil[882]. Insgesamt kann man nicht den Eindruck gewinnen, daß Hert durch Wächters Kritik etwa diskriminiert worden und von seiner Arbeit nur „Schutt" übrig geblieben wäre. Soweit Wächter tatsächlich Besseres zu sagen wußte, traf Hert das Schicksal aller Wissenschaft: von einem Späteren und dadurch schon Klügeren korrigiert zu werden.

Die Statutenlehre hat überhaupt in vielem, besonders in Einzelheiten, Wächters Kritik überlebt[883]. Sein Aufsatz bedeutete weniger eine Revolution als eine — freilich kräftige — Evolution, weniger einen „Todesstoß"[884] als eine Erschütterung der Methode der Statutisten.

Die entscheidenden konstruktiven Schlüsse aus Wächters Kritik zog wenige Jahre später FRIEDRICH CARL VON SAVIGNY im achten Band seines „Systems des heutigen römischen Rechtes" (1849)[885]. Er geht von der Herrschaft der Rechtsregeln über die Rechtsverhältnisse aus und vollzieht damit für das gesamte deutsche Kollisionsrecht die psychologische Wendung vom Denken der Statutisten zu dem des modernen

---

[881] Beispiele: Hert hat sich bei den persönlichen Eigenschaften klar für die lex domicilii und deren Extraterritorialität eingesetzt und auch nur eine Ausnahme zugunsten im Einzelfall zwingender leges situs gemacht; so erledigt sich der Einwand Wächters (AcP 25, 164 f.), der im übrigen dort S. 175 selbst eine Unterscheidung zwischen der Eigenschaft an sich und ihrer Wirkung auf Sachen billigt. — Wächter vertritt auch bei der Intestaterbfolge selbst Herts Meinung: maßgebend ist die lex domicilii, Ausnahme: für eine einzelne Sache gilt eine zwingende lex (situs); vgl. AcP 25, 363, 366. — Wächter wendet sich gegen die Auffassung Herts, daß das minor-Statut eine Realnorm sei (AcP 25, 164); dort S. 383 meint jedoch Wächter selbst, die Fähigkeit, Sachen zu erwerben, richte sich nach der lex situs. — Es war auch nicht berechtigt, Hert deshalb eine Inkonsequenz vorzuwerfen, weil er für Verträge angeblich einmal die lex loci actus (IV § 10), später jedoch (E 36) die lex domicilii für maßgeblich erklärt habe (s. AcP 25, 399); denn in IV § 10 handelt Hert ausdrücklich von den (zwingenden) Formvorschriften, in E 36 dagegen geht es nur um die Auslegung des Willens der Ehepartner: haben sie Gütergemeinschaft vereinbaren wollen oder nicht? Zumal sich Wächter selbst um eine Differenzierung zwischen Formvorschriften und Auslegung, zwischen zwingenden und dispositiven Normen bemüht, ist dieser gegen Hert erhobene Vorwurf schwer verständlich.

[882] Ein solches war von Wächter wohl auch nicht bezweckt.

[883] Ähnlich Raape 159.

[884] So Gutzwiller IPR 1526, Gamillscheg 252 und Dölle, a. a. O., B 18. — Selbst Savigny erkennt die logische Gleichwertigkeit der älteren und der neueren Denkweise sowie die Brauchbarkeit vieler Ergebnisse an (s. unten Anm. 888); vgl. hierzu Kegel, Raape-Festschrift, S. 16.

[885] Grundlegend: Gutzwiller, Der Einfluß Savignys; ders., 353 ff.; vgl. auch Meili, Handbuch 117; Gamillscheg 254 ff.; Kegel 56; ders., Raape-Festschrift (1948) S. 14 ff.; Landsberg III. 1. S. 186; Dölle a. a. O., S. B 16; Raape 160.

Internationalprivatrechtes: „Welches Recht ist auf dieses konkrete Rechtsverhältnis[886] anzuwenden, das seinen Sitz im Domizil, in der Lage der Sache, im Erfüllungsort etc. hat[887]?"

Mit Savigny beginnt die moderne IPR-Wissenschaft. Mit ihm endet[888] der als „Statutenlehre" bekannte Abschnitt der Kollisionswissenschaft, und damit auch die ihr gewidmete Darstellung der Historie.

---

[886] Besser wäre zu sagen: „Lebensverhältnis"; denn ob der zur rechtlichen Beurteilung gestellte Sachverhalt ein Rechtsverhältnis ist (oder als solches richterlichen Schutz genießt), soll sich ja erst erweisen! (Hierzu vgl. auch Kegel, Raape-Festschrift, S. 17 ff. und Husserl, JZ 1956, 433 mit Nachweisen.)

[887] Daß auch die Statutisten manchmal so dachten, wurde schon erwähnt (vgl. oben S. 100 f. u. a.); auch Savigny erkennt ja beide Betrachtungsweisen — vom Gesetz her, vom Rechtsverhältnis her — als logisch gleichbedeutend an (a. a. O. S. 3 und 1).

[888] Auch Savigny meint: ganz lasse sich die Statutenlehre nicht verwerfen, sie sei jedoch ungenügend durch ihre Vieldeutigkeit und dadurch unbrauchbar (a. a. O. 123). — Ähnlich später Otto Gierke (Deutsches Privatrecht, 1895, S. 218): die Lehre sei schablonenhaft und unzureichend; allein, der ihr zugrundeliegende Gedanke sei richtig (!).

Anhang

VERZEICHNIS DER WERKE HERTS[889]

Specimen prudentiae civilis, in tabulas tributum, Gießen 1679

Elementa prudentiae civilis, ad fundamenta solidioris doctrinae iacienda, 1689 (2. Auflage 1703, 3. Auflage 1712)

Praefatio, Erici Mauritii Dissertationibus et opusculis praefixa, 1692

Dissertatio de praerogativis personarum, 1693

Commentationes atque opuscula de selectis et rarioribus ex iurisprudentia universali, publica, feudali et romana, nec non historia germanica, argumentis — I. Band, Frankfurt/M. 1700; 2. Aufl. 1716 herausgegeben von Johan Jer. Hert; 3. Aufl. 1737 herausgegeben von Joh. Jac. Hombergk; dieser Sammelband enthält folgende 39 Titel (die Jahreszahl gibt die Zeit des Entstehens der Einzelarbeit an):

1. Teil:
   - Commentatio de iurisprudentia universali, 1694
   - Dissertatio de socialitate, primo naturalis iuris principio, 1695
   - Dissertatio de collisione legum, 1688
   - Commentatio de lytro, 1686
   - Diss. de literis commeatus pro pace, 1680
   - Diss. de commeatu literarum, 1680
   - Commentatio de matrimonio putativo, 1690
   - Diss. de modis constituendi civitates, 1685
   - Diss., an summa rerum semper sit penes populum? 1683
   - Diss. de tutela regni, 1682
2. Teil:
   - Commentatio de notitia singularis reipublicae, 1692
   - Diss. de iudicio revisorio, 1686
   - Dissertatio de specialibus Rom. Germanici imperii rebusp. earumque diversis nominibus et figuris, 1698
   - Dissertatio de hominibus propriis, 1682
   - Dissertatio de superioritate territoriali, 1682
   - Dissertatio de subiectione territoriali, 1698
   - Dissertatio de consultationibus, legibus et iudiciis in specialibus Romano-Germanici Imperii Rebuspublicis, 1686
   - De electione Archiepiscopali Coloniensi, 1689
   - Commentatio de feudo nobili, 1681
   - De feudis oblatis, 1680
   - Dissertatio de fide diplomatum Germaniae Imperatorum et Regum, 1699

---

[889] Auf Grund der Aufstellungen bei Jugler, a. a. O. 138 ff., und in der Allgemeinen Enzyklopädie, 1830, Stichwort Hert, sowie des Inhaltes der Sammelbände selbst.

3. Teil:

Dissertatio de lege, clausula ne abrogari unquam possit, munita (o. J.)
Dissertatio de transitione privilegii personalis ad alios, 1696
Dissertatio de uno homine plures sustinente personas, 1699
Dissertatio de conventionibus dominii translativis, 1691
Dissertatio de pacto, ne dominus rem suam alienet, 1690
Dissertatio de ordine causarum in iudicio tractandarum, 1695
Dissertatio de servitute facto constituta, 1699
Dissertatio de condictione indebiti civiliter, debiti naturaliter, 1690
Dissertatio de obligatione mandantis et mandatarii contemplatu tertii, 1691
Dissertatio de societate facto contracta, 1695
Dissertatio de fructuum persecutione in actionibus personalibus, 1692
Dissertatio de quasi possidente probante, 1698
Dissertatio de inspectione oculari, 1683
Dissertatio inauguralis de haerede occisi vindice, 1676
Dissertatio de praelegatis, 1681
Dissertatio de iure superficiario, 1682
Dissertatio de electione ex obligatione alternativa debitori debita, 1699
Dissertatio de obligatione, alium daturum facturumve, 1693

Programmata II, 1703:

„De perversis advocatorum artibus, et verae iurisprudentiae usu"
„Rem publicam bene institutam belli non minus, quam pacis, artibus instructam esse debere"

Dissertatio de transactione post rem iudicatam, 1705

Dissertatio de regali universalium mediorum ac infimorum iure, 1705

Samuel Pufendorfi de iure naturae et gentium libri octo, cum Commentario, 1706

Ichnographia institutionum Imperialium, 1706

Praefatio Hulderici ab Eyben scriptis praemissa, 1708

Tractatus iuris publici de statuum Imperii Rom. Germanici iure reformandi iuxta temporum seriem, compositionis scilicet Passavianae et pacis Westphalicae, 1710 (2. Auflage 1726)

Praefatio de vita scriptisque Friderici Nitzschii, Procancellarii ac Professoris iuris primarii in Academia Gissensi, 1710

Dissertatio de divisione regnorum, vel quasi, 1710

Quaestiones de Ganerbinatu (o. J.)

Posthum wurde herausgegeben:

Commentationes atque opuscula ... II. Band, Frankfurt/M. 1713 herausgegeben von Johan Jeremias Hert; 2. Auflage 1737 herausgegeben von Joh. Jac. Hombergk; dieser zweite Band enthält folgende 27 Titel:

1. Teil:
   De notitia veteris Germanicae populorum (partes III)
   De notitia Regni Francorum veteris
   Dissertatio de renovato Rom. Germanici Imperii et Regni Bohemiae nexu
2. Teil:
   Dissertatio de origine et progressu specialium Rom. Germanici Imperii rerumpublicarum
   Epistola ad amicum
   Dissertatio de feudis ex illis, quae data et oblata dicuntur, mixtis, ut et de pecunia vasallitica, vulgo Manngeld
   Dissertatio de commentitia apanagii et paragii distinctione
   Dissertatio de ecclesiis filiabus
   Dissertatio de iactitata vulgo ordinis Cisterciensis libertate ac exemtione a superioritate et advocatia
3. Teil:
   Dissertatio de iurisprudentia cavente
   Dissertatio de differentiis iuris in statu naturali et adventitio
   Dissertatio de pluribus hominibus unam personam sustinentibus
   Dissertatio de fratris Germani querela inofficiosi contra quoscunque
   Dissertatio de servitute naturaliter constituta
   Disquisitio de reservatione dominii vel hypothecae in re vendita
   Dissertatio de pignore conventionali tacito
   Dissertatio de differentiis pignoris generalis et specialis
   Dissertatio de pacto ne praestetur evictio
   Dissertatio de matrimonio instaurato et conscientiae
   Dissertatio de apertura testamentorum
   Dissertatio de effectibus non confecti inventarii
   Dissertatio de probatione in possessorio, et huius effectu, quantum attinet fructus et litis expensas
   Dissertatio de praescriptione iurium, per temporum intervalla renascentium
   Dissertatio de solutione pro alio facta
   Dissertatio de iuribus ex pacto certo tempori inclusis
   Dissertatio seu satura rerum, quae ad ius spectant, singularium
   De paroemiis iuris Germanicis libri tres

Responsa et consilia cum deductionibus nonnullis, tam proprio, quam Facultatis iuridicae nomine, elaborata; revidiert und herausgegeben von Johan Jeremias Hert
Band I: Frankfurt/M. 1729
Band II (continens Decisiones): Frankfurt/M. 1730

Hinterlassene Handschriften:
Syntagma iurisprudentiae universalis
Libri octo de universa prudentia civili
Fragmentum de Republica Iudaica

FSC
www.fsc.org
MIX
Papier | Fördert
gute Waldnutzung
FSC® C083411

Kolibri 360 GmbH
Ferdinand-Jühlke-Straße 7
99095 Erfurt, Deutschland
produktsicherheit@kolibri360.de